Zu diesem Buch

«Ich hatte einen Untersuchungsplan bei der Deutschen Forschungsgemeinschaft eingereicht. Mein Ziel war zu klären, wie hilfreich es für Krebspatienten, Angehörige und Ärzte ist, wenn sie eine Zeitlang an einer psychologischen Gesprächsgruppe teilnehmen. Ich hatte gerade mit dieser Arbeit begonnen, als ein Arzt mir mitteilte, daß ich selbst an Krebs erkrankt sei.»

1983 starb die Psychologie-Professorin Dr. Anne-Marie Tausch an den Folgen ihrer Krebserkrankung. Ihr Buch «Gespräche gegen die Angst» ist eine lebendige Darstellung der Erfahrungen schwer erkrankter Menschen und ihrer Helfer in der Familie, in Krankenhäusern und Arztpraxen. Durch mehrere hundert Gesprächsausschnitte und durch persönliche Erlebnisberichte der Autorin bekommt der Leser einen tiefen Einblick in die seelische, körperliche und soziale Situation der Erkrankten.

Vor allem aber zeigt Anne-Marie Tausch die vielen Möglichkeiten und Wege eines angstfreieren, hilfreichen Umgangs der direkt und indirekt Betroffenen mit der Erkrankung auf. In den Gesprächen mit ihnen kommt zum Ausdruck: Sie wollen ihre Gedanken und Gefühle offen aussprechen und die Isolation, in die sie gedrängt werden, durchbrechen. Die vielen Beispiele belegen, daß die Erkrankten durch die Auseinandersetzung mit ihrer Situation und durch die einfühlende Unterstützung anderer lernen können, ihre Erkrankung, ja sogar die Möglichkeit eines nahen Todes, zu akzeptieren und sich persönlich weiterzuentwickeln.

Außerdem lieferbar:
Anne-Marie und Reinhard Tausch «Wege zu uns und anderen» (rororo sachbuch 8403) und «Sanftes Sterben» (1985)

Anne-Marie Tausch

Gespräche gegen die Angst

Krankheit – ein Weg
zum Leben

Rowohlt

21.–25. Tausend Dezember 1988

Veröffentlicht im Rowohlt Taschenbuch Verlag GmbH,
Reinbek bei Hamburg, Juli 1987
Copyright © 1981 by Rowohlt Verlag GmbH, Reinbek bei Hamburg
Alle Rechte vorbehalten
Umschlagentwurf Werner Rebhuhn
unter Verwendung des Gemäldes «Freundinnen» (Ausschnitt)
von Carl Hofer, 1923–24 / Hamburger Kunsthalle
Satz Garamond (Linotron 404)
Gesamtherstellung Clausen & Bosse, Leck
Printed in Germany
980-ISBN 3 499 18375 7

Inhalt

Vorwort

Meine Krebsoperation lag gerade erst drei Wochen zurück, als mein Mann mich fragte, ob ich nicht ein Buch über meine Erfahrungen mit dieser Erkrankung schreiben wolle. Der Gedanke faszinierte mich. Ich setzte mich also an den Schreibtisch und machte die ersten Aufzeichnungen für dieses Buch.

Das Thema Krebs war mir bereits vertraut. Ich hatte ein Jahr zuvor einen Untersuchungsplan bei der Deutschen Forschungsgemeinschaft eingereicht. Mein Ziel war, zu klären, wie hilfreich es für Krebspatienten, Angehörige und Ärzte ist, wenn sie eine Zeitlang an einer psychologischen Gesprächsgruppe teilnehmen. Ich hatte gerade mit dieser Arbeit begonnen, als ein Arzt mir mitteilte, daß ich selbst an Krebs erkrankt sei. Diese Diagnose kam für mich sehr überraschend. Ich hatte nie damit gerechnet, Krebs zu bekommen. Ich hatte keine Angst vor dieser Krankheit gehabt, obgleich mein Vater an Magenkrebs gestorben war. Seine Sterbezeit, die Nächte in Doppelstockbetten im Luftschutzbunker des Robert-Koch-Krankenhauses im brennenden Berlin sind mir noch heute sehr schmerzlich in Erinnerung. Ich hatte als Achtzehnjährige manche Nacht an seinem Sterbebett Wache gehalten.

Während der Betreuung der Gesprächsgruppen und der Vorbereitungsarbeiten zu diesem Buch bin ich vielen krebskranken Menschen in Gesprächen begegnet. Ich konnte Einblick nehmen in die innere Welt ihrer Erfahrungen und Empfindungen.

Über all das möchte ich in diesem Buch schreiben. Ich möchte damit die Angst vor Krebs vermindern helfen. Aber ich möchte keine Rezepte geben, wie man am besten mit dem Krebs lebt. Ich denke, jeder muß selbst seinen Weg finden. Vielleicht hilft es, dabei die Wege vor sich zu sehen, die andere Menschen gegangen sind. Ich habe nicht vor, ein wissenschaftliches Fachbuch zu schreiben. Es geht mir vielmehr darum, Erfahrungen und Empfindungen zu vermitteln. Ich möchte Ihnen als Leser vor allem die Möglichkeit geben, sich in den Menschen dieses Buches wiederzufinden oder zu entdecken. Meine Bitte an Sie ist: Lesen Sie dieses Buch möglichst nicht nur mit dem Verstand, sondern auch mit dem Herzen. Sie können an jeder beliebigen Stelle mit dem Lesen beginnen. Überall begegnen Sie Menschen, die leben oder gelebt haben. Keine Person ist erdacht.

Mich haben viele unterstützt, dieses Buch zu schreiben. Es waren insbesondere die Menschen, die sich bemüht haben, mich wieder rasch zu Kräften kommen zu lassen, und die zahlreichen Betroffenen, die mir durch ihre Gesprächsbereitschaft Einblick in ihre persönlichen Erfahrungen mit der Krebserkrankung gegeben haben. Sehr wesentlich war für mich auch die Arbeit und der Gedankenaustausch mit Hildegard Kalliner. Sie hat im Rahmen ihrer psychologischen Doktorarbeit zwei der vier Gesprächsgruppen des Forschungsprojektes mit Krebspatienten und Angehörigen betreut. Weitere Gruppenhelfer waren die Diplom-Psychologinnen Myriam Holzer-Heitmann und Wiebke Pförtner. Danken möchte ich auch Peter Dircks, Rolf Ehlert, Fritz Grimm, Knut Köppen und Marianne Woelk, die im Rahmen ihrer Diplomarbeiten die Krebspatienten der Gruppen betreuen halfen, sowie den Klinikärzten Dr. Marlise Arnal, Dr. Ursula Becker und Dr. Hansjürgen Welk des Allgemeinen Krankenhauses Hamburg-Altona für ihre Teilnahme an den Gruppen. Sehr unterstützt haben mich auch Erika Bednarczyk und Gertrud Wriede durch ihre unermüdliche Abschrift meiner auf Tonband aufgenommenen Gespräche und der diktierten Manuskriptfassungen. Außerdem danke ich Helga Mueller und meiner Tochter Daniela für ihre hilfreiche inhaltliche Überarbeitung des Buchmanuskriptes, die ich aufgrund meiner Augenerkrankung nicht selber durchführen konnte. Mein Lektor Jens Petersen trug durch seine wertvollen Bemühungen wesentlich zur Verständlichkeit und Kürzung des Buches bei. Ich habe das Bedürfnis, allen diesen Menschen für ihre Hilfe und Ermutigung zu danken.

Während ich diese ersten Zeilen des Buches diktiere, habe ich nicht das Gefühl, daß ich das Buch schreibe, sondern daß es durch mich geschrieben wird. Ich erlebe mich als jemand, der eigene Erfahrungen und die anderer gesammelt hat und diese nun weitergibt. Es sprechen also in diesem Buch viele verschiedene Menschen. Ihre Gedanken und Gefühle können so im Bewußtsein anderer weiterleben.

Anne-Marie Tausch

Krebs, eine krankmachende
Situation heute

Wie Krebs häufig erlebt wird

«Die Angst wird regelrecht heraufbeschworen.» Mein Eindruck ist, daß in der Öffentlichkeit im Rahmen der Bemühungen, den Krebs rechtzeitig zu erkennen, viel Angst erzeugt wird. «Die Angst wird regelrecht heraufbeschworen.»* Das ist eine Erfahrung, die Krebspatienten immer wieder äußern. Mich macht es betroffen, wie in der Öffentlichkeit mit der Krebserkrankung umgegangen wird. Es wird fast nur Negatives über Krebs geschrieben. In den Massenmedien ist auch viel die Rede davon, den Krebs durch Vorsorgeuntersuchungen zu «bekämpfen», ihn zu «besiegen». Hat dabei niemand an die Betroffenen gedacht, die den «Kampf» verloren haben?

Ich halte das Wecken von Ängsten bei der Vorsorge und die hochtrabenden Reden über das «Besiegen» des Krebses im ganzen gesehen für wenig hilfreich. Meine Erfahrungen mit an Krebs erkrankten, aber auch mit gesunden Menschen sind geradezu gegenläufig: Sie sind abgeschreckt worden, rechtzeitig zur Vorsorge zu gehen, die Angst erschwert es ihnen, Nachsorgeuntersuchungen gelassener entgegenzusehen. Die ungünstigen Auswirkungen dieser Art von Öffentlichkeitsarbeit wird in den Äußerungen der zweiundfünfzigjährigen Katrin offensichtlich: «Ich habe vor der Operation sehr viel Angst gehabt, Krebs zu bekommen, weil man durch Illustrierte und Zeitungen so beeinflußt worden ist. Jeden Tag liest man über Krebs etwas, so daß ich mir

---

* Fast alle in diesem Buch zitierten Äußerungen entstammen auf Tonband aufgezeichneten Einzel- oder Gruppengesprächen oder Fernsehfilmen. Die Namen der einzelnen Menschen habe ich überwiegend geändert.

sagte: Hoffentlich hast du keinen Krebs. Ich hatte schon furchtbare Vorstellungen. Dann kam der Befund, den mußte ich verkraften, die Bestrahlungen mußte ich verkraften. Aber irgendwie habe ich etwas die Angst überwunden, weil ich jetzt keine Angst mehr zu haben brauche, daß ich Krebs bekomme. Ich *habe* ihn nämlich. Und diese Angst, ihn zu kriegen, die war ja schon fast hysterisch aufgebaut von allen Medien. Es war fast eine Offenbarung und eine positive Erkenntnis: Du kannst ja weiterleben, und nicht nur ein halbes Jahr. Ich habe hier Mitpatientinnen getroffen, die schon jahrelang mit dem Krebs leben und sich dabei positiv verändert haben.» [22]*

Ich bin während des letzten Jahres vielen Menschen begegnet, die in panischer Angst davor leben, selber Krebs zu bekommen. Sie haben sich wie Katrin von den Berichten in Illustrierten, Zeitungen und anderen Medien beeinflussen lassen: In ihnen ist die Krebsangst gewachsen. Noch ehe die Erkrankung als tatsächliche Störung in ihre vitale Lebenssituation eingegriffen hat, sind sie beunruhigt, fühlen sich in ihrer Existenz bedroht.

So gestand mir zum Beispiel die Redakteurin eines Dokumentarfilms über unsere Gesprächsgruppen mit Krebspatienten und Angehörigen in einem Gespräch nach den Dreharbeiten ihre Angst vor dem Thema Krebs: «Ich habe zuerst nicht daran gedacht, wie mich das mitnehmen könnte. Ich hatte einfach Angst vor dem Thema Krebs. Ich hab zuerst mal nach allen möglichen Ausreden gesucht, um das Thema nicht bearbeiten zu müssen. Aber dann hab ich mir gesagt: Wenn ich mich dem Thema nicht stelle, dann stelle ich mich mir selber nicht. Ich darf vor mir selber nicht fliehen. Das ist eine Erfahrung, der ich mich nicht entziehen darf und durch die ich reifer werde. Um mich den Krebspatienten überhaupt stellen zu können, bin ich dann zur Krebsvorsorgeuntersuchung gegangen. Das war meine erste, weil ich jetzt erst dreißig geworden bin. Und dann bin ich ein bißchen beruhigter in das Projekt hineingegangen. So komisch

---

* Die Zahlen in den Klammern weisen auf die Quellenangabe im Literaturverzeichnis am Ende des Buches hin.

das klingt, die Untersuchung hat mich nur zum Teil beruhigt. Wenn ich abends nach den Dreharbeiten plötzlich allein war und das ganze Geschehen des Tages, die vielen Gespräche mit Krebskranken überdacht habe, dann kam auch bei mir die Angst. Ich habe dann auch Schmerzen gespürt an den Stellen, die die Patienten geschildert haben. Die gleichen Symptome traten bei mir auf, obgleich ich doch wußte, ich bin untersucht worden vor drei Monaten.»

Ich bin auch Menschen begegnet, die das Wort Krebs nicht auszusprechen wagten, wenn wir über meinen Gesundheitszustand sprachen. Sie waren meist sehr erleichtert, wenn ich die Erkrankung als erster und wiederholt beim Namen nannte. Dann gingen auch sie, wenn auch zögernd, dazu über, das Wort Krebs zu benutzen. Ein Freund sagte mir: «Ich habe Hemmungsmechanismen, das Wort Krebs auszusprechen. Ich glaube, ich kann in diesem Zusammenhang die Angst vor Krebs in mir selber nicht leugnen. Davon kann ich mich nicht frei machen.»

Sehr beeindruckt hat mich, was Ursula, die als Ärztin an unseren Gesprächsgruppen teilnahm, über ihre Erfahrungen in der Ambulanz berichtete: «Das sehe ich ja auch bei vielen Patienten, die wirklich gesund sind. Sie sind so voller Angst, und durch ihre Angst nehmen sie sich ein Stück ihres Lebens.»

Wie können Betroffene mit der Angst fertig werden, wenn es schon so vielen gesunden Menschen schwerfällt, sich nicht von ihr überwältigen zu lassen? Die durch die einseitigen Berichte in den Medien geförderte Verunsicherung müssen die Erkrankten noch zusätzlich zu ihrer eigenen Angst verarbeiten. Und diese Angst, die ihnen ihre Krankheit bereitet, ist bei den meisten Krebspatienten überwältigend groß.

Katrin: «Die Angst, daß wieder etwas entdeckt wird, die habe ich jedesmal wieder. Weltuntergangsstimmung ist das vor jeder Nachsorgeuntersuchung. Es ist die reine Todesangst.» Maike: «Ein ganz starker wunder Punkt bei mir ist, daß ich unter Angstgefühlen leide. Jetzt, nach meiner zweiten Operation, habe ich fast Angst, mittags einzuschlafen. Ich habe immer Angst, die Kontrolle über mich zu verlieren.» Und wenig später erkennt sie: «Ich nehme mir durch meine Angst viel von meinem Lebensgefühl – was nicht nötig ist.» [22]

Hier spricht die Patientin ein wesentliches Problem an, das schon in der Äußerung der Ärztin zum Ausdruck kam: Menschen bringen sich täglich um ihr Leben. Sie leben nicht wirklich. Die Angst zerrt an ihrer Lebenskraft. Sie ist wie der Kriechstrom beim Auto, der, für den Autofahrer nicht erkennbar, der Batterie Energie entzieht. Angst kostet den Menschen viele Körperkräfte und seelische Energien, die der Gesunde wie der Kranke sinnvoller einsetzen könnte. Deshalb wäre eine öffentliche Krebsvor- und -nachsorge, die darauf bedacht ist, das Aufkommen von Angst zu vermeiden, und die statt dessen die Mündigkeit des Menschen respektiert und ihm Hilfen gibt, selbstverantwortlich für seinen Körper zu sorgen, für alle – Betroffene und Nichtbetroffene – hilfreicher.

«Jetzt zerfrißt mich der Krebs.»   Wie tief die Krebsangst in den Menschen verwurzelt ist, wurde mir auch an den vielen gutgemeinten Briefen deutlich, die ich nach meiner Operation von Freunden erhielt. Da war unter anderem von der «schockierenden Krankheit» die Rede, die mich «befallen» habe. Sehr eindrucksvoll schildert Heidi, wie sie ihre Krankheit erlebt: «Der Name Krebs als solcher sagt mir, daß mich irgend etwas langsam zerfrißt. Ich denke: Jetzt zerfrißt dich der Krebs. Aber du weißt nicht, wie lange ... wann ... was noch kommt, und irgend etwas geht im Körper vor. Das sitzt da irgendwo und breitet sich aus. Und du weißt gar nicht, wo das ist. Und nicht mal mein Arzt kann mir im Moment sagen, wo es ist. Das geht da irgendwo vor sich hin, schleicht, zerfrißt so langsam.» [22]

Viele Gesunde und vor allem auch Erkrankte verbinden mit dem Wort Krebs die Vorstellung von einem frühzeitigen, abrupten Lebensende: «Für mich ist Krebs zum Teil identisch mit dem Tod. Das ist doch so mit dem Endgültigen verbunden.» Ehemann: «Da ich gar keine Information hatte über Krebs – wie schnell es gehen kann –, dachte ich: Mein Gott, es kann in zwei Monaten schon zu Ende sein.»

Tatsache ist, daß nur sehr wenige Krebskranke innerhalb weniger Wochen sterben. Die Vorstellung eines raschen Todes trifft also nicht zu. Eine Krebspatientin: «Ich weiß noch, wie damals meine Kusine zu mir sagte: Selbst wenn das nun irgendwie weitergegangen sein sollte, so zwei bis drei Jahre hast du ja wenigstens noch. Darauf war ich überhaupt nicht gekommen. Das war mir ganz neu. So hat man sich da hineingesteigert.»

«Man kann sagen, man ist ein Krüppel.» Das sind die Worte einer brustamputierten Krebspatientin. Die meisten Frauen, denen eine oder beide Brüste entfernt werden mußten, erleben sich als «verstümmelt», als «nicht mehr vollwertig». Mir erging es zunächst ebenso: Als ich das erste Mal nach der Operation in den Spiegel sah, erschien mir der Anblick sehr fremd. Ich war erschrocken. Heute mag ich meine «Kinderbrust». Ich habe sie als einen Teil meiner Person akzeptiert.

Warum kommen sich Frauen nach Brustamputationen verstümmelt oder verkrüppelt vor? Ich denke, daß dieses Gefühl in hohem Maße auf die Darstellung, auf die Vermarktung des Frauenkörpers in den Medien und auf die schon zur Tradition gewordene Tatsache zurückzuführen ist, daß Männer in der weiblichen Brust, oft losgelöst von der Person, ein besonderes Sexualobjekt sehen. Viele Frauen machen sich diese Vorstellung zu eigen. Der makellose Frauenkörper mit den «auf Hochglanz polierten» Brüsten wird uns als Ideal- und Lustobjekt angepriesen. Er wird auf Titelseiten von Illustrierten und in der Werbung gezielt als Kaufanreiz eingesetzt. Welche zusätzliche Erschwernis für Menschen mit einer Körperbehinderung! Maike: «Ich möchte es den anderen nicht sagen, daß ich brustamputiert bin, weil ich vermute, daß sie dadurch abgeschreckt werden. Aber ich lege in den anderen damit irgend etwas hinein, sonst würde ich nicht so denken.» Und wenig später erklärt sie: «Ein Jahr bevor meine

Brust amputiert wurde, habe ich von einer Bekannten gehört, sie sei brustamputiert. Es war ein Schock für mich. Ich habe gedacht, sie ist jetzt nur noch halbseitig. Sie ist als Frau nicht mehr so schön. Ich glaube, daß die anderen das von mir heute auch denken.»

«Gerade wenn man aus dem Krankenhaus entlassen wird, braucht man Hilfe.» Die geradezu leidenschaftlichen Bemühungen im Rahmen der öffentlichen Krebsvorsorgeprogramme stehen im krassen Gegensatz zu dem offensichtlichen Mangel an Hilfsangeboten bei der Nachsorge für die an Krebs erkrankten Menschen.

Schmerzlich empfinden die Betroffenen ihre Hilflosigkeit, wenn sie nach Operationen aus dem Krankenhaus entlassen werden. Die Ungewißheit ihres Gesundheitszustandes lastet auf ihnen. Zumeist werden sie nicht darüber informiert, wie ihre Behandlung weiterläuft, was weiter auf sie zukommt. Die Angst lähmt ihre körperlichen Wiederherstellungskräfte. Sie fühlen sich allein gelassen. Doris, die seit über zehn Jahren mit ihrer Krebserkrankung lebt, berichtet: «Für mich ist das Leben im Grunde genommen nur halb soviel wert, trotz aller medizinischen Erkenntnisse und lebensverlängernden Maßnahmen, wenn da im Hintergrund immer die Angst schmort. Da fühlt man sich doch ziemlich allein gelassen. Ich finde, gerade wenn man aus dem Krankenhaus entlassen wird, braucht man Hilfe, dann müßte da irgend jemand sein, zu dem man gehen kann, mit dem man sich über die Angst unterhalten kann, der einen versteht. Es wird soviel für die Krebsvorsorge getan, aber das Allerwichtigste vergessen sie: die Betreuung hinterher.» [22]

Doris weiß, worüber sie spricht: Sie hat schon achtundzwanzig Operationen hinter sich. Der Krebspatient Lothar sagt bei einem ähnlichen Gespräch: «Mein Gott, die Armen, denen das noch bevorsteht! Wie wenig Hilfe haben sie im Grunde genommen zu erwarten. Was könnte man tun? Gesprächsgruppen halte ich für sehr wichtig – und mehr Informationen für die Ärzte, die sie dann den Patienten weitergeben könnten.» Viele Krebspatienten klagen darüber, wie schwer es für sie ist, eine Gesprächsgruppe zu finden. Auch berichten sie über ihre entmutigenden Erfahrungen mit Behörden. Doris: «Ich habe bei Behörden erlebt, daß man recht abweisende Antworten erhält, wenn man um Hilfe bittet. Aber ich kann mich inzwischen dagegen wehren. Ich hatte jahrelang das Gefühl, ich laufe nur mit Boxhandschuhen herum und muß mich gegen Gott und die Welt wehren. Und das kostet wirklich sehr viel Kraft.»

Warum werden diesen durch ihre Erkrankung entkräfteten und verängstigten Menschen solche Behördengänge unnötig erschwert? Warum können zum Beispiel Anträge auf Behindertenausweise nicht schneller bearbeitet werden? Ich selbst warte seit einem Jahr auf meinen Ausweis.

Die Persönlichkeit
prägt das Erleben der Krankheit

«Die Krankheit zeigt noch deutlicher: Wer bin ich und wo steh ich.» Mit diesen Worten beschreibt Myriam, eine Psychologische Helferin in einer unserer Gesprächsgruppen, eine Erfahrung, die sie im Laufe ihrer Arbeit gemacht hat: Jeder reagiert unterschiedlich auf die Krankheit. An der Art und Weise, wie der Erkrankte mit ihr umgeht, läßt sich zumeist erkennen, wie er vorher gelebt hat, was für ihn wichtig und bedeutsam war.

Der Krebspatient Carsten neigte bereits lange Zeit vor der Entdeckung seiner Erkrankung dazu, sein Leben in Akten zu ordnen. Zu den Treffen unserer Gesprächsgruppen erschien er jedesmal mit einem dicken Ordner, in dem er alle ihm zugänglichen Informationsbroschüren und Zeitungsausschnitte zum Thema Krebs abgeheftet hatte. Auch berichtete Carsten in der Gruppe, daß er sich seinen Tag genau einteile: «Ja, so habe ich mein Programm. Abends bin ich ein bißchen stolz darauf und

sage: Das habe ich geschafft, und das habe ich nicht geschafft.
Das kann ich nächstes Mal besser machen! Das ist zwar reichlich
etepetete, aber es hilft mir übers Nachdenken hinweg.» Carsten
konnte seiner Krankheit nur mit Sachlichkeit und großer Distanz entgegentreten. Er führte auch Tagebuch über seinen Körper, er schrieb täglich auf, welche Medikamente er nahm, regi-
strierte körperliche Beschwerden und Temperaturschwankun-
gen und kontrollierte täglich zweimal sein Gewicht. Geringfügi-
ge Verschlechterungen seines Zustandes kennzeichnete er mit einem, drastische Verschlechterungen mit zwei Ausrufungszei-
chen. Und zwei Wochen vor seinem Tod trug er drei Ausru-
fungszeichen in sein Buch ein. So hat er die letzte Zeit seines
Lebens dazu benutzt, Buch über seine Krankheit zu führen. Er
hatte gehofft, den verzweifelten Wettlauf mit der Krankheit zu
gewinnen. Sein Ordner war Ausdruck seiner Verzweiflung, die
er nur versachlicht ertragen konnte.

Auch in Gesprächen mit anderen Krebspatienten wird deutlich, daß sie sich selbst in ihrer Reaktion auf die Krankheit wiedererkennen. Alwine: «Ich sitze so voller Angst. Diese Angst
habe ich im Grunde genommen schon immer gehabt, obwohl ich
das manchmal nicht zugebe.» Mein Schulfreund Gerhard: «Ich
kann natürlich in der Krankheit nur *mich* leben – so, wie ich bin.
Ich habe in meinem Leben viele Dinge allein getragen, die wirklich auch manchmal schwer waren. Deshalb ist es für mich nichts
Fremdes, daß ich so umgehe mit meiner Krankheit. Das ist eigentlich eine Fortsetzung meines bisherigen Lebens. Wenn etwas Belastendes in meinem Leben war, das habe ich immer
schon so für mich allein abgemacht. Das hängt wohl mit meiner
Erziehung zusammen.»

Gerhard spricht einen wichtigen Bereich an: unsere Erzie-
hung. Führt man seinen Gedanken weiter, ergibt sich eine deut-
liche Perspektive: Nicht nur Gesundheitserziehung sollte in die
Schulen und Familien hineingetragen werden, sondern ebenso
«Krankheitserziehung». Durch sie könnte sich der einzelne mit
Fragen wie den folgenden auseinandersetzen: Wie lebe ich mit

einer Krankheit? Durch welches Verhalten mache ich mich seelisch noch kranker? Welche Möglichkeiten habe ich, mich mit
meiner Krankheit auseinanderzusetzen? Kann ich lernen, sie als
einen Teil meiner Person zu akzeptieren? Wie kann ich mir ein
seelisches Heilklima schaffen, wenn ich körperlich erkrankt bin?
Vielleicht lernen wir aufgrund der Beschäftigung mit solchen
Fragen, nicht vor Krankheiten zurückzuschrecken.

*«Ich denke, daß meine Ehekrise nicht nur mit der Krankheit zu
tun hatte.»* Dieser Zusammenhang wird Ilse in einer Gesprächsgruppe bewußt. Sie hatte ihre gescheiterte Ehe zunächst
als eine Folge ihrer Brustamputation angesehen. Nach mehreren
Gruppengesprächen erkennt sie, daß sie in ihrer Ehe schon immer ihre Bedürfnisse zurückgestellt hat. Sie erzählt, daß ihr
Mann noch immer einen Schlüssel zu ihrer Wohnung besitze,
obwohl er seit langem mit einer anderen Frau zusammenwohne.
Sie bringe nicht den Mut auf, berichtet sie, den Schlüssel von
ihrem Mann zurückzufordern. Auch in ihrer Krankheit stellt sie
sich zurück und schafft sich nicht den für sie nötigen Raum. Sie
lebt sich selbst in ihrer Ehe, ihrer Krankheit und in der Gruppe.
Myriam, die Psychologische Helferin ihrer Gruppe, sagt: «Auch
in der Gruppe hat Ilse manchmal so wenig Raum für sich beansprucht. Sie hat auch gesprochen, aber sie war mehr ein Mensch,
der zugehört hat.»
    Auch die Beziehungsprobleme, die viele Frauen nach einer
Brustamputation zu bewältigen haben, liegen häufig mehr in ihrer eigenen Person, in ihrer Selbsteinschätzung begründet als in
der empfundenen Ablehnung ihres Partners. «Das war doch
mein ganzer Stolz», trauert eine Krebspatientin ihrer amputier-
ten Brust nach. Ihr Mann dagegen tröstet sie: «Ich habe dich
doch nicht wegen der Brust geheiratet.» [4]
    Aus einer Statistik geht hervor: Ist die Beziehung auch vor der
Operation unbelastet und liebevoll, so trennt sich der männliche
Partner nach der Brustamputation entgegen den Befürchtungen
vieler Brustkrebspatientinnen nicht von seiner Frau. [52] Viele

brustamputierte Frauen haben über Wochen, Monate oder Jahre eine unüberwindliche Scheu, sich nackt vor ihrer Familie zu zeigen. Oft verwehren sie sogar ihrem Mann den ihrer Meinung nach schockierenden, abstoßenden Anblick. Diese Scheu ist meist nur zu einem geringeren Teil auf das Verhalten der Familie zurückzuführen. Diese Frauen leben sich selbst. Personen, die im allgemeinen weniger von ihrem Inneren mitteilen, haben vermutlich auch größere Schwierigkeiten, anderen ihren vernarbten, durch Amputationen veränderten Körper zu zeigen.

Viele Erkrankte machen sich selbst zusätzlich krank

«Meine Hoffnungslosigkeit macht mich seelisch fertig.» Viele Erkrankte machen sich durch ihre Ängste und negativen Vorstellungen von ihrer Krankheit, durch ihre Verschlossenheit und ihre ungesunde Lebensführung zusätzlich krank.

Besonders deutlich zeigt sich dies an Karens Umgang mit ihrer Krebserkrankung. Sie lehnt sich und ihren Körper, der durch eine kleine Narbe gekennzeichnet ist, ab. «Das ist für mich die größte Kränkung, daß ich mir sagen muß: Die Krankheit hat mich in solchen Strudel hineingeworfen. Und ich komme mir vor wie jemand, der da so zappelt und kämpft, aber der nicht sieht, daß da schließlich noch irgendwo ein Ufer ist. Und da komme ich dann an meine Hoffnungslosigkeit heran.» Ihre Krankheit, sagt Karen, habe sie «in ein tiefes Loch gestürzt». Jeder Tag sei für sie eine Anstrengung, das Erwachen eine Konfrontation mit dem Todesurteil: Ich habe Krebs. «Dieses Grau in Grau, wenn mich der Gedanke überfällt: Du hast ja Krebs. Ich erlebe so selten, daß ich mal fröhlich aufwache, mich auf den Tag freue. Ich muß richtig kämpfen, um den Tag zu beginnen. Ich wache mit dem Gefühl der Schwere und des Kummers auf. Irgendwie ist dieses Gefühl immer gegenwärtig: Du hast Krebs.»

Karen erfährt eine Erschütterung ihrer ganzen Person, ihres bisherigen Lebens: «Ich erlebe mich seit der Operation als eine ganz andere Person als vorher. Von meiner Sicherheit und der geringen Angst vor dem Tod ist nichts mehr übriggeblieben. Es ist eine unheimliche Kränkung für mich, daß ich mich als feige erlebe und diese wahnsinnige Panik spüre – Angst auch vor dem Tod.»

Ängste und seelische Qualen bestimmen Karens Leben. Sie spricht von ihrem «schwersten Jahr». Ihre Hoffnungslosigkeit – das «große Grauen», wie sie es nennt – nimmt zu. Ihr gestörtes Körperschema macht ihr zu schaffen. Sie hat ihre Diagnose wie ein «Todesurteil» aufgenommen, spricht vom «Stigma», fühlt sich «ohnmächtig», «kraftlos» und «leistungsunfähig». Sie stellt ihr ganzes bisheriges Leben in Frage: «Wenn ich die Bilanz meines Lebens ziehe, macht es mir Angst.» Sie spürt, daß es ihr in ihrer beruflichen Tätigkeit als Krankenschwester schwerfällt, «auf andere so zuzugehen, wie ich möchte», daß sie sich vor den Nöten der Patienten «zurückzieht», daß sie nicht mehr die Kraft hat, in ausreichendem Maße auf deren Bedürfnisse einzugehen. Diese Kraftlosigkeit führt dazu, daß sie sich noch mehr Einsatz, noch mehr körperliche und seelische Kräfte abverlangt, um ihrem Selbstbild, nach dem sie vor der Operation gelebt hatte, wenigstens annähernd zu genügen. Immer wieder quälen sie Zweifel: «Hoffentlich kannst du es kräftemäßig überhaupt noch. Diese Gefühle lähmen mich so und erschweren mir die Arbeit, die mir sehr wichtig ist. Manchmal fressen mich die schwarzen Gedanken auf. Wirklich!»

So versinkt sie tiefer in Depressionen und Mutlosigkeit. Sie ist schließlich seelisch so krank, daß sie «die ersten Schritte, die die schwierigsten sind», nicht mehr zu gehen wagt. Erst nach vielen Gesprächen, die ich mit ihr führte, erkennt sie die Notwendigkeit, die Hilfe anderer Menschen zu erbitten und anzunehmen: «Ich muß seelische Hilfe haben, damit ich wieder leben kann, damit meine Lebensqualität anders wird. Ich quäle mich im Moment sehr. Und ich kann das überhaupt nicht erzählen, was für

seelische Qualen das sind. Ich fühle mich unlebendig, fast wie
tot. Ich habe erfahren, daß die seelischen Schmerzen viel schlimmer sind und viel mehr die Person zerstören oder angreifen als
die körperlichen Schmerzen. Mit denen kann ich leben. Das
Sich-seelisch-wie-tot-Fühlen ist für mich die Hölle auf Erden.
Und das schlimmste ist, man kann dann nicht mehr um Hilfe
bitten, wenn diese Schwelle überschritten ist, wenn ich so innerlich resigniert habe. Wenn ich um Hilfe bitte, gehört dazu ein
wenig Hoffnung und Zuversicht. Es kommt mir so schizophren
vor: In der Gegenwart für die Zukunft zu arbeiten und gleichzeitig davon ausgehen zu müssen, daß es die Zukunft für mich vielleicht gar nicht gibt. Das ist ein doppelter Kampf: einmal der
seelische und dann auch der mit dem Körper, weil ich ja auch
körperlich sehr beeinträchtigt bin. Da arbeite ich an zwei Fron-
ten: Wenn ich denke, daß ich bei der einen eine Besserung erreicht habe, dann kommt der nächste Kampf. Ich muß jetzt erst
mal lernen, wieder leben zu wollen, eine andere Einstellung zu
dieser Krankheit zu bekommen. Meine Hoffnungslosigkeit
macht mich seelisch so fertig, daß ich kaum noch zu irgend etwas
fähig bin. Und Hoffnung ist das wichtigste, sonst kann ich ja gar
nicht leben.»

Karen hat sich schließlich in eine Gesprächspsychotherapie
begeben. Sie berichtete mir, daß sie um zwei therapeutische
Gespräche pro Woche gebeten habe, weil sie spüre, wie nötig
sie diese seelische Hilfe brauche. Ich war sehr erleichtert, denn
Karens Stimme am Telefon klang schon ein wenig zuversichtlicher.

Ich denke, daß Karens Gefühle für viele Krebspatienten cha-
rakteristisch sind, die sich einkapseln und zunehmend seelisch
verarmt dahinleben, angefüllt mit Angst, ohne Zukunftspläne,
in totaler Hoffnungslosigkeit. Obwohl ihre Gedanken Tag und
Nacht um ihre Krankheit kreisen, setzen sie sich nicht offen und
ehrlich mit ihr auseinander. Sie haben nicht mehr den Mut dazu.

Ihre Wege, einer Auseinandersetzung mit sich selbst und der
Krankheit auszuweichen und ihre Lebens- und Zukunftsangst

zu überdecken, sind vielfältig. Sie nehmen jede Gelegenheit wahr, sich «durch Tricks oder irgendwie sonst» abzulenken. Sie versuchen, sich mit Beruhigungstabletten oder Alkohol zu betäuben. Manchen drängt sich immer wieder der Gedanke an Selbstmord auf.

So leben viele Krebspatienten oft jahrelang ständig in einem Zustand der Bedrohung und der Zukunftslosigkeit. Fast nie mehr tritt Sicherheit in ihr Leben ein. Das Todesurteil begleitet sie auf Schritt und Tritt, der Gedanke, daß ihr Leben befristet ist, läßt sie nicht mehr los. «Also, ich gebe mir eigentlich immer nur noch ein Jahr. So lebe ich.» – «Auf Zeit lebe ich eigentlich immer, das ist sehr unangenehm. Ich bin nicht auf das Leben eingestellt, wie ich das früher war.»

Die sich bei vielen Krebspatienten ausbreitende pessimistische Lebenseinstellung tritt in vielen alltäglichen Situationen in Erscheinung: «Mein Mann sagte: ‹Komm, wir kaufen ein hübsches Kleid.› Da sagte ich: ‹Wozu brauche ich das noch. Ich brauche kein neues Kleid.›» – «Es war Ausverkauf, und ich kaufte mir einen Anorak. Den habe ich doch tatsächlich eine Nummer größer gekauft. Ich hab mir gesagt: Den könnte dann meine Tochter weitertragen.»

Manche Krebspatienten belasten sich zusätzlich mit der Vorstellung, im Falle eines plötzlichen Todes müsse ihre Wohnung aufgeräumt sein. Über Wochen, Monate oder Jahre steht der Tod an ihrer Seite. Eine Gruppenteilnehmerin sagt: «Ich fang schon an, alles aufzuräumen, damit andere nicht in meinen Sachen herumwühlen.» Ursula, Ärztin in der Gesprächsgruppe, entgegnet ihr: «Es tut mir weh, daß du aufräumst. Könntest du nicht was anderes tun, etwas, das dir Freude macht?»

«Bei jedem Wehwehchen habe ich Angst: O Gott, fängt das schon wieder an mit dem Krebs.»   So oder ähnlich haben einige unserer Krebspatienten die Angst beschrieben, die sie überfällt, wenn sie leichte körperliche Beschwerden als Anzeichen für eine weitere Ausbreitung des Krebses in ihrem Körper deuten. «Wenn

der Gesundheitszustand nicht so gut ist, bin ich sofort in Panik»,
schreibt mir Matthias. Die Gruppenteilnehmer sprachen häufig
von der «Angst im Nacken»: Wann bilden sich wo Metastasen?
Dies führt oft zu vollkommenen Fehldeutungen kleinster körperlicher Unpäßlichkeiten. «Bei jedem Wehwehchen habe ich
Angst: O Gott, fängt das schon wieder an mit dem Krebs.» Und
Ilse sagt ergänzend dazu: «Die Angst ist da. Da merke ich, auf
welchem schmalen Grat wir gehen.»

Bei manchen Krebspatienten geht die Entmutigung bei auftauchenden körperlichen Beschwerden so weit, daß sie alles in
Frage stellen, insbesondere sich selbst und ihre Arbeit: «Ich
möchte wirklich losschlagen und schreien: Ich bin nicht die Person, die das leisten kann. Meine ganzen negativen Gedanken und
Gefühle, die ich hatte, sind hochgekommen. Ich hätte mein ganzes Leben wegwerfen können, so schlecht habe ich mich gefühlt.
Nur weil ich eine kleine Erkältung habe, meinen Magen spüre
und Angst habe, daß alles wieder losgeht damit.» Das Mißtrauen
gegen den eigenen Körper ist groß, die frühere Sicherheit verloren. Selbst wenn den Krebspatienten sehr gute Heilungschancen
von ihrem Arzt in Aussicht gestellt werden, bleibt da der Stachel
der Ungewißheit: «Ich kann das nicht vergessen, so ein Zweifel
ist immer da. Ich frage mich, warum ich das bei einer so günstigen Prognose nicht vergessen kann. Selbst wenn ich mir sage, zu
neunzig Prozent darf ich damit rechnen, gesund zu bleiben, habe
ich dann Angst, zu den anderen zehn Prozent zu gehören.» Bei
einer guten Bekannten habe ich erlebt, daß sie jahrelang das Ergebnis der Vorsorgeuntersuchung anzweifelte, obgleich es ihre
Vermutung, daß sie an Unterleibskrebs leide, nicht bestätigte.
Sie ging so krankmachend mit sich um, daß sie sogar dem ihr
schriftlich vorgelegten Arztbericht mißtraute. Sie hatte sich die
Diagnose Unterleibskrebs gestellt und war nicht mehr davon ab-
zubringen. Sie unterstellte ihrer Tochter – einer Ärztin –, mit
dem behandelnden Arzt gemeinsame Sache zu machen, ihr einen
verfälschten Arztbericht vorgelegt zu haben. Sie «produzierte»
immer neue Krankheitsbeschwerden, unter denen sie dann tat-

sächlich litt. Nur mit Mühe gelang es ihr zeitweise, aus diesem krankmachenden seelischen Klima, das sie sich selber schuf, herauszufinden.

Die Ergebnisse einer Untersuchung bestätigten, daß viele Krebspatienten die Angst vor ihrer Krankheit als eines der Probleme angeben, die sie am stärksten belasten. [6] Sie leiden unter der Angst «vor dem ausbleibenden Heilerfolg», «vor Wiedererkrankung», «vor dem Tod». Fast alle von uns befragten Krebspatienten leiden auch unter seelischen Schwierigkeiten. Zum Beispiel erleben sie sich als «emotional unstabil», «nervös», «unausgeglichen», «hilflos»; sie klagen über «Demütigungen», «Depressionen», «Schlaflosigkeit».

«Ich kann mich selbst nicht richtig einschätzen.» Der Erkrankte ist oft starken Stimmungsschwankungen unterworfen. Keiner kann ihm die Frage beantworten: Bin ich schon gesund oder noch krank? So wird er häufig in der Einschätzung seines Gesundheitszustandes von heftigen Zweifeln geplagt. Doris: «Obgleich ich so viele Operationen hinter mir habe, weigere ich mich ganz einfach, mich als krank einzustufen. Aber da liegen echt Schwierigkeiten bei mir. Ich kann mich selbst nicht richtig einschätzen. Ich fühle mich manchmal gut und manchmal ganz schlecht. Das ist ganz klar. Aber dadurch, daß ich nicht krank wirke, nicht krank aussehe, werde ich auch meistens von meiner Umwelt verkehrt eingeschätzt.» [22]

Diese Schwankungen zwischen Hoffnung und Resignation können auch für die behandelnden Ärzte zu einem Problem werden. Ein Arzt in einer Gesprächsgruppe: «Das macht es für den Partner und vielleicht auch für den Arzt doch so schwierig. Auf der einen Seite wollt ihr als gesund angesehen werden, und dann sagt ihr wieder: ‹Heute fühl ich mich aber schlecht. Nun mußt du aber Rücksicht nehmen.›» [22]

Manche Krebspatienten fühlen sich nicht nur zwischen Krankheit und Gesundheit hin- und hergerissen, sondern auch zwischen der Erwartung, weiterleben zu können, und der Todesgewißheit: «Es gibt Tage, da habe ich das Gefühl: Du wirst ganz alt. Du willst deine Enkelkinder noch kennenlernen. Das steht fest. Und es gibt Tage dann, da habe ich das Gefühl: O Gott, du kannst in den kommenden Jahren sterben. Und dann kriege ich eine Angst, das ist grausam.»

Es scheint vor allem der Gedanke an einen vorzeitigen Tod zu sein, der viele an Krebs erkrankte Menschen so beunruhigt. Eine Vierundfünfzigjährige: «Ja, der Tod ist in mein Leben getreten. Ich kann mich ihm nicht mehr entziehen. Und so schwanke ich immer zwischen dem Gedanken: ‹Ja, er ist selbstverständlich, das wissen wir alle›, und gleichzeitig erlebe ich ein starkes Aufbegehren gegenüber dem Tod und eine wahnsinnige Wut gegenüber dem Schicksalhaften. Ich sollte mich mehr mit dem Tod auseinandersetzen, aber ich schiebe ihn sehr weit weg.»

«Ich bin mir selber fremd geworden.»   Krebspatienten haben mir in Gesprächen mitgeteilt, daß es ihnen schwerfällt, sich von ihrem alten Selbstbild zu trennen, mit dem sie vor ihrer Krankheit jahrzehntelang gelebt haben. Sie erfahren durch ihre Krankheit, daß sie mit ihrem Körper zeitweise nicht mehr so uneingeschränkt rechnen können wie früher. Sie spüren, daß sie mehr Rücksicht auf ihn nehmen, sich mehr um ihn kümmern müssen. Bei einigen der Krebspatienten ist das Bild, das sie von ihrem Körper haben, durch Operationsnarben oder Amputationen entstellt. Beim Blick in den Spiegel glauben sie: «Ich habe keine erotische Ausstrahlung mehr als Frau.» – «Man ist – man kann sagen – ein Krüppel. Auch ohne Spiegel sind diese Gefühle da.»

Auch ich habe meinen Körper zunächst abgelehnt. Ich erinnere mich deutlich an das folgende Erlebnis: Wenige Wochen nach der Brustamputation turnte meine jüngste Tochter Daniela mit mir. Plötzlich nahm sie meine Hand und führte sie an mein Gesicht. Sie wollte, daß ich es streichle. Ich fühlte mich unfähig, diese einfache Handlung auszuführen, und begann zu weinen. Ich spürte, daß ich – ohne es zu merken – ein tiefes Unwertgefühl gegenüber meinem Körper entwickelt hatte. Dieses Gefühl, weniger wert zu sein, bezieht sich bei den meisten Krebspatienten nicht nur auf den Körper, sondern ergreift die ganze Person, entfremdet den Betroffenen zunehmend von sich selbst.

Die Selbstentfremdung ist auch Inhalt des nachfolgenden Gespräches zwischen Gerhard und mir. Wir haben es etwa ein Jahr nach seiner Operation geführt:

Gerhard: «Ja, es ist traurig. Ich bin mir selbst fremd geworden.»

Anne-Marie: «So daß das Bild, das du von dir hast, gar nicht mehr existiert?!»

Gerhard: «Ja – als wäre es nicht das richtige Bild gewesen. Ich habe mich in mir selbst geirrt, in der Vorstellung meiner Person, was und wer ich bin. Und die Momente, in denen ich wirklich fröhlich sein kann, die werden immer seltener.»

Anne-Marie: «Du hast dich selbst fast ein bißchen lebendig begraben?!»

Gerhard: «Ja, ich fühle mich so hölzern auch, so verhärtet. Und ich bemühe mich so stark, in meiner Arbeit noch das Beste zu geben. Da laß ich mich nicht gehen. Vielleicht ist es auch so, daß ich mich durch die Arbeit nicht so von dieser Resignation schlucken lasse. Da setze ich mich voll ein. Es fällt mir einfach leichter, für die anderen dazusein. Ich kann mich dann auch freuen, wenn sie mir sagen, daß es gut ist, was ich mache.»

Anne-Marie: «Aber so für dich selbst sorgen...»

Gerhard: «... das gelingt mir nicht so richtig. Ich bemühe mich schon.»

Im Laufe unseres Gespräches erkennt Gerhard: «Ich muß etwas ändern. Das ist mir durch unser Gespräch heute deutlich geworden. Ich muß diese kleinen Schritte gehen und etwas für mich tun, mich ernst nehmen. Vielleicht hab ich dann auch die Kraft, anderen zu sagen, daß ich an Krebs erkrankt bin, und empfinde mich dann nicht mehr so als eine Zumutung.»

Anne-Marie: «Ich denke, du bist *dann* eine Zumutung, wenn du dich von dir selbst entfremdest, wenn du dich einkapselst, dich lebendig begräbst. Das belastet mich in einer Freundschaft viel mehr, als wenn einer sich mitteilt, wenn er sich elend fühlt, aber mir dann auch mal sagt: ‹Jetzt geht's mir wieder gut.›»

Gerhard spürt deutlich, wie belastend und anstrengend es auf die Dauer für ihn wird, ein Bild von sich aufrechtzuerhalten, dem er nicht mehr entspricht. Andererseits spürt er auch die Angst davor, das «sichere Ufer» seines bisherigen Lebens zu verlassen. Dieses Zögern und Schwanken ist verständlich, denn er weiß ja nicht, wohin diese Wandlung seiner Person ihn führen wird. Er weiß nicht, ob seine seelischen und körperlichen Kräfte ausreichen werden, ein neues Bild von seiner Person zu formen, in das die Krankheit einbezogen ist und das er akzeptieren kann. So wird er hin- und hergerissen zwischen dem Verhaftetsein an dem alten Bild seiner Person und den doch spürbaren neuen Erfahrungen, die er mit sich selbst und seinem erkrankten Körper macht.

Die Erschütterung des Selbstbildes und des Selbstwertgefühls von Krebspatienten dokumentiert auch unsere Befragung: Jeder dritte gibt Schwierigkeiten an, die im Zusammenhang mit seinem Selbstwert stehen, zum Beispiel Minderwertigkeitsgefühle, die durch eine Selbstfindungskrise ausgelöst werden. [6]

«Mein Bruder tut alles, um seine Krankheit geheimzuhalten.» Viele Krebspatienten strengen sich sehr an, ihre Krankheit zu überspielen. «Man will das möglichst von der Familie fernhalten. Schon als ich aus dem Krankenhaus kam, hatte ich mir vorgenommen: Du willst jetzt so tun, als ob gar nichts gewesen ist. Ich habe dann aber doch gemerkt, daß ich das nicht schaffe. Aber ich wollte mir nicht anmerken lassen, wie mir wirklich zumute ist. Das hat mich nervlich sehr geschlaucht, denn man hat doch auf die Dauer nicht mehr die Kraft, immer nur tapfer zu sein. Es ist also gar nicht so richtig, wenn man sagt: Es ist nichts gewesen.»

Einer großen Zahl von Krebspatienten fällt es schwer, über ihre Erkrankung zu sprechen und sich mit ihren Gefühlen auseinanderzusetzen. Dies trifft insbesondere für Männer zu. Bezeichnenderweise nahmen viermal so viele Frauen wie Männer an unseren Gesprächsgruppen teil. Eine Krebspatientin erzählte mir von ihrem Kuraufenthalt: «In der Kur, da saßen die Männer immer nur an der Bar, betranken sich und sangen ‹Ach du schöner Westerwald›. Sie hatten Augen zum Sterben – todunglückliche Augen. Sie haben gelacht und gegrinst und getrunken! Ich vermute, daß das wohl auch durch ihre Erziehung bedingt ist. Ein Junge weint doch nicht, und so was.»

Sehr viele Männer bemühen sich, ihr Verhalten an diesem «Idealbild», das ihnen von Kindheit an vorgehalten wird, auszurichten. Es ist für sie zu einem Verbot geworden: Ein Mann darf nicht weinen! Er muß Gefühle der Trauer und Verzweiflung vor anderen verbergen, muß allein mit ihnen fertig werden. So schrieb mir zum Beispiel ein katholischer Geistlicher, der in der Telefonseelsorge arbeitet: «Ich muß gestehen, daß es mir kaum möglich ist, mit meinem Bruder über diese so einschneidende Krankheit in seinem Leben zu sprechen. Ich habe den Eindruck, daß es gerade jungen Männern, die von Hodenkrebs befallen sind, außerordentlich schwerfällt, über diese Krankheit zu sprechen. Mein Bruder tut alles, um seine Krankheit geheimzuhalten. Er möchte die Krankheit verdrängen.»

Viele halten es auch für notwendig, ihre Krebserkrankung in ihrem Berufsleben vor den Kollegen geheimzuhalten, da sie Benachteiligungen fürchten. Carsten: «Es werden große Leistungen von mir verlangt. Die Lieferwerke wollen Wachstumsraten sehen. Wenn die nicht kommen, dann werde ich abgesägt. Deshalb wissen die Lieferwerke nicht, was mit mir los ist. Und Kunden, die das durch Zufall mitbekommen haben, bitte ich inständig, das bloß nicht einem Lieferwerk mitzuteilen.»

Warum verschweigen so viele Menschen ihre Krankheit? Was hindert sie daran, offen mit dieser Krankheit als einem Teil ihrer Person zu leben? Bei meiner Suche nach einer Antwort auf diese Fragen bin ich noch auf einige weitere Gründe gestoßen:

o «Ich kann den anderen nicht vertrauen. Ich weiß nicht, wie sie damit umgehen, darum tue ich alles, um meine Krankheit geheimzuhalten.»

o «Ich habe Angst, daß es sie bedroht, wenn sie hören, daß ich Leukämie habe.»

o «Ich befürchte, daß sie mich dann entweder mit Samthandschuhen anfassen, oder man meidet mich 'ne ganze Weile. Es stört mich einfach, wenn die Leute das wissen, daß sie mir deswegen nur noch schöne Dinge sagen oder unehrlich sind, weil sie Angst haben, daß sie mich verletzen. Ich weiß nicht, woran das liegt, daß sie mir dann nicht ehrlich ihre Meinung sagen – was sie von mir im Moment denken.»

o «Wenn ich wieder gesund werde, ja, dann hat keiner gewußt von meiner Krankheit. Und alle diese Gedanken: Ist sie jetzt noch krank oder nicht? – von all diesen Fragen werde ich verschont. Es gibt Zeiten, in denen ich diese Fragen nicht aushalten könnte und unter ihnen zusammenbrechen würde. Das wäre schlimm für mich. Ich will nicht die Angst haben müssen, daß ich an Ansehen bei den anderen verliere und in ihren Augen nicht mehr so leistungsfähig bin.»

o «Ich hab mir auch mal überlegt, warum ich daran so festhalte, daß meine Krankheit geheimgehalten wird. Da ist ein ganz starker Widerstand in mir, so als wenn ich mich schützen muß, mit aller Macht.»

o «Meine geringere Leistungsfähigkeit hat mein Selbstwertgefühl so verringert, daß ich nicht auch noch sagen kann, daß ich Krebs habe.»

Die in diesen Äußerungen zum Ausdruck kommenden Hauptmotive für das Verheimlichen der Krebserkrankung sind: Das Selbstwertgefühl dieser Menschen ist durch ihre Erkrankung verringert, und sie nehmen an, daß andere sie auch als Menschen von geringerem Wert einstufen, wenn sie von ihrer Krankheit erfahren. Und ferner: Sie müssen sich intensiver mit ihrer Erkrankung auseinandersetzen, wenn sie anderen von ihr erzählen. Und das wollen viele vermeiden.

Ich stelle mir das Leben hinter einer Fassade von Gesundheit und vollkommener Leistungsfähigkeit für Menschen, die ständig von Gefühlen der Unzulänglichkeit und der körperlichen Reduziertheit beherrscht werden, sehr anstrengend vor. Sie verbrauchen sehr viel Energie, um sich ständig zu kontrollieren, um die Fassade nach außen aufrechtzuerhalten. Dieses Unechtsein muß zu enormen inneren Spannungen führen.

Doch die Fassade bietet diesen Menschen nur einen scheinbaren Schutz. Der Druck und die Spannungen wachsen. Sie handeln gegen sich selbst: Sie können ihre Gefühle nicht leben. Wie viele Situationen mag es tagtäglich geben, in denen sich Krebspatienten, die ihre Krankheit vor anderen verheimlichen, zusätzlich schaden? Da sie nur wenige Mitwisser ihrer Krankheit haben, wird es für sie zu einem Problem, wem sie davon erzählen können und wem nicht.

Nach meiner Erfahrung hängt der Grad des Verheimlichens beziehungsweise Eingestehens der Krebserkrankung sehr eng mit dem Selbstwertgefühl des einzelnen zusammen: Ein Mensch, der den Wert seiner Person gering einschätzt, erwartet eher, daß andere ihn herunterstufen, wenn sie um seine Erkrankung wissen. Gerhard spricht von «gesundheitlicher Verarmung». Er hat das Gefühl, daß ihm etwas weggenommen worden ist: ein Stück seiner Gesundheit, seine Leistungsfähigkeit. Durch die Verheimlichung seiner Krankheit bringt er sich um die Anerkennung, die andere ihm geben könnten, weil er trotz seiner Erkrankung noch so viel leistet. Er verschenkt die Möglichkeit, auf diese Weise sein Selbstwertgefühl zu stärken.

«Ich habe ein großes Bedürfnis, mich zu isolieren.» Viele Krebspatienten berichten in den Gesprächsgruppen, daß sie häufig einen großen Teil des Tages im Bett verbringen, ohne daß medizinische Gründe dafür vorliegen. Sie haben das Bedürfnis, sich zu «verkriechen», die Decke über den Kopf zu ziehen. Sie wollen ihre Umwelt nicht mehr wahrnehmen und ziehen sich vor ihr

zurück: «Manchmal bin ich auch erst mittags aufgestanden. Ich verkrieche mich in mich selbst. Es ist ganz schlimm. Ich bin menschenscheu geworden. Ich habe immer das Gefühl, mich guckt jeder an und denkt: Was hat die bloß?» Wenn eine solche Isolierung von anderen nur eine vorübergehende Phase in einem Klärungsprozeß ist, dann kann Ruhe, das In-Ruhe-gelassen-Werden für den Erkrankten eine wichtige Erfahrung sein. Sie ermöglicht es ihm, sich mit seinen schmerzlichen Gefühlen, die durch die Krankheit in ihm ausgelöst werden, mit seiner so plötzlich veränderten Lebenssituation auseinanderzusetzen und in dieser Auseinandersetzung zu sich selbst zu finden. Doch wenn der Erkrankte in der Isolierung verharrt, wenn sie zu einem Dauerzustand zu werden droht, gefährdet sie seinen körperlichen und seelischen Heilungsprozeß. Er verlernt das Hoffen, reduziert sein Selbstbild auf das eines Todkranken. Gerhard: «Ich habe gespürt, daß ich ein großes Bedürfnis habe, mich zu isolieren. Ja, es gibt zwei Welten: Da ist die eine Seite, da sind die Gesunden, und da ist die andere Seite, da sind die Kranken. Und die Kluft ist unheimlich groß, unüberbrückbar. Ich bin auf der anderen Seite. Und das fing damit an, daß ich spürte, daß ich eine schwere Krankheit habe, und fürchtete: Es ist Krebs. Ich hatte sofort das Gefühl: Ich bin jetzt nicht mehr auf der Seite der Gesunden.»

Manche Krebspatienten werden durch ihre Erkrankung daran gehindert, ihren bisherigen Freizeitaktivitäten nachzugehen, oder sie geben sie aus eigenem Antrieb auf. Die fünfundzwanzigjährige Almuth, die ihre an Krebs erkrankte Mutter zu den ersten beiden Gruppentreffen begleitet, beklagt sich über deren Passivität: «Also, meine Mutter macht überhaupt nichts mehr. Körperlich ja – da hat sie schon Gewaltmärsche gemacht. Das ist alles okay. Aber das Seelische ... Sie vergißt sogar, den Hund rauszulassen. Sie liegt bis nachmittags um vier Uhr im Bett, weil sie eben nichts mit sich anzufangen weiß.» Empört reagieren darauf zwei andere Krebspatienten: «Du darfst nicht die Geduld verlieren. Die Darmkrebsoperation deiner Mutter liegt doch erst wenige Monate zurück.» Die Gruppenmitglieder haben Verständnis für die Mutter, die weinend beteuert: «Ich möchte es gern so machen, wie ich es früher gemacht habe. Wir haben wirklich viel unternommen. Aber ich mag nirgendwo hinfahren. Das kann mein Mann gar nicht verstehen.»

Diese Frau litt an ihrer Passivität. Und zusätzlich belastete sie, daß ihre Angehörigen ihre Antriebslosigkeit und Unfähigkeit, mit der Krebsdiagnose seelisch fertig zu werden, nicht akzeptieren konnten. Durch ihre Krankheit war sie von ihren gewohnten Aktivitäten – Reiten, Reisen, Parties usw. – abgeschnitten. Sie fühlte sich isoliert und stand vor einer für sie verwirrenden Leere. Es ist eine schwierige Aufgabe, die oft viel Zeit und Geduld in Anspruch nimmt, diese Leere mit neuen Werten zu füllen.

«Ich habe mit meiner Krankheit keine Chance, weil ich seelisch nichts für mich tue.»   Fast alle Krebspatienten unserer Untersuchung sind der Meinung, daß zwischen ihrem körperlichen Befinden und ihrer seelischen Verfassung ein Zusammenhang besteht. Und doch habe ich immer wieder festgestellt, daß ein Teil dieser schwer erkrankten Menschen kaum verantwortlich für sich sorgt. Carsten: «Ich habe viel zuwenig Zeit für mich, um zu überlegen: Was kann man noch selbst machen, um zu überleben? Wie kann man sich gesundheitlich wieder aufbauen? Ich stehe in einem nackten Existenzkampf. Zur Ruhe zu kommen, Muße zu haben, dazu habe ich seit Wochen gar keine Zeit. Wenn man so in einem Existenzkampf drin steht, dann wird man so getrieben.» Viele Erkrankte gönnen sich keine Zeit – so auch Rudolph, der krampfhaft darum bemüht ist, seine körperliche und seelische Erschöpfung vor den anderen zu verbergen. Die Folge dieses Bemühens ist, daß er höhere Leistungsanforderungen an sich stellt als ein Gesunder: «Wenn etwas Wichtiges ist, dann denk ich immer: Ich muß das noch machen, es weiß ja keiner, wie es mir geht. Das ist ein Teufelskreis. Ich habe mit meiner Krankheit keine Chance, weil ich seelisch nichts für mich tue,

auch nicht sage: Verdammt noch mal, jetzt muß ich mich um mich selbst kümmern. Egal, wenn das eine mal liegenbleibt, ich kann nicht mehr.» Im Laufe unseres Gesprächs wird es Rudolph deutlicher, «daß ich nicht mal laut um Hilfe schreien kann: Ich brauch es jetzt! Mir geht es wirklich manchmal so dreckig! Als wenn ich's vor mir selbst noch leugnen will, daß es mir so schlechtgeht.»

Anne-Marie: «Vielleicht sagst du es den anderen nicht, um es vor dir selber nicht zuzugeben?!»

Rudolph: «Ja, um es mir nicht einzugestehen. Genau. Ich spüre die Pflicht: Es muß weitergehen, und dann macht man noch den Besuch und lädt sich dann noch mehr auf, wo man sowieso schon nicht mehr kann. Ich denke immer: Die anderen brauchen meine Hilfe. Das ist wichtig.»

Anne-Marie: «Das ist sicher wichtig für sie. Aber ich denke, du mußt auch für dich selber sorgen.»

Rudolph: «Ja, genau. Das wird mir jetzt deutlich, wie schlimm das ist. Ich werde richtig traurig darüber. Ich tu mir eigentlich auch ein bißchen selber leid. Daß ich mich da so gequält habe ... Das ist gut, daß ich endlich mal wach werde und erfahre: Meine Güte, was hältst du alles aus.»

Als Erkrankter
krankmachend mit anderen leben

«Meine Familie hat sich durch meine Krankheit verändert.» Die häufig ins Traurige und Schwermütige veränderte Stimmungslage der Betroffenen bedrückt auch die Familienangehörigen, läßt sie stumm werden und erstarren, blockiert ihre Handlungen: «Meine Familie hat sich durch meine Krankheit verändert. Die Kinder kannten mich immer nur fröhlich und lustig. Und plötzlich war es so: Wenn die Kinder sagten: ‹Mama, wir haben dich gern›, dann heulte ich nur. Ich war so empfindlich, daß ich auch auf liebevolle Äußerungen nur mit Heulen reagie-

ren konnte.» – «Mein Sohn wird immer stiller, immer ruhiger. Und das belastet mich auch, wenn ich das sehe, denn ich weiß ganz genau, daß ich die Ursache bin.»

Die Furcht, ihre Familie übermäßig zu belasten, hindert viele Krebspatienten daran, sich ihr anzuvertrauen. Ein bedrückendes, anstrengendes Schweigen ist die Folge. Der Erkrankte und seine Angehörigen sprechen nicht mehr miteinander, teilen sich einander nicht mehr mit. Sie reden nicht darüber, welche gefühlsmäßige Bedeutung die Krankheit für jeden von ihnen hat. Diese Erstarrung führt zu Mißverständnissen, die oft nur schwer wieder aufzuheben sind. «Ich war immer die Starke. Und darum hat meine Tochter meine Krankheit so abgelehnt. Das war so schrecklich. Ich hab dann schließlich geweint und gesagt: ‹Ich habe das Gefühl, du liebst mich nicht.› Dann hat sie mitgeweint und hat gesagt: ‹Wie kannst du so etwas Schreckliches denken!›»

Am folgenden Beispiel wird deutlich, wie schnell eine solche Entfremdung auch in einer Beziehung entstehen kann, in der sich der Partner sehr einfühlsam und liebevoll um den Erkrankten kümmert. Der siebzigjährige Egon ist sehr besorgt um seine an Krebs erkrankte Frau Anita. Er begleitet sie zu Nachsorge- oder anderen ärztlichen Untersuchungen und nimmt ihr die meisten Arbeiten im Haushalt ab. Er bemüht sich, «die Freude in ihrem Leben zu halten», besorgt zum Beispiel Theaterkarten. Anita berichtet, daß er sie morgens beim Aufwachen häufig mit den Worten begrüßt: «Freu dich auf den Tag heute, genieße ihn.» Und Egon selbst sagt ergänzend im Gruppengespräch: «Ich finde es auch gut, wenn ich morgens wieder lache. Wenn sie jedoch dann sagt: ‹Ich will sterben und morgens nicht aufwachen›, finde ich das gar nicht so gut. Anita soll sich freuen, wenn sie die Augen aufmacht.» Und etwas später fährt er fort: «Sie ist innerlich so zerrissen. Sie wäre sicherlich gern so gesund wie ich. Man denkt doch, beide sind noch zusammen, dann ist es lustiger und lebensfroher. Aber das mit Anita, das drückt doch sehr aufs Gemüt.» Dazu Ute, eine andere Gruppenteilnehmerin: «Man hat selbst mitunter ein schlechtes Gewissen dem Partner gegenüber.»

Anita: «Ja, früher kamen die Freunde. Das war schön, sie waren fröhlich. Ich hatte an allem viel Spaß. Da war ich gesund. Nun kann ich das nicht mehr.»

Egon: «Anita läßt manchmal durchblicken, daß sie glaubt, mir durch ihre Erkrankung im Weg zu sein. Das bedrückt mich sehr. Wir kennen uns über dreiundvierzig Jahre und sind doch einen sehr langen Lebensweg gemeinsam gegangen. Sie hat mich sehr verwöhnt. Und jetzt meint sie, sie ist ein Hindernis für mich. Das ist sie aber nicht. Ich weiß nicht, wie ich ihr das beibringen soll.»

Anita: «Ja, ich denk manchmal: Auf einem kranken Huhn, da pickt man auch rum. Das steht den anderen auch im Weg. Was noch alles kommt, das weiß man nicht.»

Zwei Monate später berichtet Egon in einem Einzelgespräch: «Anita hat mir angedeutet, daß sie sich das Leben nehmen will, wenn sie lange leiden muß und sie das immer unerträglicher findet. Das macht mich natürlich ängstlich. Es kommt durch die Tiefpunkte bei Anita. Sie hat dann ganz schlimme Gedanken, die sie mir dann auch entgegenschleudert. Das ist auch für mich manchmal ganz schön schwierig. Ich hab manchmal das Gefühl: Ich werde nicht damit fertig. Ich versuche immer wieder, sie aufzurichten. Wenn sie ihre Tiefpunkte hat, da spreche ich auch mal ein hartes Wort mit ihr. Hinterher frage ich mich oft: Darfst du eigentlich so hart mit ihr ins Gefecht gehen? Aber manchmal schaffe ich es auch selber kräftemäßig nicht anders. Ich habe noch einen starken Lebenswillen und möchte schon noch ein bißchen mitmachen. Aber manchmal denke ich: Wenn es doch nichts Lebenswertes mehr bringt, dann wäre es mir auch gleichgültig, wenn es vorbei wäre.»

Hier stehen sich Anitas Ängste – «wenn ich bettlägerig werde, dann kann es Egon nicht schaffen» – und Egons starker Lebenswille entgegen. Anita fühlt sich als «krankes Huhn, auf dem man rumpickt». Sie hat das Gefühl, Egon zu behindern, eine zu große

Belastung für ihn zu sein. Sie kann nicht glauben, daß ihre Hilfs-
bedürftigkeit auch in Egon positive Kräfte mobilisiert, die ihn
bereichern.

«Ich bin wirklich menschenscheu geworden.» Die zwischenmenschlichen Beziehungen eines Erkrankten, der sich als «Aus-
sätziger», als «nicht vollwertiger Mensch» fühlt, sind von vornherein schwer belastet. Er fühlt sich in eine andere Welt versetzt,
lebt dort sein eigenes einsames Leben und ist nur schwer für andere zu erreichen. «Wenn ich mal Besuch habe, dann denke ich
im stillen: Hoffentlich gehen sie bald wieder weg.» – «Ich bin
wirklich menschenscheu geworden.»
Viele Krebspatienten entwickeln diese Scheu vor anderen
Menschen: «Auch die ehemaligen Arbeitskollegen, wie oft rufen
die an: ‹Komm doch mal.› Ich hör mich jetzt schon antworten:
‹Ich hab gar keine Zeit. Ich melde mich mal.› Das mache ich seit
Beginn meiner Krankheit. Es wird mir eigentlich erst jetzt richtig bewußt. Das ist ganz schlimm, was ich da mache.» Die
Schwierigkeiten in zwischenmenschlichen Beziehungen nehmen
in unserer Befragung von Krebspatienten einen breiten Raum
ein: Weit mehr als die Hälfte leiden unter derartigen Problemen,
zum Beispiel unter «Ehekrisen», «Liebesentzug», «Abhängig-
keitsängsten», «Gefühlen der Mißachtung, des Unverständnis-
ses anderer», «Kontaktschwierigkeiten», «Verlassenheitsgefüh-
len». Zwischenmenschliche Beziehungen sind auch das Haupt-
thema in unseren Gesprächsgruppen gewesen. Der Mitmensch
kann zur Quelle großer Qualen werden. [6]
Das gestörte Bild von sich selbst und seinem Körper, also die
gestörte Beziehung zur eigenen Person, steht den Kontakten zu
anderen im Wege. Unzufriedenheit mit sich selbst lähmt die Initiative und den Mut Erkrankter, auf andere zuzugehen und sich
ihnen anzuvertrauen. Sie spinnen sich in ihre Welt ein und fühlen
sich durch die Gesunden nicht hinreichend verstanden: «Es trennen uns doch Welten voneinander.»

Verständnislosigkeit gegenüber dem Erkrankten

«Es war unvorstellbar für mich, daß das Leben meiner Mutter so bedroht sein sollte.» Wie bestürzt und zutiefst erschrocken Angehörige von Betroffenen reagieren, denen die Diagnose Krebs gestellt wird, habe ich in meiner eigenen Krankheitszeit sehr deutlich spüren können. Im Gespräch mit Hildegard erinnern sich einige meiner Familienangehörigen daran, wie sie die Nachricht von meiner Krebserkrankung aufgenommen haben. «Ich war in der Stadt und habe durch meinen Freund Jürgen am Telefon erfahren, daß meine Mutter Krebs hat», erzählt meine älteste Tochter, damals dreiundzwanzig Jahre alt. «Dann hab ich die ganze Zeit in der U-Bahn geheult. Und zwischendurch fiel mir auf, daß keiner sich traute, auf mich zuzugehen oder so. Dann habe ich mich gefragt: Was würde ich jetzt machen, wenn ich jemandem begegnete, der heult? Ich glaube, ich würde auf ihn zugehen. Das hat mich eigentlich erschrocken, daß keiner was gesagt hat. Ich dachte immer nur: Jetzt ist alles vorbei, jetzt stirbt sie. Alle anderen Sachen wurden so unwichtig. Ich war irgendwie sehr verzweifelt.»

Und Daniela, meine jüngste Tochter, damals siebzehn Jahre alt, erinnert sich: «Als ich's erfuhr, da war's unvorstellbar für mich, daß das Leben meiner Mutter so bedroht sein sollte. Als meine Mutter noch im Krankenhaus war, war das sehr viel bedrohlicher für mich. Dagegen, wenn ich sie jetzt hier zu Hause bei mir habe, dann sehe ich sie ja – sehe, daß sie noch bei mir ist, daß sie noch lebt.»

Die Familie wird häufig wie der Betroffene selber von der Krebsangst ergriffen. Die unfaßbare, unaussprechbare Furcht, daß der Erkrankte in Kürze sterben wird, beherrscht das Denken und Verhalten der Angehörigen. Und erst allmählich stellt sich der beruhigende Gedanke ein, daß dem Erkrankten Zeit – vielleicht noch viel Zeit – zum Leben bleibt.

Doch hilft dieser Gedanke nur über den ersten Schock hinweg. Die untergründige Angst bleibt und flackert in vielen Situationen wieder auf. So berichtet Willi in einer gefilmten Gesprächsgruppe [22]: «Als Nichtkranker und Ehemann möchte ich sagen: Drei Tage vor dem Nachsorgeuntersuchungstermin gehe ich auch nicht mehr zum Chorsingen. Das kann ich dann nicht. Drei Tage vorher ist irgendwie die Angst schon da. Wenn man arbeiten kann, kann man die Angst vertreiben, vergessen kann man sie nicht.»

Manche Familienangehörige sind so verzweifelt, daß sie den Erkrankten noch zusätzlich belasten. Die siebzehnjährige krebskranke Schülerin Eva erzählte mir, daß ihre Mutter versucht habe, sich das Leben zu nehmen. Eva war nach Hause gekommen, weil ein Lehrer krank geworden und deshalb eine Unterrichtsstunde ausgefallen war. Sie fand ihre Mutter in tiefem Schlaf liegend vor. Neben ihr lag ein Abschiedsbrief und eine leere Schlaftablettenröhre. Eva verständigte einen Arzt, der noch rechtzeitig eingreifen konnte.

Die Verzweiflung über die Erkrankung ihrer Tochter hatte die Mutter in tiefe Depressionen gestürzt, die die Familie monatelang schwer belasteten. Insgeheim machte die Mutter Eva den Vorwurf, schuld an dieser Situation zu sein. Warum redete sie nicht offen mit Eva über ihre Gefühle? Mutter und Tochter entfernten sich innerlich voneinander, obgleich sie sich gegenseitig sehr brauchten.

Die wörtlichen Äußerungen und Handlungen von Angehörigen machen ihre Betroffenheit und tiefe Verzweiflung deutlich. Dies scheint nicht nur eine Auswirkung der mutlosen, depressiven und häufig pessimistischen Stimmungen der an Krebs Erkrankten selber zu sein, sondern ebenso eine Folge der Verlustängste, von denen viele Angehörige überwältigt werden.

«Der andere begreift nicht, daß man noch nicht alles wieder kann.» Schwierigkeiten in zwischenmenschlichen Beziehungen sind eines der Hauptprobleme von Krebspatienten. Man-

che Partnerbeziehungen halten der Belastung einer schweren Krankheit nicht stand. Erschütterung klingt in den Kranken nach, wenn sie sich durch ihre Partner nicht verstanden, lieblos behandelt oder verlassen fühlen. Kleine Unachtsamkeiten werden als Vorwürfe oder Lieblosigkeiten aufgefaßt, etwa: «Neulich fragte er: ‹Wollen wir nicht vor Weihnachten noch etwas backen?› Und ich sagte: ‹Ich weiß nicht, ob ich dazu in der Lage bin.› Aber das begreift er nicht. ‹Wieso?› sagte er, ‹das hast du doch früher auch gekonnt. Wieso kannst du es jetzt nicht?›»

Derartige Anregungen oder Vorschläge sind für viele Betroffene Ausdruck von Verständnislosigkeit und mangelnder Einfühlung. «Der andere begreift nicht, daß man noch nicht alles wieder kann.»

Eine Krebspatientin berichtet: «Mein Mann hat sich wegen meiner Krankheit so in die Arbeit hineingestürzt. Er war am Ende regelrecht ein Nervenbündel. Das war schrecklich. Und er hat damals angefangen zu trinken.» [22]

Die Hilflosigkeit und Verständnislosigkeit, das Sich-Zurückziehen der Angehörigen und Freunde stellen eine zusätzliche Belastung für den Betroffenen dar. Manche Krebskranke sind geradezu brutalen Erfahrungen ausgesetzt. «Er kam abends immer später, und ich war allein. Das war zuerst ganz schlimm. Ich habe bei meinem Mann nach Halt gesucht. Aber er hat nur abgewunken, und ich bin total in den Boden gekrochen.»

Der Mangel an Einfühlung und Hilfsbereitschaft steigert die Angst der Betroffenen, daß dies eine Wiedererkrankung fördern könnte: «Wenn ich merke, daß da sehr große Probleme anstehen, dann kriege ich unbeschreibliche Angst. Dann frage ich mich, ob all dieser Stress sich nicht in einer zweiten Krankheit auswirken kann.»

Wie bei den Betroffenen selbst ist es häufig auch bei den Angehörigen die Angst, die sie daran hindert, verständnisvoll auf die Bedürfnisse des Erkrankten einzugehen – die Angst vor der Auseinandersetzung mit der Krebskrankheit und mit der Tatsache, daß die Lebenszeit von uns allen begrenzt ist. Andreas, ein zweiundvierzigjähriger Techniker, berichtet: «Wenn ich über meine Angst vor dem Sterben spreche, sagt meine Frau: ‹Du spinnst ja, warum sollst du sterben?› Damit ist das Gespräch dann zu Ende.» Den Tatsachen nicht ins Auge sehen, sie «wegdrängen» – das ist ein sehr häufig anzutreffendes Verhalten von Angehörigen. Es fehlt ihnen die Kraft, sich in die Welt des Kranken hineinzubegeben, mit seinen Augen seine Wirklichkeit zu sehen, ihn spüren zu lassen, daß er mit seinen Gedanken und Gefühlen nicht allein steht.

Häufig liegt die Verständnislosigkeit von Angehörigen gegenüber dem Betroffenen auch in der Hoffnungslosigkeit begründet, die diesen nach der Krebsdiagnose überkommt. Sie sind selbst betroffen, fühlen sich hilflos. Sie werden plötzlich in eine Situation gestellt, auf die sie nicht vorbereitet sind. Der Erkrankte, der vor der Diagnose voller Lebenslust und Tatendrang war, bietet der Familie plötzlich das Bild eines kraftlosen, hilfsbedürftigen Menschen, der sich in Verzweiflung und tiefen Kummer vergräbt.

Auch krebskranke Kinder und Jugendliche fühlen sich in ihrer eigenen Familie mitunter nicht aufgehoben, nicht ermutigt genug, sondern einsam und verlassen, wie das in dem nachfolgenden Auszug aus einem Brief der neunzehnjährigen, an Leukämie erkrankten Monika zum Ausdruck kommt: «Meine Eltern sagen häufig zu mir: ‹Wenn nicht ein Wunder geschieht, lebst du nicht mehr lange.› Das ist sehr entmutigend für mich. Und auch andere denken: Es ist ein Wunder, daß ich noch lebe. Das macht mich dann fertig und so unruhig. Ich habe Angst, ich stehe wieder vor einem Abgrund, wie damals, als die Diagnose feststand. Ich habe Angst vor der völligen Isolation. Da ist eben keiner, der meine Hand hält, der einfach bei mir ist. Ich kann ohne die Wärme und Unterstützung anderer Menschen nicht friedlich und befriedigend mit mir selbst und anderen leben.»

«Sie wissen vielleicht nicht, was sie zu jemandem sagen sollen, der dem Tod verschrieben ist.» Nicht nur von ihrer Familie, sondern auch von anderen Verwandten, von Freunden, Bekannten, Ar-

beitskollegen oder auch Fremden fühlen sich viele Krebskranke zurückgewiesen: «Ich habe das erlebt bei meinen Verwandten. Die sind gar nicht erst gekommen, als ich wieder zu Hause war. Bis ich dann einen richtigen Nervenzusammenbruch kriegte. Ich sagte: ‹Alle lassen mich im Stich! – Dann habe ich mir ein Herz gefaßt und bin zu den Verwandten gegangen und habe gesagt: ‹Was macht ihr nur mit mir?› – ‹Ja, wir wollen dir doch Ruhe gönnen!› – ‹Das sollt ihr nicht. Das ist falsch! Ich brauche euch! Ich will mit euch reden. Ich muß Menschen um mich haben. Tut mir den Gefallen und kommt!› Ja – man muß es selber tun. Es ist nicht so leicht.»

Nur selten werden Krebspatienten in der Lage sein, in dieser Weise auf die anderen zuzugehen und sie um ihre Zuwendung zu bitten. Zu einem solchen Schritt gehört viel Mut und die Kraft, sich von der eigenen Niedergeschlagenheit zu befreien. Die meisten Betroffenen geraten angesichts dieser Hilflosigkeit ihrer Umwelt in die Isolation. Sie verschließen sich, meiden das offene Gespräch über ihre Situation.

Diese Abkapselung wird auch in dem folgenden Bericht Elkes deutlich. Sie erzählt mir, daß ihr durch ihre Mitbewohner – sie lebt in einer Wohngemeinschaft – signalisiert worden ist: «Wir wollen Fröhlichkeit haben und haben keine Lust, uns mit dem Tod zu beschäftigen!» Elke reagiert in folgender Weise auf diese ablehnende Haltung: «Ich sprech dann gar nicht mehr über mich. Nur wenn ich direkt gefragt werde, sage ich offen: ‹Ich denk über den Tod nach. Ich bin jetzt traurig. Mir geht's gesundheitlich wirklich schlecht.› Wenn ich das sage, dann fühl ich eine starke Ablehnung. Dann tut's mir auch irgendwie leid, daß ich die anderen belaste, dann ziehe ich mich zurück. Und wenn sie jetzt fragen, dann sag ich: ‹Ach, wird schon werden. Das geht sicherlich gleich wieder vorbei.› Ich verschließe mich immer weiter und sag: ‹Ja, mir geht's gut.› Manchmal gibt's auch so 'n Aufschrei bei den anderen: ‹Ich will hier raus aus dieser traurigen Wohnung!› Das kann ich voll verstehen. Das nehme ich ihnen nicht mal übel. Ich möchte es ihnen auch erleichtern, wegzuziehen – damit sie diese Fröhlichkeit erfahren, die ich ihnen im Moment nicht geben kann. Das ist ganz selten, daß ich mal wieder überschießend fröhlich sein kann.» Und am Ende unseres Gespräches sagt Elke: «Mir würde es manchmal sehr helfen, wenn mir einer sagte: ‹Leg dich hin. Das ist gut für dich. Hab ein bißchen Geduld, es braucht Zeit!›»

Wie Elke fühlen sich viele Krebspatienten von Freunden und Verwandten allein gelassen. Die fünfundvierzigjährige, an Lippenkrebs erkrankte Lisbeth berichtet: «Ich habe mich doch lange Zeit als Krebsgespenst gefühlt. Blumensträuße wurden nur schnell abgegeben oder an die Tür gehängt. Die haben sicher gedacht: O Gott, die ist in meinem Alter. Auch mein Zahnarzt, mit dem wir befreundet sind, hat sich bei mir erkundigt: ‹Na, ansteckend ist es ja wohl hoffentlich nicht.› Ich bin dann nicht zu seinem fünfzigsten Geburtstag gegangen. Ich glaub, ich hab ihm damit eine Freude gemacht.»

Dieses hilflose, ungeschickte und zuweilen ablehnende Verhalten vieler Mitmenschen erschwert es dem Krebspatienten, offen mit seiner Krankheit umzugehen. «Krebs ist nicht gesellschaftsfähig. Es ist einfach kein Thema. Wenn jemand einen Herzinfarkt hat, dann wird darüber gesprochen. Aber bei Krebs, da fängt das große Schweigen an.» [22]

Welches sind die Ursachen für das «große Schweigen»? Woran liegt es, daß es so wenigen Menschen gelingt, ohne Hemmungen auf einen Schwerkranken zuzugehen und ihn offen und hilfreich anzusprechen?

Eine holländische Krebspatientin überlegt in einem Fernsehfilm: «Sie wissen vielleicht nicht, was sie zu jemandem sagen sollen, der dem Tod verschrieben ist.» Sie erlebte folgendes: «Ich bin mal mit meinem Mann bei den Tennisplätzen gewesen, um dem Spiel meiner Söhne zuzugucken. Die Menschen kennen uns. Wir wohnen in einem kleinen Ort. Da spürt man, was die Leute denken. Sie trauen sich nicht an einen heran. Und das kann ich gut verstehen. Ich hätte vielleicht das gleiche getan. So kamen sie nur zu meinem Mann und sagten Guten Tag. Das war eine

schreckliche Erfahrung. Aber das lag wohl auch mit an mir. Es
war sicher auch etwas Fremdes an mir.» [14]

Die wenigsten von uns haben gelernt, sich gegenüber einem
Behinderten oder Schwerkranken natürlich und hilfreich zu verhalten. Die Leiden dieser Menschen konfrontieren uns mit unseren eigenen unverarbeiteten Ängsten, mit Fragen, denen wir uns
nur ungern stellen.

«Da war eisiges Schweigen.» Auch völlig fremde Menschen
können durch die Tatsache, daß sie einem Krebspatienten gegen-
überstehen, verunsichert werden. So berichtet Katrin: «Ich habe
mir einen Pullover gekauft und anprobiert. Und da habe ich gesagt: ‹Nein, er ist zu stramm über der Brust. Ich habe eine Brustamputation.› Da war plötzlich eisiges Schweigen bei den Verkäuferinnen, und ich habe mich aus dem Laden geschlichen.»
Heidi ergänzt diese Erfahrung: «Ich habe das auch erlebt. Nach
einer Lymphographie hatte ich Schwierigkeiten mit den Schu-
hen, weil meine Füße geschwollen waren und blaue Flecken hatten. Die Schuhverkäuferin wies darauf hin. Ich sagte zu ihr: ‹Die
kommen von einer Lymphographie, die zur Krebsfeststellung
gemacht wird.› Ich hatte das Gefühl, sämtliche Verkäuferinnen
im Laden gingen drei Schritte zurück.» [22]

Sehr erschüttert hat mich, was Krebspatienten während ihres
Kuraufenthaltes erlebten: «Ich bin zum Friseur gegangen. Eine
ältere Dame hatte ein frisches Handtuch verlangt, weil die Haare
so naß waren, es tropfte runter. Der Friseur sagte dann: ‹Nun
sind die schon krank und stellen hier noch solche Ansprüche.
Die sollen mal froh sein, daß sie überhaupt noch leben.›» [50] –
«Ich habe erlebt, daß der Gastwirt des Kurortes uns Krebspatienten gar nicht reingelassen hat. Der Wirt hatte Angst, daß seine anderen Gäste sonst sein Lokal verlassen würden.»

Warum weichen Menschen vor Schwerkranken zurück? Warum können sie Krankheit und Behinderung nicht als eine Form
des Lebens akzeptieren? Sehr wahrscheinlich hängt diese Unsicherheit und Ablehnung auch mit der Tatsache zusammen, daß

wir in unserer Gesellschaft zuwenig Kontakt zu Kranken und Behinderten haben. Schon in unseren Schulen werden die sogenannten Sonderschüler und Behinderten in eigenen Schulen von den anderen, «normalen» Kindern isoliert. Kinder und Jugendliche können es so kaum lernen, mit Kranken oder Behinderten auf eine natürliche Weise zusammenzuleben. Hilfreich könnte es auch sein, wenn mehr behinderte Lehrer in unseren Schulen arbeiten würden. Durch das Zusammenleben mit behinderten Lehrern und Schülern könnte sich in unseren Schulen ein Klima der gegenseitigen Rücksichtnahme entwickeln. Die Kluft zwischen Gesunden und Kranken könnte sich durch persönliche Erfahrungen und Erlebnisse verringern. Ich nehme an, daß mancher gesunde Schüler durch den täglichen Umgang mit Kranken weniger fahrlässig mit seiner Gesundheit umgehen und zum Beispiel das Rauchen, den Alkohol-, Drogen- und Tablettenkonsum ablehnen würde. Die Absonderung von Kranken und Behinderten mag bewirken, daß Gesunde ihre Gesundheit nicht richtig zu schätzen und zu bewahren wissen. Durch das Zusammenleben von kranken und gesunden Schülern würde die Gesundheits- und «Krankheitserziehung» in unseren Schulen nicht zu einem abstrakten Lernstoff verkümmern, sondern könnte von der konkreten Erfahrung ausgehen und in sie zurückfließen.

«Wenn du's ehrlich sagst, dann hast du im Beruf keine Chance.» In dem nachfolgenden Gesprächsausschnitt wird offenbar, welche beruflichen Nachteile Krebspatienten in Kauf nehmen müssen, wenn sie ihre Krankheit ehrlich zugeben. Doris berichtet in einer Fernsehsendung: «Seit zehn Jahren habe ich mit dieser Krankheit immer wieder zu tun gehabt. Ich hatte versucht, arbeitsmäßig Fuß zu fassen, nachdem die Kinder größer waren. Und ich weiß ganz genau, daß ich von der Zuverlässigkeit her und von der Arbeitskraft – also von dem, was ich kann – wirklich noch gefragt bin. Ich arbeite auch jetzt als Aushilfe. Aber wenn ich fest angestellt werden würde, dann kommt dieser Gesundheitsfragebogen, den ich ausfüllen muß. Und dann habe

ich überhaupt keine Chance mehr. Dann werde ich höflich, aber bestimmt vor die Tür gesetzt. Und das finde ich unheimlich hart. Die Umwelt, die bezeichnet dich dann nämlich als krank, während du selbst dich durchaus im Moment belastbar fühlst. Und was bleibt dir dann? Dann machst du ehrenamtlich irgend etwas, um dich zu beschäftigen. Da merke ich, wenn du's ehrlich sagst, dann hast du im Beruf keine Chance. Wenn du unehrlich bist, dann heißt es: Du hast etwas verschwiegen, wenn es rauskommt. Das ist eine ganz unangenehme Situation. Das macht mich ungeheuer wütend. Das Gefühl, du wirst gebraucht, du hast einen Platz in der Gesellschaft – das ist für einen selbst doch so wichtig.»

Johanna: «Ich würde sogar noch weitergehen. Es kann einen geradezu gesund machen, wenn man dort seinen Mann steht. Aber man muß im Personalfragebogen genau angeben, was man hat. Und da hat man doch keine Chance. Das macht mich ganz mutlos. Das ist hart.»

Corinna: «Dabei müßte man gerade etwas arbeiten, was einem Spaß macht, was ablenkt, um gesund zu werden.»

Doris: «Ja, wenn ich mal einen Arzt frage, sagt der: ‹Ja, Sie können arbeiten. Aber machen Sie das, was Ihnen Spaß macht!› Das ist doch eine Farce.»

Heidrun: «Am besten, da lügt man und sagt nichts.»

Doris: «Genau. Dazu habe ich mich auch durchgerungen. Ich halte jetzt lieber meinen Mund und sage nichts, als daß ich immer ehrlich bin. Das ist traurig.» [22]

Dieser Gesprächsausschnitt spricht für sich selbst: Es ist notwendig, an Krebs erkrankten Menschen angemessene Arbeitsmöglichkeiten offenzuhalten und anzubieten, zum Beispiel im Rahmen des Behindertengesetzes. Für manche der Betroffenen ist die Möglichkeit, einer angemessenen Arbeit nachzugehen, eine starke seelische Hilfe und genauso wichtig wie wirksame Medikamente. Die Krebspatienten sprechen in dem Gruppengespräch die Bedeutung an, die es für sie hat, wenn sie «wieder ihren Mann stehen» können. Es wird auch deutlich, wie schwer es sie belastet, als nicht vollwertig und als finanzielles Risiko eingestuft und behandelt und dadurch zur Verleugnung ihrer Erkrankung gezwungen zu werden. Die Notlügen, mit denen sie diese Verminderung ihrer Chancen auszugleichen versuchen, treiben die meisten nur noch weiter in die Isolation hinein und vergrößern ihre seelische Not. Die Lüge zwingt sie zu einer ständigen Kontrolle ihrer Äußerungen und ihres Verhaltens. Die Furcht vor der Entdeckung ihres Geheimnisses belastet sie und verhindert offene Kontakte mit den Kollegen. Sie werden in die Anonymität gedrängt. Ich würde es sehr begrüßen, wenn mehr Arbeitgeber für ehemalige Krebspatienten angemessene Arbeitsplätze bereithalten und ihnen damit die seelisch bedeutsame Erfahrung ermöglichen, daß sie noch arbeitsfähig sind und gebraucht werden.

Hilflosigkeit gegenüber den Angehörigen

«Es ist schlimm, was die Menschen einem Angehörigen so ins Gesicht schleudern.» Auch die Angehörigen Schwerkranker spüren oft Unsicherheit und Ablehnung bei den Menschen in ihrer Umgebung: «Es hat einen Kollegen gegeben, der machte einen Bogen um mich herum, der vermied es, mit mir zu sprechen. Später hat er mich einmal angesprochen, als er sich zum Urlaub verabschiedete: ‹Ich hab gehört, Ihre Frau ist krank.› Und dann war er ganz verlegen. Er kann nicht anders.» Verlegenheit und Angst lassen die Menschen in dieser hilflosen Weise reagieren. Manchmal sind es auch eigene schmerzhafte Erfahrungen, die ihr Verhalten beeinflussen: «Das schlimmste war, als ein Bekannter, der uns eigentlich sehr nahesteht und der seine Frau durch Krebs verloren hat, mich fragte: ‹Wie weit ist es denn mit Ihrer Tochter?› Und dann sagte er: ‹Lymphknoten! Mein Gott, können Sie dann noch nachdenken? Wieso haben Sie da noch Hoffnung?› Ich war total schockiert.»
Möglicherweise haben die schmerzhaften Erinnerungen an

den Krebstod seiner Frau diesen Mann so hart und verbittert gegenüber der Mutter reagieren lassen. Aber wie soll die Mutter wissen, daß die Äußerungen dieses Mannes vor allem seine Betroffenheit über *sein* Schicksal wiedergeben?

Auch die Mutter der krebskranken Schülerin Eva hat unangenehme Erfahrungen mit den Menschen ihrer Umwelt gemacht. Die Krankheit ihrer Tochter «ist wie ein Lauffeuer durch den Ort gegangen» – noch ehe nach der Operation die Krebserkrankung feststand: «Und da bekam ich am nächsten Tag von einer anderen Mutter einen Anruf. Diesen Anruf habe ich als Unverschämtheit empfunden. Zu der Frau habe ich sonst überhaupt keinen Kontakt, und die fragte: ‹Sagen Sie mal, wie kommt Ihre Tochter zu Gebärmutterkrebs?› Und als ich zum Einkaufen ging, wurde ich angesprochen von Leuten, die ich nur vom Sehen kannte. Und da spürte ich hinterher: ‹Na, hat Ihre Tochter denn so viele intime Beziehungen mit Jungs gehabt? Wieso kann denn das sonst kommen?› Ganz abgesehen davon, daß das überhaupt nicht zur Debatte stand. Schlimm, was die Menschen einem Angehörigen so ins Gesicht schleudern! Und die nächste Frage war dann: ‹Ja, wie weit ist es denn? Welche Aussichten hat sie?› So wurde ich bombardiert mit Fragen. Ich hätte zurückschlagen mögen. So hab ich dann nur noch mittags eingekauft, wenn ich wußte: Jetzt triffst du keine Bekannten.» Und Evas Mutter fährt im Gespräch mit mir fort: «Wir haben Anteilnahme, Hilfe erlebt und pure Neugierde bis hin zum Sadismus. Ich habe das manchmal verglichen mit der Art, wie sich Menschen einen Krimi ansehen oder einen Verkehrsunfall.»

Menschlich versagende Ärzte

«Wir Ärzte sind dafür da, den Menschen zu reparieren. Aber in menschlicher Zuwendung kennen wir uns eben nicht aus.» Die Krebserkrankung erlangt für den Betroffenen eine Bedeutung,

die alle anderen Bereiche seines Lebens überschattet. Es ist für ihn sehr wichtig, die seinem Zustand angemessene seelische Unterstützung zu erhalten. Ich habe mich bemüht, darzulegen, daß insbesondere Krebspatienten, wie sie es selber ausdrückten, ihr Leben mit der Krankheit als eine «Gratwanderung» erleben, «die sehr grausam ist».

Die meisten sind schon vor der Krebsoperation, insbesondere vor einer Brustamputation, niedergeschlagen und bedrückt: «Ich habe auf der Operationsbahre geschrien und um mich geschlagen. Ich war außer mir vor Entsetzen, habe meinen Mann beschimpft, der dabei war, und habe alles Elend und alle Angst, die in mir war, hinausgeschrien», berichtet die Frau eines Arztes. [8]

Nach einer Operation fühlen sich viele zwar in körperlicher Hinsicht wiederhergestellt, doch sind sie seelisch stark beeinträchtigt. «So habe ich mich nicht nur mit meinen körperlichen Problemen herumgeschlagen», schrieb mir eine Krebspatientin nach ihrer Operation, «sondern noch weit mehr mit meinen psychischen, die mir oft noch viel größere Kopfschmerzen machen.»

Die Notwendigkeit für Ärzte und Krankenpflegepersonen, diese seelische Beeinträchtigung bei ihrem Umgang mit dem Erkrankten zu berücksichtigen, ist offensichtlich – und doch sind nur wenige bereit beziehungsweise fähig, dem Patienten in dieser Hinsicht Hilfen anzubieten. «Die Medizin ist so weit, und man kann heute so viel machen, aber ich verstehe nicht, warum man dem Menschen nicht auch hilft, so am Leben zu bleiben, daß er nicht ein seelischer Krüppel wird.» [22] Vielleicht ist den meisten Ärzten das Ausmaß des «seelischen Tiefs» ihrer Patienten gar nicht in vollem Umfang bewußt. Immer wieder berichten Krebskranke von Erlebnissen, die diese Vermutung bestätigen: «Der Hausarzt sagt zu mir: ‹Stellen Sie sich bloß nicht so an! Früher waren die Leute genauso krank!› Bei der Kontrolluntersuchung läuft es auch so: Der Professor hört sich alles nur kurz an und sagt dann: ‹Ist schön. Kommen Sie in acht Wochen wieder!› Dem kann ich doch nicht erzählen: Ich kann nicht schlafen. Mir zittern die Hände. Ich fühle mich elend. Das interessiert ihn doch gar nicht.»

Viele Patienten haben das Gefühl, daß ihr Problem «verniedlicht» wird, daß der Arzt «menschlich überhaupt nicht da» ist, während er sie behandelt oder mit ihnen spricht.

Einige Beispiele sollen diesen Eindruck verdeutlichen: Eine Ärztin antwortet einer Patientin, die darüber klagt, daß ihr durch die Chemo-Therapie die Haare ausfallen: «Ist denn der Haarverlust ein Ichverlust? Das verstehe ich gar nicht, daß das Ich so in den Haaren liegt.» – «Als ich zum erstenmal zum Psychiater ging, hat er mich erst mal gefragt, wieso ich überhaupt komme. Ich erzählte ihm, daß ich jetzt eben Angst um mein Leben habe, weil ich einen Tumor habe, der nicht ganz entfernt werden konnte. Da hat er dann nur von jemandem erzählt, der sich ganz ruhig damit abgefunden habe, daß er sterben müsse.» Doris: «Nach den Büchern müßte ich schon tot sein. Bei einer dieser Nachsorgeuntersuchungen sagte mein Arzt zu mir: ‹So, Sie haben 1969 ein Melanom gehabt. Na, das finde ich toll. Es leben bestimmt nicht mehr viele Leute, die 1969 ein Melanom gehabt haben.› Ich bin wirklich nicht auf den Mund gefallen, aber in dem Augenblick verschlug es mir die Sprache. Vielleicht war es seine Art, mich zu trösten.» [22] Möglicherweise wollte der Arzt mit seinen Worten Doris seine Anerkennung ausdrücken. Doch wie auch immer – Doris fühlt sich in ihren tiefsten Ängsten bestätigt und hatte das Gefühl, daß der Arzt nicht fähig war, sich in ihre Lage zu versetzen, sie zu verstehen und angemessen auf ihre seelische Beeinträchtigung zu reagieren.

Eine Patientin erzählte mir: «Dieses Benehmen der Ärzte, die Art und Weise, wie sie mit mir umgegangen sind, hat meinen Heilungsprozeß durchaus beeinflußt. Ich hätte viel heiler und gesunder da durchgehen können, wenn die Ärzte einigermaßen menschlich reagiert hätten, mir gesagt hätten, wie die Sache läuft – mehr will ich ja gar nicht. Und ein bißchen Entgegenkommen in dem Wissen, daß wir ja schließlich nicht gesund sind und dazu noch nervlich beansprucht, wenn man zu ihnen kommt. Das hab ich meinem Arzt auch beim letztenmal gesagt. Meiner Ansicht nach gibt es für Unmenschlichkeit keine Entschuldigung – und schon gar nicht bei Ärzten.»

Ich finde den Wunsch der Patienten nach einem menschlichen Heilklima im Umgang der Ärzte mit ihnen verständlich. Ich habe mich oft gefragt, warum man so selten Ärzten begegnet, die die innere Welt ihrer Patienten respektieren und auf sie eingehen. Vielleicht liegt der Grund für diesen Mangel an Einfühlung und Verständnis in der heute üblichen Form der medizinischen Ausbildung. Die Medizinstudenten werden in der Anwendung von Technik und wissenschaftlichen Erkenntnissen ausgebildet, doch keiner sagt ihnen, was die Kranken von ihnen als menschliche Helfer erwarten. Die folgende Äußerung eines Medizin-Professors offenbart diese Tatsache: «Wir Ärzte sind dafür da, den Menschen zu reparieren. Wir wissen genau, wie diese Maschine Mensch zu funktionieren hat. Wir sind da manchmal wie Techniker, die eine Maschine in Ordnung zu bringen haben. Das ist unsere Aufgabe. Aber Gespräche führen mit Menschen – da weiß ich gar nicht, ob mein Gespräch hilfreich ist. Das ist viel zu schwer für uns. In dem körperlichen Bereich, da kennen wir uns gut aus, das ist einfach. Aber diese menschliche Zuwendung, darin kennen wir uns eben nicht aus.»

Diese ehrliche Aussage hilft mir, zu verstehen, warum Ärzte sich oft so wenig menschlich gegenüber Patienten verhalten: Der Professor bezweifelt, daß sein Gespräch für den Patienten hilfreich sein kann. Viele Ärzte gehen deshalb nicht auf den Wunsch des Patienten nach einem persönlichen Gespräch ein oder weichen auf ein seichtes, unverbindliches Plaudern aus, bei dem die Fragen, die den Patienten wirklich bewegen und belasten, nicht angesprochen werden.

Die meisten Ärzte sind weder in der Lage, die innere Gefühlswelt ihrer Patienten wahrzunehmen, noch lassen sie die Patienten an ihrer eigenen inneren Welt Anteil nehmen. «Wie soll ich Vertrauen zu Ihnen haben, wenn ich Sie menschlich nicht kenne», antwortete Reinhard einem Medizin-Professor auf dessen Frage: «Ja, haben Sie denn kein Vertrauen zu uns?» Ein Arzt kann nicht von vornherein Vertrauen bei seinen Patienten voraussetzen. Er muß sich erst darum bemühen. Eine ehemalige Krankenschwester schreibt: «Die Ärzte, die sich die Zeit nehmen, über den ‹Fall› hinaus auch die Person und das Leben des behandelten Menschen vor sich zu sehen, waren Außenseiter.» Ich hoffe, daß diese Außenseiter immer zahlreicher werden, so daß die «Techniker» unter den Ärzten eines Tages ganz verschwunden sind und statt dessen «Menschen» dem Patienten entgegentreten.

«In meiner Klinik wird nicht über Krebs gesprochen.» Krebspatienten berichten, daß Ärzte ihnen Empfehlungen wie die folgende gegeben haben: «Sie haben die Krankheit, aber Sie dürfen auf keinen Fall mit Ihrem Bettnachbarn darüber sprechen.» Oder sogar: «In meiner Klinik wird nicht über Krebs gesprochen.» Die Ärzte scheinen zu fürchten, daß die Patienten durch die Krankengeschichten anderer zusätzlich belastet werden. Dies mag in einigen Fällen zutreffen, doch glaube ich, daß diese Gefahr, verglichen mit den Chancen, die ein offenes Gespräch unter den Erkrankten in sich birgt, geringfügig ist. Sprechen Patienten miteinander über ihre Krankheit und ihre Sorgen, so kann das bewirken, daß sie sich entlasteter und durch die entdeckten Gemeinsamkeiten nicht mehr so vereinsamt fühlen.

Auch die Ärzte in Einzelpraxen geben ihren Patienten oft den Rat, nicht über ihre Krebserkrankung zu sprechen: «Die Ärztin hat damals zu mir gesagt: ‹Erzählen Sie niemandem, daß Sie Krebs hatten. Sagen Sie, man hätte Sie an der Schilddrüse operiert. Wenn ich eine Brustamputation hätte, das würde ich nie sagen, selbst im Bekanntenkreis nicht.›» – «Mein Arzt ist strikt dagegen. Er wurde richtig böse, als er hörte, daß ich zu diesen Gruppengesprächen gehen wollte. Ich sollte mich überhaupt nicht mit Krebskranken beschäftigen. Das wäre alles großer

Blödsinn. Er ist so wahnsinnig gegen Psychologen eingestellt. Er sagt: ‹Ein Psychologe ist kein Arzt, den braucht man nicht.›» Vielleicht drückt sich in solchen Widerständen und Empfehlungen der Ärzte ihr eigenes Verhalten gegenüber der Krebserkrankung aus. Tatsächlich sprechen sie von sich aus nur selten mit den Krebspatienten über deren Erkrankung.

Ehemann einer Krebspatientin: «Was mich am meisten beeinträchtigt hat, war die mangelnde Offenheit der Ärzte. Ich habe gemerkt, daß die Angst haben, über die Krebserkrankung zu sprechen. Sie dachten vielleicht, sie bereiten den Patienten Traurigkeit oder Schwierigkeiten damit. Aber ich habe diese Angst zunächst als Distanz erlebt. Ich spürte, daß sie mit irgend etwas hinter dem Berge halten.»

Die meisten Patienten spüren es sehr deutlich, wenn sich ihr Arzt ihnen gegenüber unaufrichtig verhält. Sie werden unsicher und mißtrauisch.

«Der Arzt empfiehlt manchmal dem Patienten, was er bei sich selbst nicht machen läßt.» Ich habe mir angewöhnt, vor schwierigen Entscheidungen den Arzt zu fragen: «Würden Sie die Behandlung, die Sie mir empfehlen, auch bei sich selbst oder bei Ihrer Frau durchführen lassen?» Die Antwort der Ärzte hat dann für mich einen höheren Aussagewert.

Verzweifelt berichtet mir eine Frau, daß sie nicht wisse, wie sie auf die Empfehlung der Ärzte, bei ihrem Mann eine Chemo-Therapie durchführen zu lassen, reagieren solle. Die Ärzte hatten sie nicht hinreichend informiert. «Ich weiß wirklich nicht, was ich tun soll. Das ist so quälend für mich. Ich habe durch eine Bekannte, die im Krankenhaus arbeitet, erfahren, daß die Ärzte, die die Chemo-Therapie anwenden, zu ihr gesagt haben: ‹Diese Chemo-Therapie würde ich mit mir nicht machen lassen.›» Und sie erklärt mir weiter: «Ich habe in der Zeitung gelesen, daß ein Professor von der Universität Gießen, der diese Prostata-Untersuchungen und -Operationen sehr empfiehlt, auf die Frage des Reporters, ob er diese Eingriffe bei sich durchführen lassen würde, antwortete: ‹Nein, ich laß die Untersuchungen an mir nicht machen!› Das empfinde ich als nicht verantwortliches Verhalten: Der Arzt empfiehlt manchmal den Patienten etwas, was er bei sich selbst nicht machen läßt. Mich irritiert das sehr.»

«Dann bist du eine Stunde zum Doktor unterwegs, wartest Stunden und bist dann für drei Minuten bei ihm drin.» Wahrscheinlich ist den meisten Menschen die Situation, die hier beschrieben wird, aufgrund eigener Erfahrungen bei Arztbesuchen nur allzu bekannt. Luise: «Dann kommst du rein. ‹Guten Tag, Frau M.! Na, wie geht's? Ja, schön! Auf Wiedersehen!› Du bist dann genauso schlau wie vorher. Was du alles sagen wolltest, das hast du vor Schreck vergessen.» Die Patienten, die auf diese Weise «abgefertigt» werden, verlassen das Sprechzimmer unzufrieden und enttäuscht. Sie haben der Untersuchung mit einigen Hoffnungen entgegengesehen. Sie kommen mit vielen ungeklärten Fragen, Zweifeln, Ängsten zu «ihrem» Arzt und haben das Bedürfnis, in einem vertraulichen, offenen Gespräch mit einem Fachmann *und* Menschen ihre Lage zu klären: Mit all diesen Erwartungen sitzen sie voll ungeduldiger Spannung im Wartezimmer. Endlich werden sie aufgerufen – und begegnen nun einem Arzt, der sie mit eiliger Geste bittet, Platz zu nehmen, der sie mit ein paar Phrasen zu ermuntern sucht, der die üblichen Routinefragen stellt, sich Notizen macht, der oberflächlich, unkonzentriert und eigentlich abwesend scheint und sich nach wenigen Minuten in großer Eile verabschiedet: «In einem Monat sehen wir uns dann wieder. Bis dahin alles Gute!» Im Nu steht der Patient wieder auf der Straße, geht benommen nach Hause. Seine vielen Fragen bleiben unbeantwortet, die Ungewißheit und die inneren Spannungen wachsen. Viele ziehen aus dieser Erfahrung eine gefährliche Konsequenz: «Meine Ärztin ist so überlaufen. Da kann ich Stunden warten. Da geh ich dann schon gar nicht erst hin.»

Ursula, die als Ärztin an einer unserer Gesprächsgruppen teilnahm, äußerte sich über dieses Problem: «Ich habe so oft erlebt, daß die Patienten überhaupt nicht wagen zu sagen: ‹Warum machen Sie denn das?›, weil sie Rücksicht darauf nehmen, daß man nicht soviel Zeit hat. Und wenn man sich als Arzt nicht die Mühe macht, noch mal nachzufragen, dann unterbleibt das eben, und das halte ich für ganz krankmachend. Dann bekommen die Patienten ja noch eine Krankheit dazu. Dann lernen sie aus irgendwelchen Zeitschriften Unsinn. Ärzte können den Patienten durch ihr mangelndes menschliches Verhalten zusätzlich krank machen.»

«Mein Chef sagt immer: ‹Sag dem Patienten nicht die Wahrheit, sonst dreht er durch.›» «Ich weiß nicht, warum mein Arzt immer drum herum redet», sagt der siebzehnjährige Peter, der ahnt, daß er Krebs hat. «Ich möchte gern leben, natürlich, aber da mach ich mir keine Illusionen. Ich habe schon oft versucht, meinen Arzt danach zu fragen. Ich glaube, er denkt, daß ich die Wahrheit nicht vertragen könnte. Ich hab das Gefühl, er traut es mir einfach nicht zu.»

Peter will die Wahrheit erfahren. Möglicherweise nagt die Ungewißheit mehr an seiner seelischen Gesundheit als die Gewißheit, der er sich nach einer offenen Mitteilung seiner Diagnose stellen müßte.

In unseren Gesprächsgruppen wußten alle, daß sie Krebs hatten. Sie berichteten, wie sie sich selbst Befunde und Diagnosen beschafft haben, weil sie vom Arzt nicht informiert wurden. «Ich habe von meiner Krebserkrankung erfahren, indem ich auf interne Weise Einblick in meine Akte genommen habe. Dort stand 1972: ‹Da der Krebs auf Lymph- und auf dem Blutwege gestreut hat, hat Frau H. keine Chance. Frau H. ist sich dessen bewußt, aber sie ist nicht darüber aufgeklärt worden.› Ich hätte laut Lehrbuch längst mausetot sein müssen.»

Im nachfolgenden Ausschnitt aus einem Gespräch mit dem Arzt Hansjürgen, der an unseren Gesprächsgruppen teilnahm, kommen die Schwierigkeiten für den Arzt zum Ausdruck, offen mit Patienten zu sprechen.

Hansjürgen: «Was mich überrascht hat: Viele haben es dadurch erfahren, daß sie die Arztbriefe geöffnet oder sich auf andere Weise die Befunde beschafft haben.»

Anne-Marie: «Das ist eigentlich erschreckend, daß offensichtlich der Arzt nicht den Mut hatte, es den Patienten zu sagen.»

Hansjürgen: «Ja, das hat mich auch erschreckt. Das ist sicherlich das allgemeine Verhalten in unserem Beruf. Mein Chef sagte immer: ‹Sag dem Patienten nicht die Wahrheit, sonst dreht er durch. Sprich mit den Angehörigen, aber sag es ihm nicht.› Und das habe ich zunächst übernommen. Das ist ein langer Weg, diese Haltung aufzugeben.»

Anne-Marie: «Ich denke, wenn die Ärzte wissen, daß ihre Arztbriefe aufgemacht werden, dann könnten sie es ihren Patienten doch besser gleich selber sagen.»

Hansjürgen: «Ja, das können sie. Wobei das ja eben leider so ist, daß der Zeitpunkt der Aufklärung vom Arzt bestimmt wird. Der Chirurg, der jemanden wegen Magenkrebs operiert hat, wird ihm die Diagnose nur sagen, wenn eine Strahlen-Therapie oder Chemo-Therapie nötig ist. Als wir diese Therapiemöglichkeiten noch nicht hatten, bestand keine Notwendigkeit zur Aufklärung. Wir können also sagen: Die Patienten werden jetzt häufiger aufgeklärt – was einfach damit zusammenhängt, daß es eben diese Behandlungen gibt, die es früher nicht gab. Das zeigt aber auch, daß dieses Problem zunächst nur wieder aus der Sicht der Ärzte gesehen wird und daß man dabei nicht von den Bedürfnissen der Patienten ausgeht. Was ich auch noch als Arzt in der Gruppe von den Krebspatienten erfahren habe: Die Patienten sind sehr verunsichert hinsichtlich ihrer Krankheit und wollen wissen: ‹Wie geht es jetzt weiter?› Auf der einen Seite haben sie Vertrauen zu dem Arzt, auf der anderen Seite sagen sie: ‹Ach, der hat es eigentlich zu spät erkannt. Vielleicht wäre es alles viel besser gewesen, wenn ich bei einem anderen Doktor gewesen wäre.›»

Anne-Marie: «Das ist eigentlich auch belastend für Sie als Arzt.»

Hansjürgen: «Diese Unsicherheit der Patienten überträgt sich auf mich – was menschlich verständlich ist.»

Anne-Marie: «So ein Stück Anschuldigung steckt da auch drin?»

Hansjürgen: «Genau. Das ist mir eigentlich recht klar geworden in den Gruppengesprächen, daß das eine ziemlich wichtige Rolle spielt in dem Arzt-Patienten-Verhältnis.»

Anne-Marie: «Dadurch, daß Sie mal die Seite der Patienten gehört haben, ist Ihnen das klar geworden?»

Hansjürgen: «Ja. Es war immer wieder dieser Punkt. Diese Unsicherheit, dieses häufig sogar etwas Anklagende ...»

Anne-Marie: «Sie haben den Vorwurf herausgehört: Warum hat es der Arzt nicht früher erkannt?»

Hansjürgen: «Was gemeint war, ist doch wohl: So viele Menschen laufen herum – und gerade ich habe diese Krankheit? (Anne-Marie: «Diese Verzweiflung.») Ja, die hörte ich deutlich heraus.»

In einer Untersuchung gaben über achtzig Prozent der Befragten an, daß sie im Falle einer ernsten Krankheit wie Krebs über ihren Zustand informiert werden wollen. [2]

Auch Krankenschwestern, Pfleger oder andere Helfer sind häufig der Ansicht, daß es für den Patienten, aber auch für ihre eigene Arbeit eine große Erleichterung wäre, wenn die Ärzte die Erkrankten über ihre Diagnose aufklären würden. Dies geht aus den folgenden Briefen hervor: «Wir haben etliche Krebspatienten, von denen aber keiner über seine Krankheit so richtig Bescheid weiß. Bei den meisten finde ich es nicht richtig, daß man ihnen nicht die Möglichkeit gibt, sich bewußt mit ihrer Krankheit auseinanderzusetzen. Aber ich als junge Schwester darf ja nichts sagen.»

Ein Krankenpfleger schreibt: «Meine Erfahrung ist, daß die meisten krebskranken Menschen nicht über ihre Krankheit von den Ärzten aufgeklärt werden. Aber das Verhalten ihrer Umwelt (Angehörige, Ärzte, Pfleger) läßt sie sehr genau ahnen, wie es um sie steht. Die Krankheit wird isoliert, nicht angesprochen, und die Angst wächst bei den Patienten. Obwohl Pfleger und Schwestern ständig im intensivsten Kontakt mit dem Patienten stehen, sind Gespräche mit ihm über seine Krankheit tabu.»

Diese Briefe und die Befragungen zeigen einen Widerspruch auf, der das Arzt-Patient-Verhältnis belasten kann: Die meisten Erkrankten haben das Bedürfnis, offene, klare Informationen über ihren Zustand zu erhalten. Dagegen neigt derzeit noch jeder zweite Arzt dazu, bei einer Krebserkrankung nicht die Wahrheit zu sagen. Zu diesem Ergebnis führte eine repräsentative Untersuchung des Emnid-Institutes. [21]

Viele Ärzte begründen ihr wenig offenes Verhalten mit dem Argument, sie müßten den Patienten schonen. Ist diese Befürchtung vielleicht nur ein vorgeschobener Grund, hinter dem Ärzte ihre Angst vor einem offenen Gespräch mit einem Schwerkranken verstecken?

«Ein fremder Arzt, der knallt dem Patienten irgendeine Diagnose an den Kopf.» Wer soll dem Patienten die Diagnose Krebs mitteilen? In einem Gruppengespräch wendet sich Doris an den teilnehmenden Arzt: «Du bist Krankenhausarzt und weißt nicht, wie belastbar der Patient ist. Ich bin der Meinung, es müßte jemand dem Patienten die Diagnose mitteilen, der diesen Menschen gut kennt. Der Patient sollte irgendwie aufgefangen werden und das nicht so zwischen Tür und Angel erfahren.» [22]

Eine andere Krebspatientin erzählte mir: «Ich hab bei offener Tür von meinem Professor gehört: ‹Und im übrigen, ich hab eben Ihren Bericht gekriegt. Sie müssen am Montag operiert werden, denn eine Brust muß runter.› Ich sag: ‹Bitte? Was ist es denn?› – ‹Ja, Sie haben Krebs.› Dann sprachen mich auf dem Flur andere Patienten darauf an. Sie hatten alles mitgehört.»

Die Ärztin Ursula erkennt: «Wenn wir nicht alles mit dem Patienten durchsprechen, geben wir ihm letztlich auch nicht das richtige Vertrauen. Die Patienten haben ja recht, mißtrauisch zu sein. Aber im Grunde genommen brauchen sie jemanden, dem sie vertrauen können. Es muß ja im Krankenhaus Ärzte geben, die den Patienten über die Diagnose aufklären. Der gute alte Hausarzt würde sagen: ‹So, mein Kind, jetzt machen wir das schon.› Und die Patienten haben wirklich Vertrauen zu ihm seit zwanzig Jahren. Das ist dann etwas ganz anderes, als wenn das ein fremder Arzt sagt. Der knallt dem Patienten irgendeine Diagnose an den Kopf. Mit der können die Patienten dann nichts anfangen.»

Patienten und Ärzte wünschen sich, daß ein vertrauter Mensch dem Erkrankten die Diagnose in einem persönlichen Gespräch mitteilt. Häufig ist es ein Krankenhausarzt, der die schwere Aufgabe zu erfüllen hat, den Patienten über den Untersuchungsbefund aufzuklären. Es ist sicherlich von großem Wert für das Gespräch über die Diagnose, wenn der betreffende Arzt vorher das Vertrauen des Patienten gewinnen, wenigstens aber sein Mißtrauen vermindern konnte. Er wird dann nicht als «der mächtige Arzt» erlebt, der ein Urteil über einen hilflosen Patienten fällt.

Auch mir wurde die Diagnose Krebs im Krankenhaus mitgeteilt. Die Ärztin kam zu der üblichen Visite und berichtete kurz von dem Ergebnis der histologischen Untersuchung. Dann begann sie sofort, über die Behandlung zu reden. Sie stand am Fußende meines Bettes, nicht neben mir. Dann streckte mir die Schwester, die die Ärztin bei der Visite begleitete, wortlos das Fieberthermometer hin. Für sie war nur wichtig, meine Temperatur vorschriftsmäßig zu erfassen. Ich spürte deutlich, daß beide kaum an meinem Schmerz Anteil nahmen. Sie blieben nur wenige Minuten. Und erst dann sank mir meine Tochter Angelika, die glücklicherweise bei mir war, in die Arme, und wir weinten beide.

Oft ist es die Angst vor den Reaktionen der Patienten, die den Arzt veranlaßt, schlechte Nachrichten zurückzuhalten. Manche weinen fassungslos, andere fühlen sich zunächst innerlich wie versteinert: «Irgendwie drang es gar nicht in mein Bewußtsein. Es war gar nicht so, als ob es mich selbst betreffen würde. Für mich wurde es erst problematisch am Abend vor der Operation.»

Manche Krebspatienten und Angehörige verdrängen ihr Wissen um die Ernsthaftigkeit der Diagnose und neigen oft zu einem unerschütterlichen Zweckoptimismus. «Meine Reaktion war Verdrängen. Es war Überspielen von Dingen, die ich nicht wahrhaben wollte. Da hab ich lächelnd zu dem Arzt gesagt: ‹Jetzt brauche ich erst mal einen Cognac.› Er sagte: ‹Trinken Sie erst mal einen.›»

Der nachfolgende Ausschnitt aus einem Gruppengespräch dokumentiert, wie schwierig es ist, sich der Wahrheit zu stellen.

Anita: «Als ich vor einem Jahr die Leberspiegelung machte, da kam eine fremde Ärztin, die sagte gleich: ‹Heilen kann man das nicht – nur ein bißchen verlängern.› Ich will gern die Wahrheit wissen, weil ich auf Heilung hoffe. Aber die hat mir klipp und klar gesagt: ‹Heilen kann es nicht.›»

Lisbeth: «Du hast doch eben gesagt, du willst die Wahrheit hören. Da stimmt doch etwas nicht.»

Anita: «Daß man das nicht heilen kann, das hätte sie weglassen sollen, ich will doch Hoffnung haben.»

Herbert: «Als ich aus dem Krankenhaus kam, da hab ich auch gedacht: Jetzt bin ich geheilt. Da hat die Ärztin gesagt: ‹Ihr Zustand hat sich gebessert, aber geheilt sind Sie nicht.› So hat sie mich entlassen.»

Carsten: «Das haben sie auch zu mir gesagt. ‹Geheilt?› hat der Arzt gesagt, ‹nein, damit müssen Sie leben.›»

Vera: «Es ist ein großes Problem: Was wollen wir eigentlich von den Ärzten hören? Können wir es verkraften? Ich darf dem Arzt nicht sagen: ‹Bitte reden Sie – ich möchte die Wahrheit wissen›, denn ich möchte noch Hoffnung haben können.»

Arzt: «Es kommt auf die Formulierung an.»

Viele Krebspatienten haben mir berichtet, daß sie viel zu entmutigt waren nachzufragen, wenn Ärzte sie über ihren Zustand informierten. Ärzte deuten das Schweigen ihrer Patienten gelegentlich als Gleichgültigkeit oder Abwehr. Doch der Eindruck täuscht. In Wirklichkeit sitzen sie einem Menschen gegenüber, der viel über seine Gesundheit wissen möchte, der aber die medi-

zinische Fachsprache nicht versteht. Manche Ärzte haben die
Angewohnheit, Patienten oder Angehörigen, die keine Fragen
stellen, Informationen vorzuenthalten. Natürlich sind diese
Menschen für sie bequemer, weil sie sie nicht mit lästigen Fragen
konfrontieren. Manch einem Kranken oder Angehörigen fällt es
zu schwer, mit einem Arzt zu sprechen. «Meine Frau ist schon
des öfteren im Krankenhaus gewesen», berichtet ein Angehöriger. «Ich habe niemals mit einem Arzt gesprochen oder mit einer
Schwester – nie. Ich hatte einfach nie den Mut dazu. Ich war
heilfroh, daß meiner Frau nie gesagt wurde: ‹Ihr Mann soll mal
zu mir kommen.›» [22]

Ich empfinde es als eine Mißachtung meiner Person, meiner
Rechte auf Selbstbestimmung und meiner Chancen, wenn ich
nicht die Möglichkeit habe, die Risiken von Behandlungsmethoden für mich abzuwägen, weil mir Informationen vorenthalten
werden. Wieso erachten Ärzte Patienten für so wenig fähig, mit
den Befunden und mit Informationen über die Therapie umzugehen? Damit die Patienten richtig mit den Informationen umgehen
können, ist ein längeres, aufklärendes Gespräch notwendig. Es ist
eine schwierige, aber auch bereichernde Aufgabe für den Arzt, die
oft schädigende Wirkung der Verheimlichung von Befunden zu
erkennen, sich tiefer in die seelische Welt seiner Patienten hineinzubegeben, feinfühlig kleine Signale von ihnen zu empfangen und
aufgeschlossen für ihre verständlichen Wünsche zu sein.

Medizinische Behandlungsmethoden
mit Folgebeschwerden

«Es ist durchaus möglich, daß ich nicht an dem Krebs, sondern an
der Behandlung zugrunde gehe.»   Bei einer Befragung [6] stellten wir fest, daß viele Patienten ganz erheblich unter der bei ihnen angewandten medizinischen Behandlungsmethode litten.
Einige hatten das Gefühl, daß diese ihnen mehr schadete als

nützte. «Wenn man an einem bestimmten Punkt angelangt ist,
dann ist es wichtig, eine richtige Entscheidung zu treffen», erklärt Astrid, die Frau eines Krebspatienten. «Man kann sich ja
auch zu Tode behandeln lassen. Was nützt es, wenn bis zum
Schluß behandelt wird? Ich meine hier den Fall, wo die Ärzte
doch alle denken: ‹Es hat keinen Zweck mehr.› Ist es dann nicht
besser, alles abzubrechen und dem Kranken diese schrecklichen
Behandlungen zu ersparen, wenn sich die Hoffnung sowieso
nicht bewahrheitet? Wer hat dann einen Vorteil davon?» Der
Mann einer Schwerkranken äußert einen ähnlichen Gedanken:
«Für mich sind eigentlich die medizinischen Maßnahmen, die
Ungewißheit über die Behandlungsmethoden belastender als die
Krankheit selbst. Ich bin jemand, der etwas Eingetretenes relativ
schnell akzeptiert. Aber die Ungewißheit über die Behandlungs-
methoden ist sehr quälend.»

Auch von seiten der Betroffenen kommen Klagen über Risiken und Nebenwirkungen der Behandlungsmethoden: «Ich habe das alles erst mal über mich ergehen lassen. Mir war gar nicht
bewußt, welche Gefahr Radium und Röntgenstrahlen für alle
anderen Organe darstellen. Das muß man sich ja überlegen. Meine ganze Lebensqualität leidet unter diesen Bestrahlungen.» –
«Die Spritzen schmeißen einen Menschen total um. Danach
kann ich gar nicht richtig laufen. Es ist durchaus möglich, daß
ich nicht an dem Krebs, sondern an der Behandlung zugrunde
gehe. Denn das geht auf die Nieren, auf den Magen und auf das
Herz. Ich habe Angst, daß ich wegklappe, nur weil ich wie ein
Schaf alles befolgt habe.»

Wenige Wochen später starb dieser Krebspatient. Für mich
stellt sich die Frage, ob es für seine körperliche und seelische
Lebensqualität nicht besser gewesen wäre, ihm nur lindernde Medikamente zu geben, statt ihn der hohen Belastung auszusetzen,
die die Verabreichung aggressiver Krebsmittel mit sich bringt.

Auch ich habe mich intensiv mit der Frage auseinandergesetzt,
wieweit ich bereit bin, eine durch die Chemo-Therapie möglicherweise reduzierte Lebensqualität in Kauf zu nehmen. Mich

quälte dabei vor allem der Gedanke, ob diese Therapie so sorgfältig überprüft worden ist, daß ihre langfristige Wirksamkeit bei
dem einzelnen Patienten mit großer Wahrscheinlichkeit voraus-
gesagt werden kann. Ich entschied mich erst, nachdem ich mich
vergewissert hatte, daß der Preis für eine mögliche Lebensverlängerung nicht eine stark eingeschränkte Lebensqualität war.
Lebten die «erfolgreich» medizinisch behandelten Patienten, so
fragte ich mich, nicht vielleicht nur deswegen länger, weil sie sich
zu Beginn der Therapie in einem besseren körperlichen und seelischen Zustand befanden? Bei vielen wissenschaftlichen Untersuchungen über die Auswirkungen verschiedener Therapiefor-
men fehlt der Vergleich mit unbehandelten Kontrollpatienten.
Dabei gibt es Krebskranke, die Bestrahlung oder Chemo-Therapie ablehnen. Einige von ihnen berichten von einem langsamen
oder sogar günstigen Krankheitsverlauf bei relativ geringfügig
eingeschränkter Lebensqualität.

Viele Erkrankte werden von Ängsten über den Heilerfolg ihrer Therapie gequält: «Bei der Krebserkrankung herrscht eine
derart große Verunsicherung. Mal wird sie als unheilbar, dann
wieder als heilbar hingestellt.» – «Wenn die Ärzte sich doch wenigstens über die Behandlung klar wären.» Es gibt durchaus
Ärzte, die ihre Unsicherheit zugeben: «Der Arzt muß schließlich erkennen, daß es ihm immer wieder mißlingt, den Weg einer
wirksamen Krebsbekämpfung zu beschreiten, weil er die erste
Schwelle zu diesem Weg nicht überwindet. Eine Schwelle, die
nur allzu oft er selber mit seiner Hilflosigkeit gegenüber den
Krebspatienten darstellt. Er muß lernen, Motivforschung zu betreiben, sich zu fragen, warum er behandelt oder warum nicht,
und er wird dabei feststellen, daß immer wieder egoistische Momente handlungsentscheidend sind. Motive, die ihn entweder zu
übertriebener Diagnostik oder Therapie oder aber auch zu allzu
früher Resignation verleiten können.» [32] – «Das Warten in der
Krebsbehandlung ist dem übereilten Handeln vorzuziehen.»
[20]

«Nur noch Apparate um mich, kein Mensch.» Dem Patienten
wird in der medizinischen Behandlung immer mehr Technik angeboten, aber zu wenig menschliche Wärme. Zwischen den Erkrankten und die medizinischen Helfer haben sich bedrohlich
aussehende Apparate geschoben. Bei meiner Nachuntersuchung
mußte ich mich an eine Apparatur pressen und meine Arme um
sie legen. Ich spürte den kalten Stahl. Es war am Ende eines langen Untersuchungstages. Ich sehnte mich nach menschlicher
Wärme und kam mir sehr verlassen in dem verdunkelten Rönt-
genzimmer vor. Die Ärzte, Krankenschwestern und techni-
schen Assistentinnen waren mit den Daten meines Körpers beschäftigt, die auf den Bildschirmen und Meßskalen erschienen.
Keiner hatte auch nur einen Augenblick Zeit, sich für meine Gefühle zu interessieren. Ein Krebspatient klagt über eine ähnliche
Erfahrung: «Nur noch Apparate um mich herum, kein Mensch,
Besuch nur noch durch die Fensterscheibe im Strahlenbunker.
Und die Ärzte, die ab und zu mal da waren, die waren zwar gut
in ihrem Fach, aber auf das Menschliche sind sie überhaupt nicht
eingegangen.»

Die nachfolgende Schilderung einer dreiundfünfzigjährigen
Krebspatientin veranschaulicht in für mich erschütternder Weise
die Qualen, denen Patienten auf einer Strahlenstation ausgesetzt
sein können: «Ich kam in das Radiumzimmer. Da lag ich neunzig Stunden hinter Blei. Man ist ganz gräßlich angebunden.
Dann guckt mal einer mit der Nasenspitze rein und fragt: ‹Brauchen Sie etwas?› Man bekommt keinen Besuch. Es kommt keine
Schwester rein. Man liegt da und denkt. Es ist eine Quälerei.
Darüber spricht man nicht gern mit Gesunden. Nach den neunzig Stunden darf man dann drei Tage wegen der Kreislaufbe-
schwerden nicht aufstehen. Ich mußte auf den Topf, und da
dann keiner kam, bin ich rausgeschlichen, und da bin ich zusam-
mengebrochen. Nach einer Weile wachte ich wieder auf. Es war
gräßlich. Man wird überhaupt nicht vermißt – das war mein Gedanke. Die Menschlichkeit, die fehlte. Und dann kam die Behandlung von vierundzwanzig Stunden Radium. Mir wurde me-

terweise Tampon in die Gebärmutter gestopft. Heute wird das alles unter Narkose gemacht. Ich mußte das aber so aushalten. Dann passierte es: Das Blei mußte auf die Sekunde genau raus. Die Schwester kam mit einer Bleischere. Es ist unheimlich. Man wird innerlich verbrannt. Der Straps von dem Tampon, wo das Blei dran ist, riß ab, jetzt kam die Schwester nicht ran. Sie schrie nach einem Arzt. Nun soll mal schnell ein Arzt irgendwo sein. Inzwischen vergeht Zeit. Diese Panik! Jetzt liegt das so blank in der Gebärmutter. Man selbst begreift es gar nicht so. Dann kam der Arzt. Er wußte ja nicht, wie er das machen sollte. Er kommt mit einer großen Schere, muß sich auf dem flachen Bett abquälen und da in den Unterleib hineinfahren. Hinterher hat er mich in den Arm genommen. Wir haben beide fast geweint, weil es so schrecklich war. Er mußte es ja rasch aus meinem Körper rausbringen. Ihn hat es auch aufgeregt. Ich nehme an, daß dadurch bei mir die Darmverbrennungen entstanden sind. Dann kam ein Spezialist, der untersuchte mich. Der sagte dann: ‹Es muß noch mal ein paar Stunden Radium verabreicht werden.› Ich dachte, es sind vielleicht sechs Stunden. Aber dann waren es zwanzig Stunden. Es hat sehr weh getan. Ich habe viel geweint.»

«Ich habe schwere Nebenwirkungen.» Die Lebensqualität vieler Krebspatienten wird durch körperliche Folgebeschwerden der Krebsbehandlung erheblich herabgesetzt. Chemo-Therapie und Strahlen schädigen und zerstören auch gesunde Zellen. Krebspatientin: «Ich war richtig fremd für die Kinder geworden. Die Hände sind zitterig, alles fliegt am Körper. Ich breche fast zusammen. Ich bilde mir ein, daß das die Strahlen sind, daß die irgendwie die Persönlichkeit verändern.» Viele klagen über die «Unruhe», die sie jahrelang begleitet: «Ich glaube, mir platzen hier die Drüsen, so unruhig bin ich heute noch. Diese Schlaflosigkeit. Die geringste Aufregung, dann kann ich mit der Hand den Schweiß so richtig wegklatschen. Die Strahlen, die sind eben drin im Körper. Bei der kleinsten Kleinigkeit könnte ich in die Luft gehen. Es ist schon ein kolossaler Eingriff.»

In unserer Befragung zeigte sich: Jeder zweite der befragten
Krebspatienten litt unter körperlichen Folgebeschwerden, zum
Beispiel unter «Schmerzen am ganzen Körper», «Übelkeit,
Durchfall, Haarausfall», «starker Beeinträchtigung des Allge-
meinbefindens». [6] Der Behandelte muß sich auf eine Vielzahl
unangenehmer Nebenwirkungen gefaßt machen: «Ich bin zeitweise depressiv und bedrückt.» – «Ich habe unter anderem taube
Zehen und taube Fingerspitzen.» – «Bei mir ist hier alles tot. Mit
einem Male steht die Hand verdreht. Dann hatte ich das am Fuß.
Es war ganz arg. Und auf einmal konnte ich nicht mehr stehen.»
Die Spätfolgen der Behandlung mit Strahlen und Chemo-Therapie beeinträchtigen das Leben mancher Patienten sehr. Ich hoffe,
daß sich die Ärzte angesichts der Leiden der Erkrankten mehr zu
folgenden Fragen veranlaßt fühlen: «In welchem Ausmaß scha-
det meine Behandlung dem Patient? Wieviel nützt sie ihm?»
Bei einer ehrlichen Beantwortung dieser Fragen werden sich
manche Ärzte vielleicht entschließen, sich von der gängigen An-
schauung abzuwenden, daß Behandlung in jedem Falle eine Verbesserung der Lebensqualität der Patienten zur Folge hat.

Ich denke, es ist wichtig für Ärzte, zu wissen, daß sich ein Teil
der Krebspatienten, die zu ihnen kommen, völlig gesund fühlen.
So habe ich vor meiner eigenen Brustamputation keinerlei Beschwerden gehabt. Erst durch die Diagnose des Arztes und die
Operation bin ich zu einer Patientin geworden. Ich halte es für
wichtig, daß der Arzt den Betroffenen nicht mehr und länger als
notwendig «zum Patienten macht».

Unzureichende menschliche Betreuung
im Krankenhaus

*«Die Ärzte sehen in mir nicht den Menschen, sondern nur meine
Krankheit.»* Den Räumen vieler Krankenhäuser fehlt jede
wohnliche Lebensatmosphäre. Die Patienten schrecken häufig

vor der sterilen Ordentlichkeit und dem lebensfeindlichen Ernst der Krankenzimmer zurück. Genormte Perfektion ist das oberste Gebot. Eine Krebspatientin schrieb mir: «Mir ist es ganz wichtig, daß ich nach der Entlassung aus dem Krankenhaus wieder in eine Atmosphäre komme, in der ich mich geborgen fühlen kann. Ich werde mich wahrscheinlich gegen Bestrahlung entscheiden, schon weil mir furchtbar davor graut, in der Krankenhausumgebung bleiben zu müssen und mit diesen Maschinen allein gelassen zu werden.» Viele Patienten leiden in Krankenhäusern unter der fehlenden Menschlichkeit: «Mir steht die Operation so bevor, weil es ja im Krankenhaus wie am Fließband geht. Man wird ja nicht als Mensch behandelt.»

Ein Krebspatient schreibt mir: «Je länger ich im Bett liege und hier im Krankenhaus bin, um so unwohler fühle ich mich. Ich habe zeitweise starke Depressionen. Die Ärzte haben mir Psychopharmaka verschrieben, damit ‹meine Seele beruhigt› wird. Aber was ich vermißt habe, ist ein Gespräch darüber mit einem Arzt. Bei der Chefvisite zum Beispiel kommen die Oberärzte und der Chefarzt ins Zimmer rein und fragen mich: ‹Na, wie geht's?› Ich habe aber das Gefühl, daß sie sich im Grunde genommen gar nicht dafür interessieren – höchstens wie's mir körperlich geht. Ich find das alles sehr unmenschlich.»

Krankheit ist nicht nur ein körperliches Geschehen, sondern eine tiefgreifende Erfahrung, die den ganzen Menschen mit seinen Gedanken und Gefühlen umfaßt. Der Patient hat deshalb das Bedürfnis, daß ihn die medizinischen Helfer nicht «als Fall», sondern «als Person» ansprechen: «Die Ärzte sehen in mir nicht den Menschen, sondern nur meine Krankheit.» Auch Ärzte selber finden gelegentlich ihre Visiten nicht sehr befriedigend: «Manchmal ist die Visite völlig daneben, so am Patienten vorbei. Ich war dann einfach zu unkonzentriert und konnte die Anteilnahme nicht bringen. Ich hab dann nicht genug gehört, was der Patient mir noch sagen wollte. Ich spürte doch, da war noch was, was er mir sagen wollte.» [47]

«Wenn man keine Verwandten und Freunde hat, dann ist man im Krankenhaus verraten und verkauft.» Fast mehr noch als die Ärzte stellen in einer Klinik die Pflegekräfte eine entscheidende soziale Umweltbedingung für die Patienten dar. An Schwestern oder Pfleger wenden sie sich mehrere Male am Tag. In einer unserer Gruppen sprechen die Patienten darüber: Lisbeth, die durch ihre Lippenoperation sprechbehindert und beim Essen auf die Hilfe anderer angewiesen ist, erzählt: «Nur durch das Nachfragen meiner Besucher habe ich schließlich etwas zu essen bekommen. Die Schwester, die dann darauf angesprochen wurde, hat nur gesagt: ‹Ach, ich dachte, die anderen haben sie versorgt.›»

Lisbeth fährt fort: «Ich hab mich ja nicht rühren können. Ich lag an den ganzen Schläuchen. Ich hab im Krankenhaus fünfzehn Pfund abgenommen. Wenn man keine Verwandten und Freunde hat, die einen besuchen kommen, dann ist man im Krankenhaus verraten und verkauft.» Susanne: «Als ich nach der Narkose zu mir kam, da mußte ich so nötig auf den Topf. Da kam keiner. Da habe ich mich auf die Bettkante gesetzt, den Tropf noch im Arm, zwei Schläuche in der Wunde. Ich konnte ja nicht einfach das Bett naß machen. Eigentlich müßte man es. Ich hab den Tropf gefahren und bin so zur Toilette gegangen. Mir schwamm es vor den Augen. Es war wie Watte. Aber ich hab es geschafft.» Uta: «Ich mußte jeden Morgen nüchtern ins Labor gehen und Blut abnehmen lassen. Wenn ich zurückkam, hatten die anderen das Frühstück schon bekommen. Mitunter stand meins auch da, manchmal aber nicht. Und ich sagte dann: ‹Ich muß auch mal was essen.› Darauf die Oberschwester zu mir: ‹Wir sind hier nicht im Hotel.›»

Derart ungünstige Erfahrungen mit Pflegepersonen haben viele Patienten gemacht. Ich finde es sehr gut, wenn zukünftige Pfleger, Krankenschwestern und Ärzte während ihrer Ausbildung lernen, die innere Welt ihrer Patienten wahrzunehmen und hilfreiche Gespräche mit ihnen zu führen. Eine Schwesternschülerin schrieb in ihrem Bericht über ihr Gespräch mit einem

Krebspatienten: «Später fragte ich Herrn B., wie es denn so mit den Pflegern und Schwestern auf der Station sei, ob er mit ihnen über seine Depressionen sprechen könne. ‹Nein›, meinte er, ‹das ist hier mit der Station sehr schlecht. Ich vermisse hier so etwas wie mütterliche Wärme.› Er müsse die Pfleger um alles bitten und würde sich sehr abhängig und ihnen ausgeliefert fühlen. Wenn er mal Kritik äußere, dann würden sie ihm alles heimzahlen, indem sie ihn dann eben schlechter behandeln. Er müsse also gegen seine Natur angehen, alles schlucken und könne seine Gefühle nicht zeigen. Dann erzählte er mir aus der Zeit, als er noch ein paar Schritte laufen konnte, die Geschichte mit seinen Krükken. Tagelang hatte er den Pfleger um Krücken gebeten, und nachdem dieser ihm ungleiche Krücken gebracht hatte, mußte er ihn erneut darum bitten, andere Krücken zu beschaffen. Der Pfleger war aber sehr unfreundlich und erklärte sich nicht dazu bereit. Erst nachdem er sich an den Professor gewandt hatte, bekam er die richtigen Krücken. Herr B. hat sich durch seine Pfleger sehr unverstanden gefühlt.»

Herr B. ist depressiv, hieß es im Bericht. Derartige negative Erfahrungen haben sicherlich nicht dazu beigetragen, seine depressive Stimmung aufzuhellen. Im Gegenteil: Er hat doppelt stark seine Hilflosigkeit und Abhängigkeit von anderen zu spüren bekommen.

Ich habe vor einigen Jahren zusammen mit zwei Psychologen eine Untersuchung über den mitmenschlichen Umgang von Kranken-Pflegekräften auf einer Psychiatrischen Station durchgeführt. Hierzu wurden die alltäglichen Gespräche der Schwestern mit einem Funkmikrofon auf Tonband aufgezeichnet. Es ergab sich: Der Umgang der Pflegekräfte mit dem Patienten war unpersönlich. Sie waren kaum fähig, sich in die innere Welt der Patienten einzufühlen. Unsere Folgerungen aus diesen Untersuchungsergebnissen lauteten schon damals: Es ist dringend notwendig, daß Pflegepersonen und Ärzte in ihrer Ausbildung und Fortbildung befähigt werden, patientenzentriert zu denken und zu handeln, das heißt, mehr Mitmenschlichkeit im Krankenzimmer zu leben und damit den seelischen und körperlichen Heilungsprozeß der Erkrankten zu fördern. [10]

«Ich finde, hier könnte man vieles ändern.» Das Grundbedürfnis des Patienten nach Geborgenheit und seelischem Wohlbefinden wird in vielen Kliniken nicht in ausreichendem Maße berücksichtigt. Ein «Wunschkasten» für Vorschläge und Sorgen der Kranken würde Ärzten und Schwestern vielfältige Anregungen zur Verbesserung des mitmenschlichen Klimas geben. Die Klagen der Patienten beziehen sich häufig auf Mißstände, die leicht zu beheben wären: «Wieso darf im Aufenthaltsraum geraucht werden? Mich stört das als Nichtraucher sehr.» – «Warum klopft eigentlich eine Schwester nicht an, wenn sie reinkommt? Die Krankengymnastin und der Arzt tun es doch auch.» Schon Äußerlichkeiten wie «lieblos angerichtetes Essen» oder fehlendes «lustigeres, modernes Geschirr» wirken sich auf manche Patienten deprimierend aus. Sind diese Bedürfnisse wirklich nicht verständlich, nicht erfüllbar? Menschen, für die das Krankenzimmer und der Aufenthaltsraum viele Wochen und Monate lang ihr Lebensraum, ihre Wohnstätte ist, wünschen sich Wohnlichkeit, Zuwendung und persönliche Atmosphäre. Sie möchten nicht untergehen in dem genormten Krankenhausleben, in der Alltagsroutine vom frühen Wecken bis zum frühen Schlafengehen.

In manchen Krankenhäusern werden die persönlichen Sorgen bewußt ausgeklammert. Die Krebspatientin Heidi berichtet: «Man bekommt im Krankenhaus eine Broschüre, in der steht: ‹Bitte lassen Sie alle Probleme vor der Krankenhaustür, damit Sie gesund werden.›» Und sie fährt fort: «Ja, aber wie denn? Das möchte man ja auch gern. Wenn man niemanden hat, wo soll man die Probleme denn lassen? Ich bin glücklich, daß ich meinen Sohn unterbringen konnte. So manche Frau gibt es, die das nicht kann, die immer nur denkt: Wie geht es jetzt zu Hause meinen Kindern? Diese Frau, die ich erlebte, hat sich damit halb wahnsinnig gemacht.» [22] Persönliche Schwierigkeiten und Sorgen lassen sich nicht wie ein Auto vor dem Krankenhaus abstellen.

Auch das Bedürfnis von Patienten, nicht mit Schwerkranken das Zimmer teilen zu müssen, wird noch zu wenig berücksichtigt. Krebspatientin: «Ich lag mit Schwerkranken zusammen, die immer geschrien haben. Ich habe nur zwei, drei Stunden geschlafen. Und eine Nacht hab ich dann im Fernsehraum auf der Pritsche geschlafen, weil ich das einfach nicht mehr ertragen konnte. Das sind alles solche Begleiterscheinungen. Ich finde, hier könnte man vieles ändern.» – «Ich kann es nicht mit ansehen, wenn bei meiner Bettnachbarin der Eiter von der Narbe abgesaugt wird. Warum schiebt man sie nicht in ein Behandlungszimmer oder stellt einen Wandschirm zwischen unsere Betten?» – «Eine Frau, die hatte eine sehr gute Prognose gehabt, und jetzt ist sie voller Metastasen. Und die zeigte sie mir: Sie machte ihr Haar auseinander und zeigte mir diesen Knoten auf dem Kopf. Das fand ich so schlimm, vor allem, weil sie immer betonte, daß sie Stufe 1 hätte – das ist meine eigene Stufe – und daß sie immer so vernünftig gelebt hätte. Ich hatte das Gefühl, in einen Spiegel zu sehen, und dachte: Womöglich kann es mir genauso gehen.»

Doch die Vermeidung belastender Kontakte zwischen den Patienten ist nur die eine Seite eines schwierigen Problems, das Ärzte und Pflegepersonal zu bewältigen haben. Denn andererseits haben sie die Aufgabe, zwischenmenschliche Beziehungen zwischen den Erkrankten zu fördern, da sich der Mangel an Kontakten ungünstig auf ihre Gesundung auswirken kann. Menschen, die wochen- oder monatelang im Krankenhaus bettlägerig sind, fühlen sich oft sehr verlassen. Sie erleben, daß Mitpatienten sich im Aufenthaltsraum mit anderen Patienten treffen oder entlassen werden. Besuche aus dem Nachbarzimmer sind relativ selten. Mancher weiß nichts vom anderen, obwohl er doch mitunter wochenlang in unmittelbarer Bett- oder Zimmernachbarschaft mit ihm lebt.

Erschüttert hat mich der nachfolgende Bericht meiner ältesten Tochter. Sie hatte eine schwer erkrankte Teilnehmerin aus ihrer

Gruppe im Krankenhaus besucht. Cornelia: «Christels Mann weinte. Die beiden waren sehr lieb zueinander. Er sagte zu Christel: ‹Ich würde so gern zu dir ins Bett kommen.› Auch Christel meinte, wie schön es wäre, wenn sie nebeneinander liegen und er sie in den Arm nehmen könnte. Ich fragte: ‹Soll ich mich in die Nähe der Tür setzen und aufpassen, ob jemand kommt?› Sie haben es sich dann doch nicht getraut. Sie hätten auch nicht die Ruhe gehabt.»

Gerade in Zeiten des Krankseins und der Hilflosigkeit haben viele Menschen ein intensives Bedürfnis nach Zuwendung und zärtlicher Berührung. Aber diese Art von Kontakten sind sehr selten im Krankenhaus möglich. Muß das so sein?

Was können die Erkrankten selbst, ihre Angehörigen, die Ärzte, Schwestern und Pfleger und schließlich wir alle in der Öffentlichkeit tun, um die in diesem Kapitel aufgezeigten Mißstände und Probleme aus dem Weg zu räumen?

Der Erkrankte hilft sich selbst

Sich mit sich selbst
und der Krankheit auseinandersetzen

«Ich habe gelernt, meine Krankheit als einen Teil meiner Person zu akzeptieren.» Ich glaube, es gibt sehr wenige Menschen, die ihre Krebserkrankung sofort annehmen können. Viele gehen durch ein tiefes Tal der Verbitterung, der Verzweiflung und der inneren Vereinsamung, ehe sie fähig werden, ja zu ihrer Krankheit zu sagen. So berichtet der vierundzwanzigjährige Matthias, der erst in einer Gesprächsgruppe gelernt hat, seine Erkrankung anzunehmen: «Ich sehe die Krankheit nicht mehr als etwas, das nicht zu mir gehört. Früher habe ich sie abgelehnt. Jetzt habe ich gelernt, sie als einen Teil meiner Person zu akzeptieren – und daß ich damit zu leben habe. Das ist der erste Schritt. Es wäre bescheuert, wenn ich die Krankheit als etwas Fremdes ansehen würde, etwas von mir Losgelöstes, denn sie greift überall in mein Leben ein.» Matthias hat erkannt, daß es für ihn wichtig ist, seine Krankheit nicht als etwas Fremdes zu erleben, sondern als einen wesentlichen Teil seiner Person. Viele stempeln ihre Erkrankung zu einem Feind ab, der sich in ihnen eingenistet hat und zu bekämpfen ist. Zu dieser Haltung mag beigetragen haben, daß in Massenmedien häufig vom «Besiegen der Krankheit» die Rede ist. Aber hilft eigentlich eine solche Haltung?

«Man kann nicht gegen die Krankheit arbeiten, weil man sonst zerbricht. Man muß mit der Krankheit arbeiten und leben lernen.» Dieser Erfahrung eines Krebspatienten stimme ich zu. Ich denke, daß Betroffene sehr viel Energie in den Kampf gegen die Krankheit investieren, anstatt sie für das seelische und körperliche Weiterleben zu nutzen. Es scheint ein heilsamer Weg zu sein, seine Einstellung zur eigenen Krankheit mit denen anderer zu vergleichen. Diese wertvolle Erfahrung können Krebspatienten in einer Gesprächsgruppe machen. [48] Hier erfahren sie, wie andere mit der Krankheit leben, mit ihr umgehen: «Die Ute strahlt immer eine enorme Ruhe aus und ist so gelassen. Es tut mir richtig gut. Ich sehe so eine Art Vorbild in ihr. Dann denke ich, ich komme auch mal über diesen Berg hinweg. Ich schöpfe dann wieder mehr Hoffnung und denke, ich muß etwas dafür tun.»

Akzeptieren der Krankheit, Ruhe und Gelassenheit beeindrucken auch die gesunden Menschen. Astrid, die Ehefrau eines Krebskranken: «Mein Mann hat jetzt akzeptiert, daß unser Leben nie mehr so sein kann, wie es bisher war. Er akzeptiert es nun, egal wie es kommt: Ob er im nächsten Jahr wieder arbeiten kann oder nicht. Das muß man sich mal vorstellen, das ist ein enormer Umschwung.»

Viele Menschen werden durch die Krankheit aus ihrem bisherigen Leben herausgerissen und mit einer ganz neuen Situation konfrontiert: «Ich war ein sorgloser Jugendlicher, der sich über seine Zukunft keine großen Sorgen machte, viel mit Freunden zusammen gewesen und in andere Städte gefahren ist», berichtet Matthias. «Um meine Gesundheit habe ich mir kaum Gedanken gemacht. Ich habe Nächte durchgemacht und unregelmäßig gelebt. Aus diesem lockeren Leben bin ich dann rausgerissen worden. Heute muß ich Abstriche machen und auf meine Gesundheit Rücksicht nehmen.» Rückblickend sagt Matthias: «Ich war nun eingeschränkt und mußte oft zu Hause bleiben. Für mich war die Frage: Was kann ich tun, damit die Freunde auch weiter zu mir halten? Wie kann ich verhindern, daß ich ausgeschlossen werde? So habe ich immer gedacht: Nur nicht mit deiner Krankheit auffallen. Ich habe mich mehr oder weniger nach den Bedürfnissen der anderen gerichtet. Heute verhalte ich mich anders. Jetzt bin ich eigentlich so weit, daß ich sage: Hier sind meine Grenzen. Ich bin krank, schwerkrank. Ich kann bestimmte Sachen nicht machen. Und danach richte ich mich, egal, was andere dazu meinen. Wenn ich heute Angst habe, daß mir etwas zuviel wird oder mir nicht bekommt, dann teile ich das den anderen mit. Das hängt alles damit zusammen, daß ich in der Gruppe ein Selbstverständnis entwickelt habe, was meine Krankheit angeht.»

An Matthias zeigt sich, wie ein Kranker durch die Auseinandersetzung mit seiner Situation den Weg zu sich selber finden kann. Er hat es aufgegeben, anderen zu gefallen und dabei sich selbst zu vernachlässigen. Ich höre aus seinen Worten Trauer heraus, aber er steht zu der Einstellung, die er gewonnen hat: Sich zu hören, seine Grenzen zu akzeptieren und anderen den Aspekt seiner Person zu zeigen, der ein wichtiger Teil in seinem Leben geworden ist.

«Je mehr ich mich mit meiner Angst auseinandersetze, desto mehr hat sie sich normalisiert.» Viele Krebspatienten leiden unter der Angst. Marion hat in der Gruppe darüber gesprochen, wie sie die Angst bewältigt: «Ich habe gelernt, mich nicht zu wehren, nicht gegen sie anzukämpfen, sondern sie zu erdulden. Das ist meiner Ansicht nach der erste Schritt, dieser Sache überhaupt beizukommen. Solange man sich wehrt, ist alles nur noch schlimmer. Ich lasse die Angst über mir zusammenschlagen. Aber das tut richtig weh, sowohl seelisch wie körperlich. Und ich habe es nun geschafft, keine Angst mehr vor der Angst zu haben.»

Elly hat einen anderen Weg gefunden, mit der Angst umzugehen: «Je mehr ich mich mit meiner Angst auseinandersetze, desto mehr hat sie sich normalisiert. Früher, wenn ich Angst vor irgend etwas hatte, dann wurde ich gleich aggressiv – und zwar den Menschen gegenüber, die mir am nächsten stehen. Mein armer Mann, der hatte das alles auszubaden. Ich denke, wenn ich jetzt mal wieder Angst verspüren sollte, werde ich sie ein bißchen besser im Griff haben.»

Eine Krebspatientin schrieb mir: «Es hat mich bereichert, daß ich die Angst vor der Krankheit zuließ und sie sich dann umwandelte in Gelassenheit. Ich fühle mich unverletzbarer. Sogar die Familie empfindet, daß ich viel gelöster geworden bin.»

Auch ich habe mich intensiv mit meiner Angst vor einer Wiedererkrankung auseinandergesetzt. Ich bin dabei zu der Erkenntnis gekommen, daß Ängste mich entmutigen, hoffnungslos machen, wenn ich sie nicht kläre. Sie wirken meiner inneren Kraft entgegen und zerstören sie. Ich habe mich nicht durch Zweifel schwächen lassen, sondern mir Lebensziele gesetzt und Mut gemacht. Das heißt nicht, daß ich nicht meine Traurigkeit lebte. Ich habe geweint vor Schmerzen und mir auch manchmal ein wenig leid getan. Aber sehr rasch war ich auch wieder ausgelassen und habe übermütig mit anderen zusammen gelacht. Schon bald nach meiner Operation habe ich beides gelebt: Traurigkeit und Fröhlichkeit, Kummer und Glück.

«Ohne Selbstachtung kann kein Mensch ordentlich mit sich selber leben.»   Für Krebspatienten, die Schmerzen haben, ist es schwer, sich in ihrer Schwäche zu akzeptieren. Häufig stellen sie sich in Frage, verlieren ihre Hoffnungen auf Genesung und lehnen sich selbst ab.

Da ich nur selten wirklich krank gewesen bin, war ich mir plötzlich sehr fremd geworden. Ich hatte ein Leben lang in der Vorstellung gelebt, daß der Körper meiner Seele und meinem Verstand zu gehorchen habe. Jetzt erlebte ich, daß mein Körper der Stärkere war, daß meine Seele und mein Verstand sich ihm anpassen mußten. So war vieles in mir aus dem Gleichgewicht geraten. Ich mußte erst lernen, die Krankheit zu akzeptieren, mit ihr zu leben mit allen Konsequenzen. Ich lernte, mich den Schmerzen, den Schwächen und der Traurigkeit zu öffnen, ohne mich ganz fallen zu lassen. Das Bild, das ich bisher von mir hatte – das Bild eines Menschen, der mit einem gesunden, funktionierenden Körper lebt –, änderte sich: Manchmal fühlte ich mich nun recht kraftlos und hilfsbedürftig. Erst allmählich wurde mir dieser Zustand vertrauter. Ich lernte, mich auszuruhen, ohne dabei zu sehr unter meiner Untätigkeit zu leiden. Ich begann zu ahnen, daß das Wichtigste in meinem Leben war, mich mit meiner Krankheit zu mögen und mich liebevoll zu umsorgen. Ich lernte, diese Krankheit als einen Teil meiner Person zu akzeptieren, meine körperliche Reduziertheit nicht als eine Minderung des Wertes meiner Person zu erleben. Mehr und mehr wurde mein Kranksein für mich zu einem Stadium des persönlichen Lernens und Wachsens, zu einer Reise zu mir selbst, zu neuen Erfahrungen und Erkenntnissen.

Viele andere Krebspatienten durchleben einen ähnlichen Prozeß: «Ich fühle mich selbst mehr als früher. Und das ist die unendlich angenehme und tröstliche Seite der Erkrankung. Ich habe andere Wertpositionen bezogen.»

Besonders brustamputierten Frauen fällt es oft schwer, ihren Körper zu bejahen. Vielen gelingt dies erst nach einer langen Zeit der Verzweiflung: «Ich habe keine Hemmungen mehr, mich im Spiegel anzuschauen», berichtet eine brustamputierte Frau. «Anfangs habe ich noch geträumt, meine Brust wächst wieder nach. Und eines Tages, da stand ich vor dem Spiegel, und plötzlich war mir klar: Die Brust ist ab, und da tut sich nichts mehr. Ich mag jetzt meinen Körper auch wieder leiden. Vor einiger Zeit stand ich vor dem Spiegel und sagte zu mir: ‹Du bist eine schöne Frau.›»

Menschen, die sich mit ihrer Krankheit auseinandersetzen, treten in eine Beziehung zu ihr. Die Krankheit wird als etwas Vertrautes, als etwas zu der Person Gehöriges angenommen, das ihr Bild von sich selbst mitbestimmt.

Gisela sagt in einer Nachbefragung: «Ich habe jetzt ein Verhältnis zu meiner Krebserkrankung gekriegt. Und durch die Selbstsicherheit ist mein Leben auch ein bißchen frischer geworden. Wenn man keine Selbstsicherheit hat, hat man auch keine Selbstachtung. Und ohne die kann kein Mensch ordentlich mit sich selber leben.»

Diese Krebspatientin spricht einen lebensnotwendigen seelischen Vorgang an: Die Selbstachtung, die Achtung der eigenen Person. [47] Jeder von uns hat eine bestimmte gefühlsmäßig wertende Einstellung zu sich selbst. Achtet er sich selbst, dann fühlt er, daß er eine Person von Wert ist. Er ist mit sich selbst zufrieden, mag sich so, wie er ist, wenigstens im großen und ganzen. Ohne Selbstachtung kann – wie die Krebspatientin es ausdrückte – «kein Mensch ordentlich mit sich selber leben». Geringe Achtung eines Menschen vor sich selbst ist ein großes Risiko für seine seelische Gesundheit. Je mehr ein Mensch schon vor seiner Krebserkrankung unter geringer Selbstachtung litt, um so schwerwiegender scheinen die mit der Krebserkrankung einhergehenden seelischen Belastungen zu sein. Deswegen trifft viele Krebspatienten mit vermindertem Selbstwertgefühl die Krankheit doppelt schwer. Sie verschließen sich von vornherein der Erfahrung, daß ihnen durch ihre Krankheit eine neue Lebensqualität zuwachsen kann.

Offen über sich und seine Krankheit reden

«Das wichtigste für mich war, daß ich mir meinen Kummer und meine Ängste von der Seele reden konnte.» Manchen Menschen fällt es nicht schwer, sich über ihre persönlichen Schwierigkeiten auszusprechen. Andere hingegen können sich nur schrittweise und vorsichtig öffnen. In unseren Gruppengesprächen haben viele Krebspatienten erst gelernt, über ihre Krankheit, Ängste und persönlichen Sorgen zu sprechen. «Es war, als ob eine Schleuse geöffnet wurde.» – «Ich bin gern hierher gekommen. Ich brauchte das, weil man eben Rücksicht auf die Familie nehmen muß, zu Hause kann ich nicht alles erzählen.» – «Ich habe gemerkt, daß es besser ist, wenn ich mit Leuten darüber rede, als wenn ich das geheimhalte und so tue, als wenn nichts ist, als wenn ich ganz gesund bin. Früher habe ich Kranksein überspielt und nach außen so getan, als ob es mir gar nicht so schlechtgeht.» – «Das wichtigste für mich war, daß ich mir meinen Kummer und meine Ängste von der Seele reden konnte.»

Durch die Anteilnahme und das Mitgefühl der anderen Gruppenmitglieder fassen manche Krebspatienten den Mut, ihr «Inneres bloßzulegen», «auch Sachen von sich zu erzählen, die sonst im hintersten Kämmerchen ruhen». Eine Teilnehmerin sagt: «Man will keine Ratschläge bekommen, sondern wartet auf ein Echo.» Das einfühlsame Zuhören der Psychologischen Helfer erleichterte es den Krebspatienten, immer offener für ihr eigenes Fühlen zu werden, für längst verschüttete Kränkungen und gegenwärtige schmerzvolle Erfahrungen, die sie kaum ohne Hilfe zu verarbeiten vermochten.

Viele dieser Krebspatienten hatten seit Beginn ihrer Krankheit ihr Fühlen unterdrückt und sich auf diese Weise von lebenswichtigen Vorgängen in ihrem Organismus abgeschnitten. So entfremdeten sie sich immer stärker von sich selbst, ließen immer weniger Erfahrungen in ihr Bewußtsein dringen. Pessimistische Gedanken, depressive Stimmungen, Lebensmüdigkeit, Hoffnungslosigkeit, Einsamkeit und Todesängste stellten sich ein. Dieser Prozeß wurde durch die Gruppenerfahrungen unterbrochen und zum Teil sogar rückgängig gemacht. Dieser Wandel fiel auch den Ärzten auf, die an den Gruppengesprächen teilnahmen. «Die Patienten redeten zuerst nur sehr zögernd und nachher wirklich wie ein Buch.»

Die Fähigkeit, über sich und die Krankheit zu reden, wird von den meisten Gruppenteilnehmern auch in die Familie hineingetragen. «Heute rede ich über meine Krankheit, als ob wir ein Gespräch über irgend etwas führen. Dieses Geheimnisumwitterte ist weg. Früher habe ich das mit mir allein ausgemacht – jetzt kann ich meine Familie mit einbeziehen. Und da rede ich auch irgendwie ganz ruhig und ohne Hemmungen, als ob das gar nichts Bewegendes ist.» Und als diese Krebspatientin zum erstenmal wieder mit ihrem Mann über die Krankheit sprechen konnte, stellte sie fest: «Mein Mann hatte eigentlich immer schon mit mir darüber sprechen wollen.»

Nur wenige Krebspatienten gehen von vornherein den Weg größtmöglicher Offenheit. Eine Krebspatientin in der Fernseh-

sendung «Die Sprechstunde» berichtet: «Ich habe einem Mann,
den ich kennengelernt habe damals, möglichst in den ersten
Stunden sehr kurzfristig gesagt: ‹Bei mir stimmt's nicht so
ganz.›» Auf Befragen hat sie sehr direkt geantwortet: «Ja, ich
hatte Krebs und die Brust mußte amputiert werden.» Sie hat die
Erfahrung gemacht, «daß die Art, wie man es einem Partner
sagt, wichtig ist. Also, wenn eine Frau so verkrampft von Krebs
anfängt, das könnte unter Umständen einen Partner eher absto-
ßen, während die Leichtigkeit, mit der man ihm das beibringt,
ihn das auch etwas leichter nehmen läßt.» [4] Manche werden in
ihrer Offenheit durch Reaktionen anderer entmutigt. Ilse: «Ich
habe ganz bewußt in den ersten Gesprächen immer das Wort
Krebs einmal richtig ausgesprochen. Ich habe die Krankheit
nun, und so ist es. Aber ich habe auch gemerkt, daß ich ganz
viele damit geschockt habe.» [22]

Zwei Monate nach den Gruppengesprächen sagt die vierzigjährige Doris: «Früher habe ich furchtbar viel in die Schublade
gepackt. Und dann habe ich die Schublade zugemacht und gedacht: So, da wird nicht drüber geredet. Durch Aktivitäten wurde alles zugedeckt. – Da bin ich doch sehr nachdenklich geworden: Daß man damit ja die Probleme nur verdrängt, nicht löst.
Die Gruppe hat die Schublade ein bißchen geöffnet. Hier in der
Gemeinde mache ich seit drei Jahren die Frauenarbeit und habe
jetzt erstmalig gesagt, daß ich nicht gesund bin, daß ich Krebs
habe. Die fielen natürlich aus allen Wolken. Es war tatsächlich
das erste Mal, daß ich darüber reden konnte.»

Am häufigsten verschweigen Krebspatienten ihre Krankheit
gegenüber ihren Berufskollegen. Darum hat mich eine Krebspatientin in der Fernsehsendung «Die Sprechstunde» sehr beeindruckt, als sie sagte: «Ich erfahre große Hilfe, wenn mir mal
nicht so ganz wohl ist, in meinem Arbeitskreis. Meine Kollegen
sind von mir aufgeklärt worden. Ich spreche ganz frei über meine Probleme. Ich bringe auch mal meine Salbe mit, und es reibt
mich jemand ein. Und ich finde, daß das ganz vorzüglich klappt.
Ich darf nur noch vier Stunden arbeiten. Das ist mit meinem

Arbeitgeber besprochen. Und man ist mir ungeheuer entgegen-
gekommen. Und das ist das, was man jedem wünschen möchte.» [4]

Ehrlichkeit zu einem frühen Zeitpunkt ist sicherlich sehr erleichternd, insbesondere für den Betroffenen selber. Zumindest
im seelischen Bereich, meine ich, ist deshalb eine Vorsorge
möglich: Menschen, die sich vor ihrer Erkrankung offen mit
sich selbst auseinandersetzten, in sich selbst einfühlten und um
gute zwischenmenschliche Beziehungen bemühten, sind vermutlich fähiger, die mit einer schweren Krankheit verbundenen
seelischen Schwierigkeiten zu verarbeiten.

*«Dadurch, daß ich gelernt habe, mit anderen über meine
Krankheit zu sprechen, bin ich viel ungehemmter und freier geworden. Das ist ja auch für meine Heilung wichtig.»* Krebspatienten, die freimütig und offen mit anderen über sich und
ihre Krankheit reden, leben seelisch gesünder und beschwer-
defreier. Eine Sechsundfünfzigjährige: «Mir hat mein offenes
Umgehen mit der Krankheit sehr geholfen. Ich fühle mich
jetzt, fünf Wochen nach meiner Brustamputation, eigentlich
schon wieder sehr lebendig.»

Das Gefühl der Erleichterung, größere Lebendigkeit, innere
Ausgeglichenheit gehen meist einher mit einer positiveren Einstellung zur Krankheit. Eine Patientin erklärt sich ihr gutes Befinden wenige Wochen nach ihrer Krebsdiagnose und Operation so: «Ich habe meine Krankheit überall abgelegt, indem ich
mit vielen Menschen darüber gesprochen habe. Sie helfen mir,
meine Krankheit zu tragen. Ich trage die Last nicht mehr allein.» Mit Anteil nehmenden Menschen, die bereit sind, zuzuhören, über sich und seine Krankheit zu sprechen, führt zu einer inneren Entlastung und Entspannung, zu einem tiefen Gefühl der Erleichterung. [48]

Ich erinnere mich deutlich, daß ich zwischen der operativen
Entfernung von Knoten und der dann doch noch notwendigen
Brustamputation unbedingt an einem seit langem geplanten

Gruppengespräch im Rahmen der Fernsehsendereihe «Psycho-Treff» nach Süddeutschland fahren wollte. Reinhard und ich waren die Psychotherapeutischen Helfer der Gruppenmitglieder. Ich habe mit den Teilnehmern der Fernsehgruppe offen über meine bevorstehende Krebsoperation gesprochen. Ich spürte, daß das Zusammensein mit diesen Menschen für mich die beste seelische Vorsorge für die zwei Tage später erfolgende Operation war. Ich ging nicht allein ins Krankenhaus, sondern fühlte mich von vielen guten Gedanken und Wünschen der anderen begleitet.

In Gesprächen mit Krebspatienten habe ich immer wieder erfahren, wie erleichternd es für sie ist, wenn sie nichts verheimlichen, keine Mauer zwischen sich und anderen errichten, sondern sich mit allen Teilen ihrer Person zu erkennen geben. Joachim, siebzehn Jahre: «Dadurch, daß ich gelernt habe, mit anderen über meine Krankheit zu sprechen, bin ich viel ungehemmter und freier geworden. Das ist ja auch für meine Heilung einfach wichtig. Ich denke, wenn ich offen darüber reden kann, dann ist die Krankheit beinah nur halb so schlimm. Für mich ist doch meine Krankheit das Problem, mit dem ich mich beschäftige. Wenn ich diesen Teil von mir nicht dem anderen mitteile, dann lernt der andere mich ja immer nur zur Hälfte kennen – nur meine gesunde Hälfte. Und ich denke, es ist wichtig, daß er mich als ganzen Menschen kennenlernt.»

Es ist mir aufgefallen, daß solche Menschen besonders sensitiv für ihre inneren Erfahrungen, Gefühle und Gedanken sind. Diese nach innen und außen hin geöffneten Menschen verbergen sich nicht hinter einer Fassade, Maske oder Mauer. Sie spielen keine Rolle und machen keine Anstrengungen, sich anders vor anderen zu verhalten, als sie wirklich sind. Dadurch sind sie mit sich selbst sehr vertraut und leben in großer Nähe zu sich selbst.
[47]

Doch ist eine solche Offenheit nicht nur für den von Krebs Betroffenen wichtig, sondern auch für seine Angehörigen und Freunde. «Wie sollen uns denn die anderen verstehen, wenn wir

uns ihnen nicht mitteilen?» fragt Matthias in einer Gesprächsgruppe. «Also hängt das in erster Linie doch immer von mir
selbst ab. Ich muß einen ersten Schritt tun und meine Bedürfnisse klarmachen. Erst dann können andere mit meiner Situation
etwas anfangen. Das tue ich heute mehr als früher.»

Indem Krebspatienten in offener Weise über ihre Gefühle mit
anderen sprechen, entlasten sie sich und ihre nächsten Angehörigen. Offenes Miteinander-Reden über die Krankheit macht Betroffene und Angehörige oder Freunde freier in ihrem Umgang
miteinander. «Man braucht nicht darüber zu grübeln, was gesagt
werden darf und was nicht.» [14] Freunde und Angehörige können ihre Betroffenheit anderen mitteilen. Sie brauchen nichts zu
verheimlichen.

Die Krankheit zu verstehen suchen

*«Wenn man wegläuft und die Augen zumacht, kann man sich
nicht mit der Krankheit befassen und einen Weg finden.»* Dies
sind die Worte der zweiundfünfzigjährigen Johanna. Und sie
fügt hinzu: «Ich habe mich mit der Krankheit eingehend befaßt.
Und das hat es mir ermöglicht, ein bißchen mehr Ruhe zu finden. Es ist der Schritt zu allem Weiteren.» Carsten erkennt rückblickend: «Ich wollte weglaufen und die Krankheit nicht haben,
aber sie war schon da. Heute versuche ich herauszufinden, wie
ich mit der Krankheit fertig werden kann. Ob es hilft oder nicht
– im Moment fühle ich mich wenigstens besser.»

Ich glaube, daß es für das seelische Befinden des Erkrankten
wichtig ist, daß er sich mit seiner Krankheit auseinandersetzt.
Dazu gehört auch, nicht jedes «Wehwehchen» im Zusammenhang mit der Krankheit zu sehen, sondern als ein natürliches
Geschehen, das auch jedem Gesunden widerfährt. «Wenn ich
jetzt was merke, dann denke ich: Da habe ich mich wohl irgendwie mal verhoben oder gestoßen, ohne es zu merken. Das bringe

ich jetzt fertig, so zu denken, und dann vergesse ich das auch wieder.»

Zur Auseinandersetzung mit der Krankheit gehört auch, daß sich Betroffene mit einer möglichen Wiedererkrankung befassen und die Einstellung gewinnen, «daß es unsinnig ist, sich schon vorher verrückt zu machen» – also nicht unnötig Angst vor der Zukunft zu haben, sondern eher zu denken: «Wenn es wirklich noch mal sein sollte, dann werde ich wohl auch darüber hinwegkommen. Und eines Tages werde ich hoffentlich wieder gesund sein.»

«Was bringt dir deine Krankheit?»   Menschen, die erkennen, «daß Krankheit zum Leben gehört», versuchen, ihre Krankheit zu verstehen, mit ihr umzugehen, anstatt sie zu besiegen. Indem sie ihre Krankheit zu verstehen suchen, akzeptieren sie sie. Manche von ihnen wenden sich religiösen Gedanken zu: «Diese Krankheit ist mir geschickt worden. Ich kann das jetzt aufrichtig sagen. Sie ist ein liebevolles Zeichen Gottes. Ich wäre nie so aufgerüttelt worden. Ich hätte mir nie Gedanken über den Sinn meines Lebens gemacht und mich hinterfragt: Wie lebe ich eigentlich? Was tue ich? Ich wäre nie darauf gekommen, daß die Liebe wirklich das allerwichtigste ist in unserem Leben. Ich sehe meine Krankheit als eine Chance des Wachsens und Reifens.»

Es ist nicht einfach, eine solche positive Einstellung zu gewinnen. Auch mir ist es nicht leichtgefallen, meine Krankheit zu akzeptieren. Ich fühlte mich von ihr überrollt: Ich war vollkommen beschwerdefrei zu einer Routineuntersuchung gegangen. Und schon geriet ich in die Mühle weiterer Untersuchungen und lag wenige Wochen später auf dem Operationstisch. Zunächst konnte ich es nicht fassen. Ich hatte mich gesund gefühlt, und jetzt war ich eine Patientin geworden. Ich war es nicht gewohnt von mir, krank zu sein, und so fiel es mir schwer, mich in meinem reduzierten körperlichen Zustand zu akzeptieren. Einige Zeit nach meinen Operationen gab mir meine Kollegin Frauke, die an einem Buch über ganzheitliche Gesundheit arbeitet, den

Anstoß, zu überlegen, was mir mein Krebs bedeutet, was er mir bringt. Als erstes fiel mir nur ein: Krankheit und Schmerzen. Ich konnte damals, vier Wochen nach meiner Operation, keine andere Antwort in mir entdecken. Erst vier Monate nach unserem Gespräch rief ich Frauke wieder an. Ich hatte mich in der Zwischenzeit intensiv mit der Funktionsweise des Abwehrsystems beschäftigt und dabei erkannt, daß die psychische Kraft in entscheidendem Maße zur Aktivierung des Abwehrsystems beitragen kann. Auch war ich der Frage nachgegangen, was biologisch im Körper vor sich geht, wenn die Ärzte von Krebs sprechen. Dabei hat mir ein Gespräch mit einem befreundeten Arzt sehr geholfen. Er erklärte mir, daß die Krebserkrankung ein Prozeß sei, bei dem Zellen neu gebildet werden, die ein starkes Leben in sich tragen, sich rasch weiterentwickeln. Diese Weiterentwicklung gefährdet den menschlichen Körper. Im Laufe unseres Gespräches kam uns die Idee, daß es hilfreicher wäre, den angstauslösenden Krankheitsbegriff «Krebs» durch «übermäßige Zellneubildung» zu ersetzen. Durch diese Bezeichnung ließe sich die furchterregende Vorstellung von einem Krebs mit Greifern und Scheren und die Übertragung dieser Ängste auf die Krankheit vermeiden. Der Gedanke, daß meine Krebserkrankung Bildung von Zellen ist, die sich übermäßig weiterentwickeln möchten, hat mich entlastet. Leben und Weiterentwicklung riefen schon immer in mir angenehme Gefühle hervor. So konnte ich die Krankheitsvorgänge eher akzeptieren.

Als ich Frauke davon erzählte, vertiefte sie, was ich meinte: «Natürlich ist das neues Leben. Es ist ein Teil von dir.» Ihre Deutung der Zellneubildung als etwas «Vitales» konnte ich gut annehmen, weil ich mich mein Leben lang als vital und innerlich kraftvoll empfunden habe. Wir entwickelten dann gemeinsam die Vorstellung, daß diese «übermäßige Zellneubildung» vitale und belebte Materie sei, ohne Formgebung und ohne Einordnung in die anderen Körperfunktionen. «Irgendwie gibt dein Körper seine Kraft in die Neubildung», sagte Frauke. «Ich denke, du kannst daran arbeiten, diesen Vorgang rückgängig zu machen.» Mich faszinierte der Gedanke, und ich fühlte mich inzwischen kräftig genug, dazu beizutragen. Ich konnte es darüber hinaus positiv auffassen, daß sich mein Körper mit einer Krankheit rechtzeitig gemeldet hatte. Er hatte mir auch eine Chance gegeben, Fragen nach einem neuen Sinn meines Lebens zu stellen. Ich begann zu ahnen, daß Krankheit «Wiedergeburt» sein kann.

In diesem Gespräch mit Frauke fand ich auch viele Antworten auf ihre frühere Frage: «Was bringt dir deine Krankheit?» Spontan zählte ich ihr auf: «Kontakt zu meinem kranken Körper.» – «Die Krankheit gibt mir Zeit, darüber nachdenken, was wichtig und was unwichtig in meinem Leben ist.» – «Umlernen, mehr auf meine Bedürfnisse zu hören und sie anzumelden.» – «Schmerzgefühle als etwas Positives akzeptieren.» – «Lernen, mit der gleichen Freude und inneren Bereitschaft, mit der andere meine Hilfe angenommen haben, nun selber die Hilfe anderer in Anspruch zu nehmen.» – «Leichteren Zugang zu kranken Menschen.»

«Meine Krankheit ist ein Stück Weg zum Leben.» Vielfältig sind die Botschaften, die die Menschen aus ihrer Krankheit ziehen, wenn sie sie zu verstehen suchen. Viele fühlen sich «aufgerüttelt», machen sich auf einen neuen Weg – auf einen Weg, der zu ihrem inneren Lebensraum führt. Sie haben möglicherweise einige der folgenden Phasen des Krankseins durchlebt:
○ den Schock über das «Todesurteil» der Diagnose
○ die aufkommende Verbitterung: «Warum gerade ich?»
○ die Kränkung über die «Verstümmelung» ihres Körpers
○ seelische Tiefs der Depression und Resignation
○ Hinterfragen, Verstehen und Annehmen ihrer Krankheit.
Und sie haben sich jetzt auf den Weg ihrer inneren Heilung gemacht, auf dem sie vieles neu entdecken: sich selbst, die Weisheit ihres Körpers, ihr Leben.

Manche bleiben ihr Leben lang verbittert, sterben verbittert. Andere gehen aus jeder Krisensituation innerlich heiler hervor, wachsen, füllen ihren inneren Lebensraum und sterben trotz körperlichen Verfalls seelisch heil und gesund. Diese Menschen haben rechtzeitig gespürt, daß sie es selbst sind, die sich verbittert und unzufrieden machen, und daß sie die Chance haben, innerlich zu wachsen und zu reifen.

Mich haben die Aussagen von Menschen tief bewegt, die ihre Krankheit annehmen konnten. Eine Hochschullehrerin berichtet: «Ich habe manchmal das Gefühl, daß die Krankheit mir das Leben gerettet hat. Wie grotesk das ist! Durch die Erschütterung habe ich auch gelernt, nicht immer zu machen, was andere von mir verlangen, sondern meine eigenen Bedürfnisse durchzusetzen und zu sagen: Ich muß auch an mich selbst denken, nicht erst am Tag vor dem Tod. Ich möchte jetzt mehr inneren Frieden und Ruhe haben.» Eine Fünfundvierzigjährige drückt ihre Erfahrung so aus: «Ich habe ganz tief in mir einen Ort des Zutrauens entdeckt. Er ist noch ganz klein. Ich lerne ihn verstehen. Der Zugang zu meinem Inneren öffnet sich.» Karen, die sehr gläubig ist, war nach der Krebsdiagnose davon überzeugt, daß ihre Krankheit «eine Strafe» sei. Erst nach einer intensiven Auseinandersetzung mit ihren religiösen Auffassungen sagt sie: «Für mich ist deutlich geworden, daß Gott mir meine Krankheit nicht aus Strafe schickt. Was ich anfangs so dachte: ‹Diese Kränkung, warum ich?› stimmt nicht mehr. Meine äußeren Erfolge, die gehen immer weiter zurück. Aber die menschlichen Begegnungen vertiefen sich. Du kannst gesund sein, aber dich innerlich tot fühlen.»

Sich mit dem Tod auseinandersetzen

«Ich versuche immer wieder, die Gedanken ans Sterben beiseite zu schieben, aber es gelingt mir nicht.» Dies ist die Aussage einer an Krebs erkrankten Frau. Sie fährt fort: «Manchmal kommen sie mir sogar bei der Hausarbeit. In letzter Zeit sind so viele Krebskranke gestorben, die ich kannte. Ich bin jedesmal schok-

kiert, wenn ich davon erfahre. Da denke ich immer wieder: ‹Ja, ich nun auch bald.› Aber dann sag ich mir immer wieder: ‹Denk nicht dran!› Es wird beiseite geschoben. Ich merke aber: Es geht mir immer wieder durch den Kopf – obwohl ich nichts davon hören will.»

Für viele Kranke ist es «die Angst vor dem langen Siechtum und Leiden», die ihnen die Auseinandersetzung mit dem Sterben und dem Tod erschwert oder sogar unmöglich macht. Es ist ja für sie bereits ein schwerer Schritt, die *Krankheit* als einen Teil ihrer Person zu akzeptieren.

Auch in unseren Gesprächsgruppen wurde häufig über Tod und Sterben gesprochen. Es gab einige Gruppenmitglieder, für die das Thema unerträglich war, die zeitweise aus der Gruppe hinausgingen: «Ich will an dem Tag, wo wir übers Sterben sprechen, nicht dran teilnehmen. Für mich ist der Tod etwas Schreckliches, ein richtiges Trauma. Da möchte ich nicht noch drüber sprechen.» Für diese Menschen bleibt der Tod ein «Trauma», das sie unverarbeitet lassen und das sie sicherlich viel Kraft und Anstrengung kostet.

Viele andere Gruppenmitglieder jedoch wünschten das Gespräch über Tod und Sterben. «Ich möchte mich gern damit auseinandersetzen, damit ich versöhnliche Gedanken zum Tod habe.» – «Ich möchte dem Tod gelassener entgegensehen.» Auch die Reaktionen beim Tod von Gruppenmitgliedern sind sehr unterschiedlich gewesen: Einige reagierten mit Geschäftigkeit: «Ach, die armen Kinder, die arme Frau! Jetzt müssen wir für den Kranz sammeln. Wer geht zur Beerdigung?» Andere dagegen schwiegen betroffen.

«Daß ich diese Todesangst mal ansprechen konnte, das hat mir irgendwie etwas von dem Druck genommen.» Die meisten Patienten unserer Gruppen, die über ihre Ängste vor dem Sterben und dem Tod sprechen konnten, haben das als sehr erleichternd und für sie bedeutsam erlebt: «Wenn heute über Sterben und Tod gesprochen wird, dann ist es für mich nicht mehr angstbe-

setzt.» – «Wenn ich daran denke, wie schwer es mir gefallen ist, darüber zu sprechen und wie unendlich erregt ich war ... Jetzt würde ich nicht mehr so verspannt dabei sein. Daß ich diese Todesangst mal ansprechen konnte, das hat mir irgendwie etwas von dem Druck genommen.» Matthias kann seine Erfahrung aus der Gruppe sogar weitertragen: «Bei meinen Freunden und Bekannten habe ich früher immer über das Thema Tod geschwiegen. Jetzt fällt es mir nicht so schwer – im Gegenteil: Es erleichtert mich.»

«Irgendwann muß man den Tod annehmen. Der Tod gehört zum Leben.» Ich bin vielen an Krebs erkrankten Menschen begegnet, die sich sehr intensiv mit ihrem Tod auseinandersetzten. Vielfältig sind die Gedanken, Vorstellungen und Erkenntnisse dieser Erkrankten: «Mein Leben ist endlich, das muß ich eben ins Gefühl hineinbekommen.» – «Ich will nicht auf den Tod hinleben, ich möchte gern, daß er neben mir steht, ohne daß es mich zu stark belastet.» – «Wenn ich keine Angst vor dem Sterben hätte, würde mich keine Krankheit beunruhigen.» Einige Patienten erkennen deutlich, daß es ihnen hilft, innere Ruhe zu finden, wenn sie den möglichen Tod akzeptieren. «Man muß den Tod irgendwann annehmen. Der Tod gehört zum Leben.» [22]

Wie schwer es den meisten Menschen fällt, den Tod als Teil ihres Lebens zu akzeptieren, zeigt der folgende Ausschnitt aus einem Gespräch zwischen Gerhard und mir. Aus Gerhards Worten klang mir eine tiefe Traurigkeit entgegen. Ich versuchte, gemeinsam mit ihm einen Weg zu finden und zu gehen: «Laß das Leben mal ein Stückchen los, gib dich ganz in den Schmerz hinein. Setz dich damit auseinander: Der Tod kann auch ein Freund sein.»

Gerhard: «Ja, ich freunde mich mit ihm an: Ich sage ja zu ihm. Ich sage: Ja, es ist so. Mehr kann ich nicht tun. Ich bin sehr traurig, weil ich viele Seiten des Lebens jetzt gern noch wahrnehmen möchte. Aber es ist keine Kraft mehr da. Ja, die Kraft, die fehlt: Sowohl die körperliche als auch die seelische.»

Anne-Marie: «Wenn du den Tod jetzt annimmst, bedeutet es nicht, daß er nun die endgültige Realität für dich sein wird. Du kannst ein neues Leben gewinnen.»

Bewußter leben

«Ich mußte erst krank werden, um dieses Lebensgefühl so stark zu empfinden.» Angesichts der Todesnähe haben viele Schwerkranke den intensiven Wunsch, «noch einmal leben» zu können. «Dann merkt man nämlich erst, daß man leben will.» Bei manchen verwandelt sich die Niedergeschlagenheit, in der sie über lange Zeit stecken, in eine Phase intensiver Lebensfreude und Lebensbejahung. Die Energien, die an die Niedergeschlagenheit gebunden waren, sind nun freigesetzt. Matthias: «Ich steckte in einer tiefen Depression. Nachdem ich das im Laufe der Monate überwunden hatte, ist ein unwahrscheinlich starkes Lebensgefühl entstanden. Erst von dieser Zeit an habe ich bewußt gelebt. Das bedeutet, daß ich bis zum vierundzwanzigsten Lebensjahr im Grunde eigentlich gar nicht gelebt habe.» Ein anderer Kranker berichtet: «Ich sauge jetzt alles so auf wie ein trockener Schwamm. Mein Lebensgefühl ist unwahrscheinlich stark. Es ist zwar makaber, aber ich mußte erst krank werden, um dieses Lebensgefühl so stark zu empfinden. Mir wäre etwas verlorengegangen, wenn ich dieses Gefühl nicht bekommen hätte. Ich hätte auf die Krankheit gerne verzichtet, aber ich hätte das eine ohne das andere nicht bekommen können.»

Der vierzigjährigen Doris fällt es trotz ihrer achtundzwanzig Operationen relativ leicht, zum Leben ja zu sagen: «Ich bin für mich selber ein Lebenskünstler. Ich suche mir aus jeder Situation das Beste heraus, komme damit ganz gut über die Runden. Ich hänge unheimlich am Leben, sonst würde ich nicht zäh darum kämpfen. Ich liebe das Leben. Jeder Tag, der mir geschenkt wird, ist für mich ein schöner Tag.» Und sie erzählt in der gefilmten Gesprächsgruppe: «Bevor ich das erste Mal operiert wurde, war ich unwahrscheinlich belastet. Ich hatte keine Fähigkeit mehr, mich richtig zu freuen. Und ich lebte nur noch so dahin. Und vielleicht war auch fast eine gewisse Krankheitsbereitschaft da. Und jetzt habe ich einen gewissen Prozeß durchgemacht und glaube, manchmal habe ich mehr Lebensmut oder sogar Lebensfreude als vorher.» [22]

Der Kameramann, der die Gesprächsgruppe für den Fernsehfilm aufnahm, sagte anschließend in einem Interview: «Ich fand ganz erstaunlich, in welcher Art diese Menschen miteinander umgingen. Sie vermittelten durchaus nicht den Eindruck, daß es sich hier um schwerkranke Menschen handelt, sondern um Menschen, die – jeder für sich – so eine neue Lebensphilosophie geschaffen haben.»

Diese neue Lebensstimmung der Erkrankten, die sich in mehr Unbeschwertheit, Fröhlichkeit und Optimismus äußert, setzt Lebenskräfte frei, die die ungünstigen Auswirkungen der Krankheit mindern. Sie empfinden sich zunehmend als innerlich stark. Sie sind zuversichtlicher. Sie verleugnen nichts, lassen zu, aber verlieren sich nicht mehr in ihrer Krankheit. Das Gefühl, wieder zu leben, ist stärker als das Gefühl, krank zu sein. Ich erinnere mich an eine eigene ermutigende Erfahrung. Ein viertel Jahr nach meiner Brustamputation las ich in einer Illustrierten eine Statistik über die Rückfälligkeit brustamputierter Frauen. Erst später wurde mir bewußt, daß ich selbst eine Betroffene war. Für mich war das ein Zeichen: Ich zählte mich nicht mehr zu den Kranken, sondern fühlte mich gesund.

Mir wurde deutlich, daß jedem Kranken ein großer Spielraum bleibt, in dem er etwas für seine seelische Gesundheit tun kann. Der fünfundzwanzigjährige Rolf berichtet: «Bei mir setzte eine unheimliche Lebensenergie ein. Ich hatte das Gefühl, daß man mir mein Leben wiedergeschenkt hat – eine Wiedergeburt eigentlich.»

«Ich fühle mich erfüllt von innerer Lebendigkeit.» «Ich fühle jetzt intensiver und erfasse anders», berichtet ein Schwererkrankter wenige Monate vor seinem Tod. «Daß das vorherige Leben so dahingerast ist, daß ich es doch mehr traumhaft gelebt habe ... Ich bin jetzt bemüht, den Augenblick intensiver zu erfassen.»

Für viele «verdichtet» sich das Leben. Die Zeitspanne, die ihnen bleibt, erleben sie bewußter, ihre Zeitrechnung ist eine andere. Achtzehnjährige: «Ich lebe mehr den Augenblick.» Ärztin: «Ich lerne, den jetzigen Tag zu erleben.» Lehrerin: «Ich glaube, ich kann mich jetzt intensiver über einen Augenblick freuen.» Diese Menschen denken nicht in Monaten oder Jahren, sondern in Augenblicken oder Tagen. Die Bedeutsamkeit ihrer Zeit ist ihnen bewußt geworden. Sie ist ihnen kostbar.

Manche sprechen offen aus, daß sie durch die Krankheit erst «richtig leben» gelernt haben. Die fünfzigjährige Angestellte Grete: «Ich glaube, es gibt wirklich positive Dinge an dieser Krankheit: daß man das Leben mit anderen Augen ansieht: daß es nicht mehr selbstverständlich ist, wenn man die Vögel singen hört und die Blumen blühen sieht. Man lebt intensiver, freut sich viel mehr über Kleinigkeiten.» Häufig entdecken die Erkrankten die Natur wieder. Sie steuern nicht mehr auf ein fernes Lebensziel zu, ohne die Schönheiten wahrzunehmen und sich durch sie beschenkt zu fühlen. Ihr Ziel ist jetzt der Weg selbst, ein Stück Lebensweg. Sie möchten nicht mehr «einfach so den Tag vorbeileben lassen». Sie hetzen nicht mehr durch das Leben, sind nicht mehr Spielball anderer, sondern spielen selber den Ball in ihrem Leben: bewußt und intensiv.

Manche Erkrankte ziehen die Bilanz ihres Lebens: «Ich habe gedacht: Was hast du eigentlich früher gemacht? Du bist aufgestanden, zur Arbeit gegangen, abends Haushalt, noch alles schnell, schnell – immer das gleiche. Und jetzt habe ich Zeit. Jetzt darf ich nicht mehr arbeiten. Da sind mir einige Sachen eingefallen, die ich machen kann. Und ich dachte: Eigentlich hast du vorher ein trauriges Leben geführt.» [50] Doris vergleicht ihr Leben mit dem anderer und kommt zu dem Schluß: «Ich lebe an und für sich ganz gut und bin zufrieden mit meinem Dasein. Das finde ich ganz wichtig. Ich kenne so viele Leute, die gesund sind, und was die aus ihrem Leben machen, das ist wirklich traurig. Die beharken sich gegenseitig und haben andauernd Krach und sonst was. Und sie machen sich Sorgen um Dinge, wo ich dann wirklich nur sagen kann: ‹Na und?›» [22]

Ich freue mich mit diesen Menschen über ihre innere Entwicklung. Zugleich macht mich der Gedanke traurig, daß erst eine so schwere Krankheit sie dazu gebracht hat, bewußter zu leben, sich mehr an ihrem Leben zu erfreuen, sich neu zu orientieren und Wichtiges von Unwichtigem zu unterscheiden, sich der Lebendigkeit in ihnen bewußt zu werden.

Die fünfunddreißigjährige Hella sagt wenige Wochen vor ihrem Tod: «Mein Kriterium ist, ob ich mich innerlich lebendig fühle. Denn wir haben ja keinen absoluten Wegweiser. Irgendwo muß man ja für sich auch überprüfen können, daß man auf dem richtigen Weg ist – und unter Umständen auch mal den Kurs korrigieren ... Es geht auch immer nur stückweise, nicht zu langfristig.» Rückblickend erzählt Hella: «Hätte ich die Diagnose nicht, mein Leben wäre leerer. So hätte ich nicht weiterleben mögen. Manche schaffen das eben auch ohne eine schwerwiegende Krankheit. Sie war für mich eine Vorbereitung gleichermaßen auf den Tod oder auf ein neues Leben. Das ist bei mir völlig parallel gelaufen. Und was mich eigentlich so gern hat leben lassen, das war meine Bereitschaft und meine Freude am Leben überhaupt – daß ich immer noch wieder was Neues dazulernen kann und dadurch immer wieder meine innere Lebendigkeit spüre.»

Ich habe viele Kranke kennengelernt, die sich bemühen, in eine intensive, offene Auseinandersetzung mit ihren persönlichen Erlebnissen zu treten, die lernen, ihre wahre Person zu erkennen und zu leben. Sie sind sich selbst sehr wichtig geworden.

Selbstverantwortlich für sich sorgen

«Die Harmonie von Seele und Geist, die ich in mir empfinde, wirkt sich sehr positiv auf meinen Körper aus. Zwar nimmt sie mir nicht meine Schmerzen, aber sie ermöglicht mir eine andere Form des Erduldens, des Erleidens.» Mir selbst und anderen Krebspatienten aus unseren Gesprächsgruppen ist klar geworden, daß wir die Möglichkeit haben, durch unsere Seele günstig auf unser Körperbefinden einzuwirken. Das habe ich bei meiner ersten Infusion der Chemo-Therapie erfahren. Ich hatte das vorbeugende Mittel gegen Übelkeit abgelehnt. Statt dessen stellte ich mich innerlich darauf ein, daß die in meine Vene eintropfende Flüssigkeit helfen würde, die Krebszellen in meinem Körper abzutöten. Ich lag während der Infusion entspannt im Bett und konzentrierte meine ganze Aufmerksamkeit auf diese Vorstellung. Das Gefühl der Übelkeit, das die Ärzte angekündigt hatten, blieb aus. Für solche Einwirkungen psychischer Kräfte auf den Körper gibt es viele Beispiele. Die neunzehnjährige Roswitha berichtet: «Ich habe an mir entdeckt, daß ich mehr Schmerzen habe, wenn ich schlechte Laune oder Ärger gehabt habe. Wenn ich dagegen etwas Schönes vorhabe oder mich über etwas freue, sind die Schmerzen fast weg.» Auch Karen erfährt, daß sie mit einer positiven seelischen und geistigen Einstellung ihre körperlichen Beschwerden eher ertragen kann. «Die Harmonie von Seele und Geist, die ich in mir empfinde, wirkt sich sehr positiv auf meinen Körper aus. Zwar nimmt sie mir nicht meine Schmerzen, aber sie ermöglicht mir eine andere Form des Erduldens, des Erleidens. Meine Seele hat einen Heilungsprozeß erfahren. Dadurch hat auch mein Körper die allergrößte Chance, gesunder zu werden. Meine Seele ist geistige Kraft, sie ist stärker als mein physischer Körper. Es wäre für mich überhaupt nicht hilfreich, wenn jetzt mein Körper stark, vital und kraftvoll wird und meine Seele schwach. Das würde ich mir nicht mehr wünschen. Die geistige Kraft kann den Körper durchdringen und beleben. Da-

durch entsteht eine andere Art von Kraft, den Schmerz zu ertragen. Ich weiß jetzt, daß diese Krankheit gut für mich ist, für meinen Weg, für den Weg meiner Seele.» Karen erlebt sich trotz körperlicher Beschwerden als seelisch gesund.

Roswitha und Karen haben an sich selbst erfahren, daß Gesundheit ganzheitlich ist. Seelische und körperliche Vorgänge hängen häufig zusammen und können sich gegenseitig beeinflussen. Ich denke, dies könnte in der Medizin noch stärker berücksichtigt werden. Für mich wird immer wichtiger, anstelle von Wissen «Weisheit» zu setzen, mehr auch meiner Intuition zu vertrauen und nicht nur sogenannten Fakten, mehr Kontakt aufzunehmen zu meiner inneren Welt und nicht nur zur äußeren. Ich erlebe bei mir, daß ich mich bei diesem Weg nach innen wohler, gesunder fühle und daß die körperliche Erkrankung an Bedeutung verliert.

«Ich bin der Krankheit nicht mehr so furchtbar ausgeliefert, sondern tue aktiv etwas für mich.» «Es ist so ungeheuerlich, was Körper, Kopf und Seele da plötzlich zu tun bekommen», schreibt mir eine Fünfundsechzigjährige, deren Krebsoperation fünfzehn Jahre zurückliegt. Ich weiß von ihr, daß sie viel dafür getan hat, um sich gesund zu erhalten. Sie hat sich nicht durch Einnehmen von Tabletten in eine passive Rolle drängen lassen, sondern war bereit, sich eigene Aktivitäten abzuverlangen – was zweifellos zunächst beschwerlicher ist. Mir fällt dazu die Geschichte jenes Mannes ein, der seinen Haustürschlüssel verloren hat. Er sucht ihn nicht dort, wo er ihn verloren hat – nämlich *im* Haus –, sondern draußen vor der Tür, weil es dort heller ist. Wir sind nur allzugern bereit, den «Schlüssel» für unsere Schwierigkeiten außerhalb unseres Selbst zu suchen, dort, wo es hell und wo die Suche bequem ist. Aber der wirkliche «Schlüssel» liegt oft in uns selbst, in unserer Kraft, mit der wir bei unserer Heilung aktiv und verantwortlich mitwirken. Nach Monaten der seelischen Betäubung und des Schocks wird vielen erst bewußt, «daß man selber was machen kann». Ich selbst hatte für mich die klare

Entscheidung getroffen, Aktivitäten für und nicht gegen mein Leben zu entwickeln. Es ging mir darum, mein seelisches und körperliches Wohlbefinden zu fördern. Ich wollte alle meine Energien für die Heilung einsetzen.

In vielen Gesprächen mit Krebskranken habe ich den Eindruck gewonnen, daß manche gar nicht so sicher sind, ob sie weiterleben möchten. Eine fünfundvierzigjährige Mutter zweier Kinder berichtet: «Ich hatte mich aufgegeben. Ich wollte nur noch so lange leben, bis die Kinder groß sind, selbständig. Erst jetzt, wo ich wieder mehr Vertrauen zu mir selbst gefunden habe, bin ich überhaupt fähig, wirklich etwas für mich zu tun.» Die Rückbesinnung auf die eigenen inneren Kräfte ermöglicht Krebspatienten das Gefühl, aktiv an ihrer Gesundung mitwirken zu können. «Ich bin dem nicht mehr so furchtbar ausgeliefert, sondern tue etwas für mich. Ich bin mir zwar irgendwo darüber im klaren, daß man nur bedingt etwas tun kann gegen diese Erkrankung, denn ich bin ja kein Träumer. Aber in den ersten Jahren habe ich das alles auf mich zukommen lassen und habe immer von einem Knoten auf den anderen gewartet. Das waren ganz schwierige Zeiten für mich. Da war ich nicht ich selbst», sagt Doris, die seit zehn Jahren mit Krebs lebt.

Doch gibt es kein für alle gültiges Rezept für die Aktivierung der inneren Selbstheilungskräfte. Hier muß jeder seine persönlichen Fähigkeiten entdecken, muß für sich herausfinden, was sein Leben aktiviert, harmonisiert und verschönert – und damit auch verlängert.

Die meisten Krebspatienten in unseren Gruppen waren erst nach etwa drei Monaten der Gespräche fähig, mehr als bisher verantwortlich für sich selbst zu sorgen. Erst nach intensiver Auseinandersetzung mit sich selbst gelang es ihnen, ihre Neigung zu bestimmten Aktivitäten zu entdecken und zu verwirklichen. Es waren meist ganz alltägliche Handlungen – vor allem solche, zu denen sie andere Menschen brauchten: Zeit mit Freunden zu verbringen, jemandem ein Geschenk zu machen, zu anderen zärtlich zu sein, neue Bekanntschaften zu machen. [6]

«Ich habe erfahren, daß es noch mehr Möglichkeiten für mich gibt als nur die übliche Medizin.» Menschen, die sich stärker auf sich selbst besinnen und ihre seelischen Kräfte spüren, erfahren häufig, daß die medizinischen Behandlungsmöglichkeiten nicht mehr ihr einziger Rettungsanker sind. Sie sehen deutlich die Begrenztheit mancher medizinischer Methoden oder die Beeinträchtigungen, die sie durch sie erfahren: «Ich habe erfahren, daß es noch mehr Möglichkeiten für mich gibt, als nur die übliche Medizin.» Ich bin vielen Krebspatienten begegnet, bei denen die Zweifel an der positiven Wirkung der traditionellen medizinischen Methoden immer stärker werden. Ein dreißigjähriger Lehrer: «Ich werde mich künftig weigern, sehr störend in meinem Körper eingreifen zu lassen. Ich hab das mit meiner Frau besprochen. Wir sind uns da einig. Ich will lieber selber nach andersartigen Heilungsmöglichkeiten suchen. Sie sind nicht so öde und steril wie die medizinischen Methoden. Sie setzen die innere Kraft des Menschen zur Heilung ein. Ich glaube, das ist mein Ärger an der Medizin, daß diese innere Kraft nicht genutzt wird.»

Es erscheint mir sehr wichtig, daß sich insbesondere Kranke um ihren Körper aktiv kümmern, daß sie eine liebevolle Beziehung zu ihrem Körper eingehen. Bis zu meiner Krebserkrankung stand ich selbst in einer Zweckbeziehung zu meinem Körper: Er hatte zu funktionieren und sich den Plänen meines Verstandes und den Stimmungen meiner Seele unterzuordnen. Nun stand er auf einmal im Mittelpunkt. Seine Existenz, seine Gesundheit waren mir kostbar geworden. Ich spürte: wenn ich mich nicht in liebevoller Weise um ihn bemühte, ihn nicht liebte, so wie er war, konnte ich ihm nicht von innen heraus Heilung ermöglichen. Im Laufe von Monaten lernte ich, Signale meines Körpers zu hören, und machte die Erfahrung, daß eine unglaubliche Weisheit in ihm steckte: Er gab mir Signale, durch die er mir mitteilte, wann er sich überlastet fühlte, was er wirklich brauchte, wonach er sich sehnte, wann er sich wohl fühlte. Die Vorstellung, daß ich einen kranken Körper hatte, der in Unordnung geraten war, verblaßte immer mehr angesichts der Erfahrung, daß er mir viele sinnvolle, «weise» Zeichen gab, damit ich meine geistigen und seelischen Aktivitäten auf seine Bedürfnisse abstimmte, so daß Körper, Seele und Geist in Einklang miteinander lebten. Ich gab jetzt meinem Körper, was er brauchte: eine andere Ernährung, Atemübungen, Laufen, Hatha-Yoga und Meditation. Ich lernte, auf meinen Körper zu hören, ihn zu verstehen, offen für seine Regungen zu sein und für ihn zu sorgen.

Ähnlich erging es auch den Krebspatienten in unseren Gesprächsgruppen, nachdem sie sich seelisch wieder wohler fühlten. Ich möchte im folgenden kurz die fürsorglichen Aktivitäten ansprechen, die Krebspatienten aufgrund eigener Erfahrung empfehlen:

o *Dem Körper Ruhe und liebevolle Zuwendung geben*: Neunzehnjährige: «Ich habe gelernt, hinzuhören, was mein Körper will, was er braucht. Ich bin sensibler geworden für Körpersignale, wie zum Beispiel Schwitzen oder Ermüdungserscheinungen. Ich kann mir dann Ruhe gönnen oder einfach mal abschalten.» [5] Die neunundfünfzigjährige Dänin Tytte Botfeldt berichtet in der Fernsehsendung: *«Aufs Sterben freu ich mich»*: «Es ist ganz phantastisch, wie man eine Zusammenarbeit mit dem Körper bekommen kann, wenn man ihm zuhören will. Und das tue ich gerne! Unser Hausarzt hat mich gelehrt, daß – wenn es todesweh tut im Bauch –, daß es reicht, mit zwei Fingern so ein bißchen zu reiben. Ich habe so vielerlei Sachen gelernt, wie man seinem Körper zuhören soll. Er erzählt so vieles, was getan werden soll und was nicht getan werden soll.» [49] – Eine vierundfünfzigjährige Hausfrau: «Und dann fahre ich mal so oberflächlich über meinen Körper – als ob ich ihn streichle und sagen wollte: ‹Nun mach mal wieder.›»

o *Ernährung*: Eine Woche nachdem ich aus dem Krankenhaus entlassen war, besuchte mich eine andere Krebspatientin. Sie brachte mir Fruchtzucker, Sanoghurt und das Buch *«Die interne Krebstherapie und die Ernährung des Krebskranken»* von Prof. Zabel [54] mit. Sie hat mich angeregt, meine Ernährung umzustellen: Kein Industriezucker, sondern Fruchtzucker, möglichst Honig – Naturreis – dunkles Mehl – teinfreien Tee – koffeinfreien Kaffee – Sechskornmüsli – kaum Fleisch, statt dessen Soja-Produkte – möglichst unbehandeltes Obst und Gemüse. Meine Familie hat mir diese Umstellung erleichtert: Sie hat sich auf die neue Ernährungsweise eingestellt. Auch unsere Gäste trinken inzwischen gern unseren teinfreien Tee oder Obst- und Gemüsesäfte statt Alkohol.

Ein Krebspatient berichtet: «Meine Krankheit hat mich endlich dazu gebracht, das Rauchen aufzugeben. Meine Frau hat mir zuliebe auch aufgehört.»

o *Sport und körperliche Betätigung:* «Für meine gesundheitliche Stärkung», berichtet Matthias, «kann ich schon ein bißchen was tun, indem ich einfach meine allgemeine Konstitution stärke, indem ich etwas Sport treibe, dadurch widerstandsfähiger werde, abwehrfähiger. Und ich glaube schon, daß das ein wesentlicher Faktor ist. Denn auch ein Rückfall in der Erkrankung würde wahrscheinlich eher eintreten, wenn ich körperlich besonders geschwächt bin. Der Körper kann sich ja doch in gewissen Grenzen immer noch wehren gegen die Erkrankung.»

o *Atemübungen:* Durch einfache Atemübungen bei einer Atemtherapeutin können muskuläre Verspannungen gelöst werden. Auch ein durch Ängste und Schmerzen verflachtes Atmen wird wieder tiefer und voller. Der Erkrankte kann lernen, seine Schmerzen herauszuatmen oder in Konzentrationsübungen den Atem zu den kranken Körperpartien zu lenken, die dadurch besser durchblutet und deutlich spürbar erwärmt werden. Mittels derartiger Vorstellungen können weitere körperliche Vorgänge positiv beeinflußt werden. [29, 53] «Ich spüre, wie die Atemtherapeutin durch das Auflegen ihrer Hände an bestimmten Stellen meines Körpers Atemräume in mir erschließt. Bisher stand mein Körper immer nur unter Leistung. Jetzt, durch das tiefere Atmen im Bauch und auch im Becken, fühle ich mich mehr eins mit meinem Körper, fühle mich lebendiger, spüre Wärme, Schwerelosigkeit. Ich habe einfach mehr innere Kraft und bin entspann-

ter.» Eine achtzigjährige Krebskranke: «Es ist so, daß ich früher
nicht meinen Körper empfunden habe. Heute bin ich durch die
Atemarbeit mit meinen einzelnen Organen so verbunden, daß
ich mit ihnen rede. Und ich bekomme Antwort durch ein Gefühl
des Ja-Sagens oder durch ein Nicht-Sagen. Und dann weiß ich
auch, woran das liegt. Ich bin sehr glücklich darüber.»

○ *Autogenes Training:* Durch bestimmte Übungen kommt es zu
einer tiefen Entspannung des Körpers. Hierdurch entsteht das
Gefühl, die eigenen Körpervorgänge bewußt beeinflussen zu
können. [41] «Ich mache es mit dem Autogenen Training so, daß
ich mir ganz einfach sage, daß ich ruhig bin, daß es mir gut geht,
daß ich nicht krank bin. Und das hilft.»

○ *Hatha-Yoga:* Bei dieser Art von Yoga handelt es sich nicht um
ein Training der körperlichen Leistungsfähigkeit oder um akro-
batische Körperstellungen, sondern um langsame meditative
Übungen mit dem Körper, durch die feinere Körperenergien
freigesetzt werden. Dies kann zu seelischer und körperlicher
Entspannung führen, zu gefühlsmäßiger Erfahrung und Akzep-
tierung des eigenen Körpers. [16,28] «Beim Yoga erfahre ich
zum erstenmal in meinem Leben, daß ich behutsam und zart mit
meinem Körper umgehen muß. Ich habe ihn bisher behandelt
wie ein Auto: Er mußte gewaschen werden, er mußte quasi ein
bißchen ernährt werden... Der Körper hatte immer zu funktionieren. Daß er auch eine Seele hat, daß er also behutsam und zart
von mir behandelt werden muß, daß ich ihm Zeit widmen sollte,
das erfahre ich erst jetzt.»

○ *Meditation:* Dies ist eine Übung, die uns dabei hilft, von belastenden Gedanken und Gefühlen Abstand zu gewinnen. In ein-
fachster Form kann dies geschehen, indem wir immer wieder ein
bestimmtes Wort, ein sogenanntes Mantra, sprechen oder uns
auf einen bestimmten Gegenstand konzentrieren. Auch können
wir versuchen, unser Bewußtsein von Gedanken freizuhalten.
Immer, wenn sie in das Bewußtsein treten, werden wir ihrer ge-
wahr, und wir machen allmählich die Erfahrung, daß die Gedanken nichts Bleibendes sind. Mehr und mehr spüren wir Ruhe,

Freude und innere Harmonie. Dies wirkt sich auch auf das Befinden nach der Meditation aus: Wir sind den beunruhigenden Gedanken und Gefühlen nicht mehr so verhaftet, wir hängen ihnen nicht mehr so nach, wir werden innerlich freier und ruhiger. Wir können eher das Gefängnis unserer Sorgen und Gedanken verlassen und reagieren mit größerer innerer Ruhe und Gelassenheit auf äußere Erfahrungen.

Eine Kranke in den Sechzigern, die seit Jahren bettlägerig ist, berichtet von ihrer Art der Meditation: «Ich mache Spaziergänge. Nicht jeder Spaziergang ist gleich. Sie sind sehr unterschiedlich. Ich kenne schon den Wald, in dem ich spazierengehe. Ich höre die Vögel singen, rieche die Blumen, spüre den Wind und die Sonnenstrahlen auf dem Gesicht. Es ist ein sehr schöner Wald. Die Luft ist sehr rein und klar. Ich fühle mich dann tief erholt – ich glaube, erholter, als wenn ich wirklich in einem Wald irgendwo da draußen spazierengegangen wäre.» – Eine zweiunddreißigjährige Malerin schreibt mir: «Ich erfahre in der Meditation Wachheit und Aufmerksamkeit dem jeweiligen Augenblick gegenüber und das Gefühl: Ich bin da, und dieser Baum dort ist da, und das ist gut, dazusein, sich eins zu fühlen mit allem, was da ist, gleichzeitig als Ganzes und als einzelnes, etwas, was ich als Kind ein- oder zweimal erlebt habe.»

Die Vielfalt der von den Krebspatienten geschilderten Aktivitäten reicht von der bewußten Zuwendung zum Körper und sportlichen Aktivitäten über die Erschließung von inneren Atemräumen bis hin zur Meditation. Diese Menschen spüren: «Ich selbst kann etwas für mich in meiner Krankheit tun, indem ich anders mit mir lebe.»

«Ich fühle mich körperlich deutlich wohler nach der Übung mit der entspannten Visualisierung.» Wenige Monate nach meiner Brustamputation schickten mir amerikanische Freunde das Buch *«Getting Well Again»* (*«Wieder gesund werden»*) [43] von dem Arzt Carl O. Simonton und seiner Frau, einer Psychologin. Über die medizinische Behandlung hinaus bietet dieses Ehepaar Krebs-

patienten Übungen an, durch die sie lernen, ihre Krankheit mittels seelischer Kräfte positiv zu beeinflussen und ungünstige seelische Auswirkungen zu lindern. Die Patienten stellen sich in entspanntem Zustand bildlich die Vorgänge in ihrem Körper vor, insbesondere die Aktivität ihrer weißen Blutkörperchen gegen die Krebszellen – mit dem Ziel, durch diese Visualisierung die Heilung zu begünstigen. Die Simontons geben ihren Patienten eine Anleitung zu weiteren Übungen auf einer Cassette mit nach Hause. Den Patienten wird empfohlen, dreimal täglich den fünfzehnminütigen Cassettentext in entspanntem Zustand zu hören. Ich selbst habe ein Jahr lang intensiv nach dieser Anleitung der Simontons die entspannte Visualisierung durchgeführt. Ich habe deutlich erfahren, daß ich mich durch diese Übung mit mir selbst und meiner Krankheit wohler fühlte. Ich hatte das Gefühl, im Krankheitsgeschehen eine aktive Rolle spielen zu können, und fühlte mich der Krankheit gegenüber nicht mehr so ausgeliefert. Als besonders hilfreich erlebe ich die Übung, wenn ich eine innere Unzufriedenheit spüre, wenn ich mich gestresst fühle oder wenn irgend etwas in mir nicht ausbalanciert ist. Ähnliche Ergebnisse erbrachten auch die Untersuchungen der Simontons: Unabhängig von Art und Schwere der Krebserkrankung wurde die seelische Lebensqualität der Krebspatienten, die diese Übung regelmäßig durchführten, erheblich verbessert. [44] Wer möchte, kann den folgenden Text langsam auf eine Cassette sprechen oder sprechen lassen und durch tägliches Hören seine Gesundheit zu verbessern suchen.

Anweisungstext zur Entspannung und Visualisierung bei Krebserkrankung [43]

Ziehe dich in ein stilles Zimmer mit gedämpftem Licht zurück. Sorge dafür, daß du nicht gestört bist. Setz dich in einen bequemen Stuhl, stelle die Füße flach auf den Boden, schließe die Augen.

Rufe dir ins Bewußtsein, daß du atmest.

Atme ein paarmal tief ein, und jedesmal, wenn du ausatmest, sprich im Geist das Wort «Entspanne».

Konzentriere dich auf dein Gesicht und spüre die Spannung in Gesichts-

und Augenmuskulatur. Stelle dir diese Spannung bildlich vor – als Seil mit einem Knoten oder als geballte Faust –, und dann stelle dir weiter bildlich vor, wie sie lockerer und lockerer werden, bis sie einem schlaffen Gummiband oder einem leeren Handschuh gleichen.

Fühle, wie sich dein Gesicht und deine Augen entspannen. Fühle, wie die Entspannung sich wie eine Welle über deinen Körper ausbreitet.

Presse die Augenlider fest aufeinander und spanne dabei deine Gesichtsmuskeln, nun lasse sie wieder locker. Jetzt spüre, wie sich die Entspannung deinem ganzen Körper mitteilt.

Nun gleite langsam Stück für Stück deinen Körper entlang – Kiefern, Hals, Schultern, Rücken, Ober- und Unterarme, Hände, Brust, Unterleib, Waden, Füße –, bis jeder Körperteil völlig entspannt ist. Stelle dir jedesmal die Spannung bildlich vor. Und stelle dir vor, wie sie sich langsam löst. Nun bist du entspannt.

Nun stelle dir vor, du befindest dich in einer schönen Gegend – wo immer es dir gefällt. Male dir in deiner Vorstellung alle Einzelheiten von Farbe, Klang und Struktur dieser Landschaft aus.

Fahre damit fort und sieh dich selbst, völlig gelöst, an diesem schönen Ort, zwei bis drei Minuten lang.

Jetzt stelle dir den Krebs entweder in realistischer oder symbolischer Gestalt vor. Denke daran, daß der Krebs aus schwachen, ungeordneten Zellen besteht. Erinnere dich daran, daß unser Körper im Lauf unseres Lebens krebsige Zellen zu Tausenden zerstört. Während du dir den Krebs bildlich vorstellst, mache dir klar, daß du dein körpereigenes Abwehrsystem stärken mußt, wenn du wieder gesund werden willst.

Machst du zur Zeit eine medizinische Therapie gegen Krebs durch, so stelle dir auf deine Weise vor, wie die Mittel in deinen Körper eindringen. Wirst du mit Strahlen behandelt, stelle dir einen Strahl aus Millionen von Energiekügelchen vor, die jede Zelle auf ihrem Weg vernichtet. Normale Zellen sind imstande, den ihnen zugefügten Schaden zu reparieren, doch die krebsigen Zellen nicht, da sie schwach sind. (Dies ist einer der fundamentalen Fakten, auf denen die Strahlentherapie basiert.) Wirst du mit Chemo-Therapie behandelt, dann stelle dir vor, wie das Medikament in deinen Körper und deine Blutbahnen eindringt. Stelle dir das Medikament als giftig vor. Die normalen Zellen sind intelligent und stark und nehmen das Gift nicht so bereitwillig auf. Doch die Krebszelle ist schwach, und so ist sie leicht umzubringen. Sie absorbiert das Gift, stirbt ab und wird aus dem Körper hinausgeschwemmt.

Stelle dir bildlich vor, wie sich deine weißen Blutkörperchen in jene Körperzone begeben, wo sich Krebs gebildet hat, wie sie die anomalen Zellen entdecken und sie zerstören – und ein riesiges Heer von weißen Blutkörperchen. Sie sind sehr stark und angriffslustig. Sie sind auch gewitzt. Die

Krebszellen können mit ihnen nicht konkurrieren; die weißen gewinnen die Schlacht.

Stelle dir bildlich vor, wie der Krebs schrumpft. Sieh es vor dir, wie die abgestorbenen Zellen von den weißen Blutkörperchen fortgetragen und durch Leber und Nieren aus dem Körper gespült und mit Urin und Stuhl hinaustransportiert werden. – Stelle dir den schrumpfenden Krebs so lange vor, bis er völlig verschwunden ist.

Sieh dich jetzt selbst, mit mehr Energie und größerem Wohlgefühl. Du fühlst dich im Kreis der Familie geliebt und geborgen, während der Krebs schrumpft und schrumpft und schließlich verschwindet.

Leidest du an irgendwelchen körperlichen Schmerzen, dann stelle dir vor, wie das Heer der weißen Blutkörperchen an jene Stelle strömt und den Schmerz besänftigt. Welches Problem dir auch zusetzen mag, erteile deinem Körper den Befehl, sich selbst zu heilen. Stelle es dir bildlich vor, wie dein Körper gesund wird.

Sieh dich selber von Leiden befreit, voll Energie und gesund.

Stelle dir bildlich vor, wie du deine Lebensziele erreichst, daß es deinen Familienangehörigen gutgeht, daß sich die Beziehungen zu den Menschen in deiner Umgebung vertiefen. Denke daran: Wenn zwingende Gründe es erfordern, daß du gesund sein mußt, dann fühlst du dich auch gesund. Nutze daher diese Minuten, um zu klären, was dir in deinem Leben wirklich wichtig ist.

Klopfe dir im Geist lobend für deine persönliche Mitarbeit bei deiner Heilung auf die Schulter.

Lockere jetzt deine Augenlider und werde dir wieder bewußt, daß du dich in deinem Zimmer befindest.

Nun öffne die Augen. Du bist wieder einsatzbereit und kannst deine gewohnte Tätigkeit aufnehmen.

Mache dir keine Sorgen, wenn du nicht imstande bist, Bilder zu «sehen». Es genügt, wenn du sie zu «spüren» oder zu «denken» oder dir «einzubilden» vermagst. Und sollten deine Gedanken während der Übung abschweifen, dann fange sie dir das nächste Mal sanft wieder ein, ohne zu streng mit dir selbst ins Gericht zu gehen.

Leser dieses Buches, die nicht krebskrank sind, können diese entspannte Visualisierung zur Bewältigung ihrer Krankheiten oder Schmerzen einsetzen, indem sie sich statt der Krebserkrankung ihre eigene Krankheit, die medizinische Therapie, die sie erhalten, und ihre körpereigenen Abwehrvorgänge und natürlichen Heilprozesse bildlich vorstellen. Wenn Sie zum Beispiel an einem Magengeschwür leiden, könnten Sie sich die Erkrankung als eine kraterförmige offene Wunde an der Innenwand Ihres Magens oder Darms vorstellen. Die Therapie können Sie als ein die ganze Stelle bedeckendes Heilmittel visualisieren, das die überschüssige Säure neutralisiert und das Geschwür besänftigt. Nun stellen Sie sich vor, wie normale Zellen eindringen, sich verdoppeln und sich immer weiter teilen und die offene Wunde schließen. Stellen Sie sich vor, daß die weißen Blutkörperchen die Fläche von allen Schlacken säubern, so daß die Magenwände wieder rosa und gesund aussehen.

Leiden Sie zum Beispiel an Arthritis, stellen Sie sich zunächst ihre schmerzenden, an der Oberfläche mit kleinen Körnern bedeckten Gelenke vor. Dann sehen sie ihre weißen Blutkörperchen heranmarschieren. Sie räumen mit allen Schlacken auf, sammeln Körnchen ein und glätten die Gelenkoberfläche. Danach sehen Sie sich selbst voller Aktivität; Sie tun, was Sie tun möchten, und fühlen sich freier von Gelenkschmerzen.

In meiner Begeisterung über die positiven Auswirkungen der Simonton-Übung habe ich einigen Krebspatienten eine Kopie meiner Übungscassette zugeschickt. Die meisten teilten mir mit, daß sie das Arbeiten mit der Cassette als wesentliche seelische Hilfe erfahren haben. Allerdings haben mir auch einige wenige von Schwierigkeiten berichtet. Rudolph zum Beispiel, der seine Krankheit verschweigt, konnte sich zwar entspannen, doch sobald er sich die Krebszellen in seinem Körper vorstellen sollte, verkrampfte er sich. «Ich bin da auf eine Grenze bei mir gestoßen. Es hat irgendwie meine Fassade bedroht. Wenn ich da weitergegangen wäre, es hätte die Art, wie ich lebe, tief in Frage gestellt.»

In der Tat setzt diese Übung voraus, daß Erkrankte das übermäßige Zellwachstum in ihrem Körper, also die Krankheit Krebs, als vorhanden ohne Angst annehmen können. Die positiven Erfahrungen überwiegen jedoch bei den meisten. Ein zweiundvierzigjähriger Busfahrer berichtet: «Mein ganzes Wesen wurde ruhiger. Das hält über den Tag an bis zum Mittag, wo ich dann die Übung wiederhole. Ich habe wieder ein bißchen Lebensfreude, was ich vorher nicht hatte. Ich hatte vorher überhaupt keine Hoffnung mehr.» Monika, eine neunzehnjährige, an Leukämie erkrankte Schülerin, arbeitet seit anderthalb Jahren dreimal täglich mit der Cassette. Sie schrieb mir: «Ich fühle mich körperlich deutlich wohler nach der Übung mit der entspannten Visualisierung. Ich bin dann wesentlich entspannter und ruhiger. Beeinträchtigungen durch körperliche Symptome, wie Schwindelgefühl, Schmerzen, mangelnde Konzentrationsfähigkeit, sind schwächer, besonders Übelkeit verschwindet fast gänzlich. Entstanden Bilder, in denen ich mich und meine Abwehrkräfte als stark erlebte, so habe ich mich auch *nach* der Übung als stark erlebt, fähig, meine Krankheit zu besiegen. Das mobilisiert Kräfte in mir, mit den alltäglichen Schwierigkeiten erfolgreich umzugehen. Ganz andere Folgen und Auswirkungen hat die Übung dann, wenn ich mir nicht die Bilder vorstellen konnte, die eine positive Einstellung zu meiner Heilung ausdrückten. Eine Möglichkeit, zu verhindern, daß negative Bilder nachwirken, ist für mich, sie nicht zu verdrängen. Vielmehr versuche ich dann in der nächsten Übung, diese Bilder immer wieder entstehen zu lassen. Und ich merke dabei, wie sie sich langsam verändern oder auflösen. Ich werde auch in Zukunft mit der Cassette arbeiten und kann anderen Menschen mit ähnlichen Schwierigkeiten diese Art von Selbsthilfe empfehlen.» Mich hat Monikas Mut sehr beeindruckt, die negativen Vorstellungen nicht wegzudrücken, sondern sich ihnen offen zu stellen, bis sie sich «verändern oder auflösen». In einem späteren Gespräch hörte ich, daß sie inzwischen eine entschiedenere Einstellung gegenüber ihrer Krankheit gefunden hat. Sie will gesund werden, ist nicht mehr «die Komplizin ihrer Krankheit». Vielmehr sucht sie intensiv auch nach weiteren unkonventionellen Hilfen für sich.

«Die Gesprächsgruppe hatte Einfluß darauf, daß ich mich eigentlich nicht krank fühle.»   Was ist eine Gesprächsgruppe? fragten uns die Krebspatienten, als wir ihnen Gruppengespräche anboten. Wir erklärten ihnen: Etwa zwölf Menschen kommen für einen Tag oder einige Stunden wöchentlich zusammen, um über ihre seelischen Nöte und persönlichen Schwierigkeiten zu sprechen. Dieses wird durch ein Klima des gegenseitigen Vertrauens, der Achtung und der Offenheit möglich. Die Psychologischen Gruppenhelfer sind bemüht, jedes Gruppenmitglied in seiner

persönlichen Welt des Fühlens und Empfindens zu verstehen, zu achten und zu akzeptieren. [48] Durch eigenes Offensein fördern sie die Auseinandersetzung der Gruppenmitglieder mit sich selbst, so daß diese für sich selbst und füreinander hilfreich werden: «Unsere Helfer sind sehr einfühlsame Menschen, die sich ehrlich um uns bemühen. Mir hat das sehr gutgetan», meint eine zweiundfünfzigjährige Krebspatientin nach dem sechsten Gruppengespräch. Das Gruppenerlebnis ist eine befreiende und ermutigende Erfahrung für die Teilnehmer: «Dieses Verständnis und Sprechenkönnen und Angehörtwerden – vielleicht war das der Grund, warum ich so gerne zur Gruppe gehe.» – «Ich empfand ein Glücksgefühl, einmal frei über Dinge reden zu können, die sonst tabu sind.» – «Das viele Leid, die durchgemachten Schmerzen während der Krankheit wurden in der Gruppe kleiner, weil jeder das gleiche Los trägt und ohne Scheu darüber reden konnte.»

Solche persönlichen Äußerungen veranschaulichen die im folgenden zusammengefaßten Ergebnisse unserer Nachbefragung: Alle Teilnehmer erlebten derartige Gruppengespräche als förderlich, wenn auch in unterschiedlichem Ausmaß. Sie erlebten bei sich durchschnittlich sechs positive Veränderungen, die sie auf ihre Teilnahme an der Gesprächsgruppe zurückführten: sie fühlten sich mit ihrer eigenen Person wohler, erlebten ihre zwischenmenschlichen Beziehungen als befriedigender, konnten ihre Erkrankung besser akzeptieren, waren optimistischer, unbeschwerter, fühlten sich nicht mehr so allein gelassen. [6]

Die meisten teilnehmenden Krebspatienten haben sich nach der dreimonatigen Gesprächsperiode zu Selbsthilfegruppen zusammengefunden. Es sind auch Initiativen entstanden, Neuerkrankten durch Gespräche oder durch Aufnahme in die Selbsthilfegruppe Hilfe anzubieten. Als sehr hilfreich hat sich die Teilnahme von Angehörigen und Freunden von Krebspatienten an unseren Gruppengesprächen erwiesen.

Doch sind solche, fast ausschließlich aus Krebspatienten bestehenden Gruppen nicht die einzige Möglichkeit, Kranken in ihrer Hoffnungslosigkeit und Isolation zu helfen. Zum Beispiel haben wir auch bei Krebserkrankten, die an den üblichen Gesprächsgruppen unserer psychotherapeutischen Beratungsstelle teilnahmen, günstige Auswirkungen festgestellt. Hier lernen sie Menschen kennen, die seelische Probleme anderer Art zu klären haben. Eine Vierundvierzigjährige berichtet: «Für mich hat sich meine Krankheit relativiert. Mich hat das so bedrückt, daß ein so junger Mensch wie die Barbara in unserer Gruppe, keine achtzehn Jahre alt, schon drei Selbstmordversuche hinter sich hat. Sie will einfach nicht mehr leben. Da hab ich gedacht: Ich hab doch eigentlich schon ein schönes Leben gehabt.»

Für Krebspatienten mit Partnerschaftsproblemen kann es sehr hilfreich sein, wenn sie an einer Paar-Gruppe teilnehmen. Der Ehemann einer verstorbenen Patientin schildert seine Erfahrungen mit einer solchen Gruppe: «Ich denke schon, daß es für unsere Beziehung gut war, noch in der Gruppe gewesen zu sein. Wir haben dreizehn Jahre lang nichts anderes getan als gearbeitet, bis abends um zehn und sonnabends auch noch. Dann kriegt man auf jeden Fall Probleme miteinander. Erst nach der Gruppe wurde uns klar: Wir müssen uns einfach Zeit füreinander nehmen. Dann kam Christels Krankheit. In ihren letzten Lebenswochen sind wir uns so nahe gewesen wie nie zuvor.»

Verstärken sich aufgrund der Krebserkrankung eines Familienmitgliedes die Schwierigkeiten in der Familie, so kann es hilfreich sein, in eine Familiengruppe zu gehen. Wie die anderen Gruppen bietet auch sie die Möglichkeit, sich im Gespräch mit anderen Familien mit den eigenen Schwierigkeiten offen auseinanderzusetzen und sich gemeinsam um Änderungen zu bemühen.

Bei den hier aufgezählten verschiedenartigen Gesprächsgruppen habe ich nur an solche gedacht, die durch einen Psychologischen Helfer gefördert und «geleitet» werden. Doch findet sich eine ständig wachsende Zahl von Menschen auch in Gruppen ohne einen Psychologischen Helfer zusammen, um sich in einem Klima des Vertrauens, der Achtung und der Offenheit mit ihren

persönlichen Schwierigkeiten auseinanderzusetzen. Weltweit
bekannt sind die positiven Wirkungen der Anonymen Alkoholi-
ker-Gruppen, die ohne einen beruflichen Helfer arbeiten. In den
letzten Jahren haben sich aufgrund privater und öffentlicher Initiativen an vielen Orten Selbsthilfegruppen für Krebskranke gebildet.* Leider sind es überwiegend Frauen. Ich hoffe sehr, daß
sich in Zukunft auch noch mehr Männer solchen Gruppen an-
schließen und die Chance wahrnehmen werden, in nahen Kontakt zu sich selbst zu kommen, ihr Fühlen mehr zuzulassen und
sich weiterzuentwickeln. Ich selbst habe immer wieder in Gruppen als Teilnehmerin oder Psychotherapeutische Helferin erfahren, wie wichtig die Entwicklung des gefühlsmäßigen Erlebens
im Menschen ist. Im Laufe unseres Lebens vermindern sich unsere körperlichen, mitunter auch unsere geistigen Fähigkeiten.
Was aber kranken oder alten Menschen erhalten bleiben kann,
ist ihr Gefühlsreichtum, die Sprache ihrer Gefühle. Sie ist, so
habe ich in den Gruppen erfahren, unabhängig vom Alter, vom
Geschlecht, von Religion, Nationalität oder Rasse. Sie ist inter-
national. Menschen können sich auf dieser Ebene verständigen,
auch ohne Worte. Und dieser Prozeß der gefühlsmäßigen Entwicklung wird in Gesprächsgruppen neu belebt. Manche erleben
dies als ihre «zweite Geburt», ihre «seelische Geburt».

Menschen lernen in solchen Gesprächsgruppen nicht nur, auf
andere zuzugehen, sondern vor allen Dingen auch auf sich
selbst. Sie erschließen sich innere Energiequellen. Die stärkste
lindernde und heilende Kraft scheint mir die Liebe zu sein. Diese
Erfahrung habe ich in vielen Gesprächsgruppen gemacht.

*«Als informierter Patient habe ich eine bessere Chance, länger
mit der Krankheit zu leben.»*   Geht ein Erkrankter offen mit
seiner Krankheit um, achtet er sich, versucht er, seine Krankheit
anzunehmen und zu verstehen, sich mit ihr und dem Tod ausein-

---

* Eine Liste mit den bisher bekannten Einrichtungen von Selbsthilfegruppen für Krebserkrankte ist unter folgender Adresse erhältlich: Deutsche
Krebsgesellschaft e. V., Hufelandstraße 55, 4300 Essen.

anderzusetzen, und hat er eine positive Lebenseinstellung gewonnen, dann wird er auch mehr Verantwortung für sich und
seinen Körper übernehmen. Er wird sich nicht passiv fallenlassen oder sich selbst zerstören, sondern aktiv um eine Heilung
bemüht sein, indem er sich äußere Hilfsquellen und seine inneren Energiequellen erschließt. Diesen Patienten gelingt es
mehr und mehr, zwischen für sie heilsamen und schädlichen
Vorgängen zu unterscheiden. Spüren sie, daß ein Arztbesuch
unbefriedigend ist, dann werden sie sich damit beschäftigen,
wie sie ihn künftig befriedigender gestalten können. Zum Beispiel werden sie sich vorher auf einem Zettel notieren, welche
Punkte sie mit dem Arzt besprechen möchten. Ich selbst nehme seit Jahrzehnten bei wichtigen Arztbesuchen einen solchen
Zettel mit. Dem Arzt vermittle ich hierdurch, daß ich vorbereitet zu ihm komme und von ihm als Fachmann Information
und Hilfe wünsche. Auf diesem Zettel stehen nicht nur Fragen, sondern auch Vorschläge. Ich habe erfahren, daß eine
solche Mitarbeit von vielen Ärzten akzeptiert und anerkannt
wird. Wir können uns auch als Patienten gegenüber Ärzten
selbstbestimmt verhalten.

Die vierzigjährige Doris hat achtundzwanzig Operationen
hinter sich. «Ich habe immer alle Knoten selbst entdeckt aufgrund meiner Kenntnisse über diese Erkrankung», berichtet sie.
«Und daher bin ich der Meinung, daß ich als informierter Patient
eine bessere Chance habe, länger mit der Krankheit zu leben.
Aber ich habe mich auch intensiv damit beschäftigt: Ich bin in
die Uni-Bücherei gegangen, habe einen Studenten wegen der Leserkarte bestochen. So wußte ich, daß ich nach der ersten Operation eigentlich nur noch zwei Jahre zu leben hatte.» Und sie rät
den andern Gruppenmitgliedern: «Macht euch Aufzeichnungen, damit ihr nicht die Übersicht verliert. Laßt immer eine Kopie von allen Befunden anfertigen, damit ihr den Überblick behaltet, zum Beispiel wann geröntgt, wann Nachsorgeuntersuchungen durchgeführt, wann bestrahlt, was jeweils festgestellt
wurde. Das ist sonst schwer im nachhinein, wenn du zum ande-

ren Arzt mußt. Dann wirst du gefragt. Und für dich selbst ist es wichtig, daß du informiert bist.» [22]

Der erste Schritt, selbstverantwortlich für sich selbst und seinen Körper zu sorgen, ist, informiert zu sein über die eigene Krankheit und ihre Behandlung. Oft informierten sich die Patienten unserer Gesprächsgruppen auch gegenseitig. «Denn die Leute, die die Krankheit gehabt haben, die können dir alles sagen.» – «Durch Doris habe ich erfahren: Es endet nicht immer nur unter der Erde, man kann auch damit leben.» Bevor ich mich selbst endgültig für die Chemo-Therapie entschloß, habe ich im Krankenhaus um Telefonnummern von derzeitigen Chemo-Therapie-Patienten gebeten. Ich mußte mehrmals fragen, ehe ich endlich die Nummer einer Lehrerin bekam. Sie beantwortete mir sehr bereitwillig meine Fragen. Dieses Gespräch war mir eine große Hilfe.

In der Gesprächsgruppe informieren sich die Patienten auch gegenseitig über die Notwendigkeit, frühzeitig den Antrag auf einen Behindertenausweis, eine Kur oder finanzielle Unterstützung zu stellen. Doris war Ende dreißig, als ihr Hautkrebs entdeckt wurde. In der Gesprächsgruppe berichtet sie, wie sie ihre Situation mit drei kleinen Kindern meisterte: «Ich habe eine Bilanz gezogen: Auf der einen Seite steht meine schwere Erkrankung mit den relativ geringen Chancen, auf der anderen Seite gibt es eine ganze Menge Möglichkeiten, die dir deine Lage irgendwie erleichtern können. Dann habe ich mich ganz genau erkundigt, was es für Möglichkeiten gibt. Ich habe über drei Jahre lang Sozialhilfe in Anspruch genommen. Als ich arbeitsmäßig andauernd Rückschläge hatte, habe ich einen Rentenantrag gestellt und habe mich nach Erholungsmöglichkeiten erkundigt und sie auch teilweise in Anspruch genommen. Diese Auseinandersetzung hat mir das Gefühl gegeben, daß ich meinerseits alles tue, um mir meine Kräfte zu erhalten. Ich habe diese Hilfe mit Selbstverständlichkeit angenommen. Mit der gleichen Selbstverständlichkeit würde ich als gesunder Mensch meine Steuern zahlen. Und als ich das Gefühl hatte, einigermaßen allein zurechtzu-

kommen, habe ich auch freiwillig darauf verzichtet. Beim Be-
zirksamt habe ich gesagt, daß ich das Geld von nun an nicht mehr
haben möchte, da seien wohl andere, die es dringender benötigen.» Ich halte es für sehr wichtig, daß Doris diese Hilfsmöglich-
keiten als «selbstverständlich» annehmen konnte. Ich kenne
Kranke, die eine Scheu haben, soziale Hilfen vom Staat anzunehmen. Sie erleben sich als Almosenempfänger und entwickeln
Schuldgefühle, die ganz unnötig ihre inneren Spannungen erhöhen. Warum fällt es uns so schwer, Hilfe anzunehmen? Wir können ja, wie Doris, bewilligte Gelder zurückgeben, wenn wir sie
nicht mehr benötigen.

Eine wesentliche Hilfe ist meiner Meinung nach auch das
Recht auf angemessene Arbeit, zum Beispiel auf Teilzeitbeschäf-
tigung.

«Ich kann jetzt sicherer Ärzten gegenüber auftreten.» Jeder
zweite Krebspatient verhält sich nach den Gruppenerfahrungen
beherzter, entschiedener und offener hinsichtlich eigener Wünsche und Bedürfnisse den Ärzten und deren Mitarbeitern gegenüber. Sie sagen, daß sie in der Gruppe gelernt haben, «energi-
scher» zu sein und «beim Arztbesuch besser für sich zu sorgen».
Andere Gruppenmitglieder seien ihnen ein Vorbild gewesen,
hätten sie ermuntert und bestärkt. Die allgemeine Offenheit in
der Gruppe und das spontane Zugehen auf andere Menschen hat
die Patienten in der Begegnung mit ihren Ärzten selbstbewußter
werden lassen. Diese Entwicklung wurde durch die Anwesen-
heit von Ärzten in unseren Gruppen gefördert. Beide, Patient
und Arzt, waren hier gleichermaßen Mitglied. «Jetzt frage ich
jedesmal, warum der Arzt mir das Medikament gegeben hat»,
berichtet ein Gruppenmitglied. «Ich habe auch schon mal gesagt: ‹Dann komme ich eben nicht mehr zu Ihnen, wenn ich keine genaue Auskunft kriege.› Früher kam ich nicht so aus mir
heraus. Ich glaube, dieses weiße Mäntelchen des Arztes hat so
eine Atmosphäre geschaffen, daß man ihm nicht widerspricht.
Durch die Gruppengespräche habe ich gelernt, nicht alles so hin-

zunehmen. Ich kann jetzt sicherer Ärzten gegenüber auftreten.»

Doris ist auch schon vor den Gruppenerfahrungen in selbstbestimmter Weise den Ärzten entgegengetreten: «Ich schreibe Protestbriefe. Ich schreibe mir alles von der Seele. Das mache ich seit zehn Jahren. Ich habe immer selber gemerkt, daß etwas bei mir war, und habe denen in der Klinik dann praktisch meine Knoten präsentiert. Wenn ich jetzt hingehe und sage, daß da etwas ist, dann nehmen sie das sehr ernst, weil sie wissen, daß das dann meistens auch stimmt. Insofern kann man durch bestimmtes Auftreten bei den Ärzten etwas erreichen. Ich habe es jedenfalls für mich erreicht.»

«Ich konnte es im Krankenhaus nicht mehr aushalten. Es macht mich krank. Ich mußte erst mal etwas für meine Seele tun.» Ein Klinikaufenthalt macht viele mutlos und unsicher. Sie werden aus ihrer gewohnten Umgebung herausgerissen, müssen sich der Krankenhausroutine unterwerfen. Sie beginnen, sich als Kranke zu fühlen. Manche finden Auswege aus dieser bedrückenden Situation: Sie fahren nach Hause, besuchen entlassene Mitpatienten oder gehen allein oder gemeinsam mit anderen spazieren. «Ich konnte es im Krankenhaus nicht mehr aushalten. Es macht mich krank. Ich mußte erst mal etwas für meine Seele tun.» Mit diesen Worten meldete sich eine Patientin nach einem heimlichen Einkaufsbummel auf ihrer Station zurück. Ich habe festgestellt, daß Menschen in Krankenhäusern viel zuwenig angeregt werden, aktiv für sich selbst zu sorgen, etwa sich Bewegung zu verschaffen durch Gymnastik oder Spaziergänge.

Mein Eindruck war: Schwestern und Stationsärzte sehen ihre Patienten am liebsten im Bett, allzeit bereit für die während des Tages anstehenden Behandlungen oder die oft zeitlich unbestimmte Visite, auf die sie manchmal bis zum Abend warten. Ich selbst habe nur mit großer Zähigkeit durchsetzen können, daß ich während meines Krankenhausaufenthaltes regelmäßig spazierengehen durfte. Täglich habe ich mich angezogen und bin mehrmals nach draußen gegangen. Im Zimmer habe ich mir einen kleinen Tisch als Schreibtisch eingerichtet, an dem ich Briefe schrieb. Es war mir wichtig, Tätigkeiten, die mir vor der Operation viel bedeutet hatten, auch im Krankenhaus lebendig zu erhalten. Das alles hat möglicherweise dazu beigetragen, daß ich schon eine Woche nach meiner Brustamputation auf meinen Wunsch hin entlassen wurde. Wichtig erscheint mir auch, daß sich Patienten während ihres Klinikaufenthaltes darum bemühen, medizinische Untersuchungen soweit wie möglich angstfrei und angenehm zu gestalten: «Ich habe heute während der Wartezeit für das Szintigramm (bildliche Darstellung eines Organs nach vorheriger Gabe einer radioaktiven Substanz) draußen auf dem Balkon der Klinik gesessen und gelesen. Ich brauchte frische Luft. Als ich unter dem Apparat lag, hatte ich dann die Augen geschlossen und meditierte. Ich sah prächtige Farbbilder, die in mir schöne Gefühle auslösten. Dadurch ist mir die Zeit schnell vergangen, und alles war nicht so schlimm wie sonst.»

«Ich versuche, mich in das ganz normale Leben einzugliedern.» Manche Krebspatienten sehen sich erst aufgrund ihrer Krankheit als Mittelpunkt ihres Lebens. Einige entdecken alte Vorlieben wieder: «Wenn ich jetzt Auto fahre, stell ich nicht mehr das Radio an, sondern singe. Plötzlich fallen mir uralte Lieder ein. Es tauchen Erinnerungen auf, alte Bilder. Und meine Atmung ist viel tiefer, wenn ich singe. Ich erlebe eine Wiederbelebung in vielen Dingen, die ich mal gemacht habe. Ich lasse das Leben jetzt mehr laufen. Ich glaube, ich habe viel zu überdiszipliniert gelebt.» – «Ich versuche, mich ein bißchen hübsch zu machen. Ich versuche, Freude zu haben. Ich versuche, mich in das ganz normale Leben einzugliedern.» – «Und dann habe ich das eigentlich zum erstenmal in meinem Leben versucht, eine Woche allein zu verreisen. Ich dachte immer, ich dürfte nicht weg wegen der Kinder.»

Manche Krebspatienten verspüren den Wunsch, sich weiterzubilden, Neues zu erlernen. Doris: «Ziele hab ich noch unwahrscheinlich viele. Ich stecke so voller Ideen, daß ich damit drei Leben füllen könnte. Ich habe mich jetzt zu einem Erwachsenenstudium angemeldet.» Johanna berichtet in der Gruppe: «Ich habe angefangen, Gitarrespielen zu üben. Früher habe ich nie eine in der Hand gehalten. Ich spiele jetzt, mein Mann singt dazu. Das macht mir Spaß.»

Manche verschaffen sich durch äußere Erleichterungen in ihrem Alltag die Zeit und die Möglichkeit für ein bewußteres Leben. Eine siebenunddreißigjährige Hausfrau: «Ich habe versucht, mir einen kleinen Raum zu Hause einzurichten. Ich hatte schon lange diesen Wunsch. Ich dachte nur immer: Ich bin dazu nicht berechtigt.» Manchen gelingt der seelische Ausgleich durch eine angemessenere Gestaltung ihrer beruflichen Arbeit: «Ich habe gelernt, in meinem Arbeitstag Pausen einzuführen. Früher war ich eine rotierende Maschine. Meine Arbeit hat mir einen neuen Schwung gegeben. Ich fühle mich besser dadurch.»

Es gibt keine für alle gültige Antwort auf die Frage, welche Aktivitäten ein erfüllteres Leben mit der Krankheit fördern. Entscheidend ist letztlich, daß jeder Erkrankte sich fragt: Welche Wünsche habe ich wirklich? Wenn er auf diese Weise seine Bedürfnisse, Vorlieben und Sehnsüchte erkennt und ihnen nachzugehen versucht, dann wird ihm das Leben wertvoller. Er beginnt, Kraft aus seinem Leben zu schöpfen.

Anderen liebevoll begegnen

«Wie kann ich auch für den anderen förderlich sein?» Viele an Krebs erkrankte Menschen beginnen, sich diese Frage zu stellen. Eine zweiundfünfzigjährige Krebspatientin sagt: «Ich finde, jeder muß sich mal hinsetzen und überlegen, was andere bedrückt, und dann sagen: Ja, das muß ich mir genauso anhören, wie die anderen sich meine Probleme anhören.» Es ist wichtig für unser eigenes seelisches Wohlbefinden, wie wir mit anderen umgehen:

ob hilfreich und förderlich oder abweisend und entmutigend. Besonders die Art der Beziehung zu den Angehörigen ist von außerordentlicher Bedeutung für die seelische Gesundheit des Kranken.

«Wir haben im Augenblick familiär eine recht harmonische Phase miteinander. Das ist für mich lebenswichtig», berichtet eine vierzigjährige Mutter dreier Kinder. Eine Fünfunddreißigjährige äußert ihre Zufriedenheit im sexuellen Bereich: «Ich kann Sexualität jetzt auch voll genießen und auch als schön empfinden.» Viele der Teilnehmer unserer Gruppen berichteten nach der Gruppenerfahrung über deutlich verbesserte familiäre Beziehungen. [6]

Durch welches Verhalten fördern wir als Erkrankte die Beziehung zu anderen, durch welches Verhalten beeinträchtigen wir sie?

Forschungen in den USA und in der Bundesrepublik Deutschland [38, 47, 48] ergaben, daß insbesondere drei Verhaltensweisen bzw. Aktivitäten eine positive Auswirkung auf zwischenmenschliche Beziehungen haben:

o Ich bin in der Beziehung echt und mir selbst gegenüber offen.
o Ich achte den anderen in seiner inneren Welt und habe eine zugewandte, warme Beziehung zu ihm.
o Ich fühle mich in die innere Welt des anderen ein, spreche mit ihm darüber und berücksichtige sie in meinen Handlungen.

o *Eigenes Echtsein und Offensein* erfahren Krebspatienten in ihren zwischenmenschlichen Beziehungen als sehr bedeutsam. So sagt der fünfzigjährige Jörg: «Die Gesprächsgruppe hatte Einfluß darauf, daß es mir jetzt leichter fällt, meine Gefühle zu äußern. Ich habe gelernt, eine Barriere zu überwinden: daß man sich nicht immer hinter einer Maske verstecken muß.» Matthias: «Ich kann jetzt selbstbewußter über meine Krankheit reden. Ich habe keine Angst, deshalb gemieden zu werden. Früher habe ich kaum darüber gesprochen, und das hat mich auch von vielen Leuten ferngehalten. Mein Isoliertsein hat sich dadurch etwas verringert.» Mechthild: «Früher habe ich so vorsichtig und ohne

Risiko in bezug auf Kontakte zu Menschen gelebt, daß ich eigentlich nicht gelebt habe.»

Jörg, Matthias und Mechthild haben ihre Angst vor anderen Menschen überwunden. Sie ziehen sich nicht in ihr «Schneckenhaus» zurück, sondern wenden sich den anderen offen zu. Dies kommt auch im Verhalten der fünfzigjährigen Frührentnerin Lisbeth zum Ausdruck: «Da hat sich etwas positiv geändert bei mir, denn ich bin vor unserer Gesprächsgruppe fast menschenscheu gewesen. Ich war schon so weit, daß ich, wenn es geklingelt hat, nicht die Tür aufgemacht habe. Das hat sich geändert. Wenn mich ehemalige Kollegen anrufen und zum Kaffee einladen, dann gehe ich hin. Ich bin nicht mehr so allein und einsam.»

Es ist also möglich, daß auch kranke Menschen lernen, ihre Angst vor anderen zu überwinden und auf sie zuzugehen. Ich denke, daß das sehr bedeutsam ist, weil der Mitmensch die wichtigste Umweltbedingung für den Menschen ist.

○ *Den anderen achten und lieben.* Wir neigen dazu, andere Menschen nach unseren Maßstäben zu bewerten und ändern zu wollen. Es fällt uns schwer, die Einzigartigkeit eines jeden zu respektieren. Ich denke, es ist für jeden eine bereichernde Erfahrung, Menschen so zu begegnen wie Blumen, über die wir uns freuen und deren Farben und Duft wir ja auch nicht ändern wollen. «Ich habe einige in der Gruppe intensiver kennengelernt und richtig liebgewonnen», berichtet eine Krebspatientin. «Dadurch habe ich ein so volles Gefühl bekommen, ich kann jetzt andere Menschen gefühlsmäßig in mich einbeziehen. Das tut mir gut, das ist eine Bereicherung.»

○ *Sich in die innere Welt des anderen einfühlen.* Doris, die befürchtete, nicht mehr einfühlsam gegenüber anderen sein zu können, sagt: «Ich hatte immer Angst, daß ich durch diesen Umgang mit den Krankenhäusern und Ärzten kaltschnäuzig geworden bin. Ich habe immer gedacht, ich verhärte irgendwo. Durch die Gespräche in der Gruppe ist bei mir ganz deutlich durchgekommen, daß ich nicht verhärtet bin. Das ist nur so ein Kern, den ich mir zugelegt habe, der aber unheimlich leicht zu

knacken ist. Ich kann sehr wohl noch mitleiden. Und ich kann
sehr wohl auch noch die Sorgen anderer hören und mich mit
ihnen auseinanderzusetzen. Ich versuche jetzt, auch die Leute
im Krankenhaus ein bißchen anders zu sehen. Ich sage mir: Sie
sind vielleicht auch überbelastet.»

Die Sorgen anderer zu hören, ihre seelischen Klopfzeichen zu
verstehen und auf sie zu reagieren, ohne zu werten oder zu urtei-
len, ist vor allem eine Bereicherung für den Kranken selbst. Er
erfährt, wie ein anderer Mensch fühlt, er erkennt, daß beispiels-
weise auch Ärzte unter «seelischem Druck» stehen, «überbelastet» sind. Auf diese Weise nimmt der Erkrankte Einblick in die
seelische Welt eines anderen. Er kann so sein eigenes Leben erweitern und vertiefen, anstatt es durch Verbitterung und Enttäuschung gefühlsmäßig einzuengen.

Mir liegt viel daran, in diesem Zusammenhang den seelischen
Vorgang des Verzeihens anzusprechen. Ich habe immer wieder
in Gruppengesprächen erlebt, daß Menschen Jahre, ja ihr Leben
lang nicht verzeihen können. Sie selbst tragen schwer an den seelischen Wunden, die ihnen ihrem Erleben nach durch andere zu-
gefügt worden sind. Diese Wunden verheilen nicht, weil der
Haß immer wieder in ihnen aufflammt. Sie können sich nicht in
die Lage derer versetzen, durch die sie verletzt wurden. Sie sind
nicht fähig, sich zu sagen: Möglicherweise konnte der andere aus
seiner damaligen Erlebnis- und Sichtweise heraus nicht anders
handeln. «Dein Mann und deine Tochter haben vielleicht seelisch oder verstandesmäßig nicht die Kraft zu sagen: ‹Ich fühle
mit dir›», versucht ein Gruppenmitglied einem anderen zu erklären, das sich zu Hause zu «hart behandelt» fühlt. «Vielleicht
fürchten sie auch, daß du weinst. Ich glaube, man muß den anderen auch ein bißchen verzeihen, ihnen eine Chance geben, wenn
sie von einem wegschauen. Sie meinen das höchstwahrscheinlich
nicht böse.» Doris hatte ihrem Mann jahrelang den Vorwurf gemacht, daß er sie «im Stich gelassen» hat. Er hatte zwar während
ihrer Operation die kleinen Kinder zu Hause versorgt und sie
täglich im Krankenhaus besucht, aber er fehlte ihr als Ansprech-

partner. Sie erkennt in der Gruppe, daß gerade die Menschen, die einem am nächsten stehen, Gespräche abblocken. Doris hat ihrem Mann verziehen: «Ich habe zu ihm gesagt: ‹Ich habe dir unwahrscheinlich unrecht getan. Du hast für deinen Teil genau das gemacht, was du machen konntest.›»

Ich denke, es ist wichtig, auch die kleinen Verletzungen des Alltags zu verzeihen, damit wir innerlich heilbleiben. Denn wann immer wir Vorbehalte oder Vorurteile gegenüber einem anderen haben, reduzieren wir uns selbst, engen uns ein. Wir hindern uns selbst daran, unvoreingenommen auf den anderen zuzugehen, seine innere Welt zu verstehen und ihn so zu akzeptieren, wie er ist. Wir vergeben die Chance, uns mit anderen und uns selbst auszusöhnen.

«Das ist ja das Gute, daß man sich seelisch gegenseitig helfen kann.» Ich habe in Gesprächsgruppen unserer Beratungsstelle immer wieder erfahren, wie wichtig es ist, daß hilfsbedürftige Menschen anderen helfen können. Diese Erfahrungen stärken sie seelisch. Auch erkrankten Menschen geht es so. Es ist für sie ein Stück Selbsthilfe, anderen helfen zu können, indem sie ihnen gegenüber offen sind, ihnen ihre Achtung und Wertschätzung zeigen und aus dieser Haltung heraus handeln.

In einem Gespräch berichtet mir die Mutter des an Krebs erkrankten neunjährigen Christian: «Ich sehe immer, wie glücklich er ist, wenn er mir helfen darf. Für mich mal die Küche zu machen, das bringt er von alleine. Eigentlich bin ich immer gesund, aber ich gebe dem manchmal nach und sag zu ihm: ‹Ach, ich bin heute so müde.› Dann schleppt er mir meinen Tee ans Bett.» Die siebenundfünfzigjährige schwerkranke Lilo engagierte sich noch ein Jahr vor ihrem Tod für die nicht krebskranke Gerda in der gleichen Gruppe: «Sie tut mir unendlich leid, weil sie im Grunde genommen ganz einsam ist. Und ich frage mich immer, wie kann ich ihr bloß helfen? Ich will sie einladen zu mir, damit sie das Gefühl hat, sie hat jemanden, zu dem sie mal hingehen kann. Ich hab wirklich das Bedürfnis, ihr auch mal einen schönen

Nachmittag oder einen schönen Abend zu machen ...» Eine Krebspatientin aus unserer Gesprächsgruppe meint: «Das ist ja das Gute, daß man sich seelisch gegenseitig helfen kann.»

Auch im Krankenhaus kümmern sich Krebserkrankte in liebevoller Weise um andere Mitpatienten. «Es kam eine Mitpatientin in das Zimmer rein, die hat furchtbar gelitten. Ich hab mich um sie gekümmert. Es ist ganz gut, wenn man jemanden hat, für den man sorgen zu müssen glaubt. Das hilft einem dann selber auch.»

Kranke, die Vertrauen zu sich selbst haben und sich achten und mögen, sind eher fähig, auch den anderen zu achten, ihm zu vertrauen, «Mauern zwischen Menschen abzutragen». Doch der erste Schritt ist die Selbstbegegnung: «Das erste ist, daß ich zu mir finde und mir in Liebe begegne. Dann kann ich mich zu anderen hinwenden.»

Hilfreiche Angehörige, Freunde, Mitmenschen

Offene Selbstauseinandersetzung der Angehörigen

«Es war nicht leicht, wirklich hilfreich für meine Frau zu sein», gesteht der Ehemann einer Krebspatientin. Häufig stellen Angehörige eine zusätzliche Belastung für den Erkrankten dar. Durch ihre gutgemeinten Ratschläge fühlt er sich gelegentlich überfordert. Es fällt dem Angehörigen schwer, sich auf die veränderte Situation, die aus der Krebsdiagnose eines Familienmitgliedes entsteht, umzustellen. Angesichts der schweren Krankheit seines Ehepartners oder Kindes stellt der Angehörige sich viele Fragen: «Warum muß gerade ich solche Dinge durchmachen? Warum muß das alles sein?» Für den Angehörigen kommt erschwerend hinzu, daß sich der Kranke häufig als eine Belastung für seine Mitmenschen empfindet: «Mein Gott, ich bin ja nur noch eine Last für die anderen», sagt eine Krebspatientin. Es ist nicht leicht für Erkrankte, zu erkennen, daß sie allein durch ihr Dasein schon eine wertvolle Erfahrung für andere sein können.

Wichtig ist für eine hilfreiche Beziehung, daß beide Partner innerlich füreinander erreichbar bleiben, daß keiner sich von dem anderen abkapselt, sich ihm verschließt, ihn allein läßt. Manchmal tritt bei den engsten Angehörigen ein Gefühl des Verlassenseins ein. Sie sehen sich plötzlich mit der Möglichkeit konfrontiert, den anderen in naher Zukunft zu verlieren.

«Ich wollte mit mir klarkommen, damit ich meinem Kind helfen kann», berichtet die Mutter des an Leukämie erkrankten Christian. Erst wenn sich Angehörige mit der Erkrankung des

Familienmitgliedes auseinandergesetzt und eine neue, positive Einstellung zu ihr gewonnen haben, können sie wirklich hilfreich sein. Eine solche Auseinandersetzung mit der Krankheit eines anderen ist zugleich auch immer eine Auseinandersetzung mit sich selbst, mit dem eigenen Leben, mit den eigenen Werten. Christians Mutter beschreibt ihren Weg: «Wenn man ehrlich mit sich selbst ist, sich nichts vormacht, dann kommt man in der Einsamkeit zu sich, bis in die Tiefen hinein. Und dann kann man erst erkennen: Was ist mir wichtiger, mein Kind oder ich selbst? Ich kann mich nur mit mir selbst auseinandersetzen, wenn ich allein bin. Wenn ich möchte, daß der andere gesund wird, dann darf ich mich nicht als Opfer bringen. Das wäre verkehrt. Das fühlt der Kranke, und dann wird's nur noch schlimmer. Ich muß innerlich für den anderen frei werden. Denn solange einer krank ist, braucht er die Kräfte des anderen.»

Christians Mutter erinnert sich an den langen, schwierigen Prozeß der Auseinandersetzung, Besinnung und Veränderung: «Ich hatte mich selbst noch nicht gefunden, hatte möglicherweise auch oberflächlich gelebt und Schwierigkeiten mit meinem Partner. Dann kam plötzlich das furchtbare Untersuchungsergebnis: Christian hat Krebs. Das riß mich aus meinem Berufsleben raus. Ich war vollkommen aufgeschmissen, verzweifelt, enttäuscht, richtig am Boden zerstört. In der ganzen Zeit konnte ich meinem Kind nicht richtig helfen, weil ich innen drin keine Kraft hatte. Ich habe dann sehr an mir selbst gearbeitet und damit möglicherweise auch den Gesundungsprozeß von Christian beeinflußt.»

Christians Mutter spricht immer wieder davon, daß sie sich mit sich selbst auseinandersetzen mußte, um «sich selbst zu finden». Aus meiner psychotherapeutischen Arbeit weiß ich, daß eine solche aktive und intensive Auseinandersetzung des einzelnen mit seinen gefühlsmäßigen Erfahrungen und Erlebnissen eine wichtige Rolle bei der Selbstfindung und der Klärung seiner seelischen Probleme spielt. [48]

In einem Gespräch mit mir setzte sich Christians Mutter mit

ihren Schwächen auseinander: «Gerade vorgestern war's, daß ich so dachte: Ich habe möglicherweise kraftvoll nach außen gelebt, aber ganz tief drinnen, da ist doch noch ein schwaches Wesen, und irgendwo hört meine Kraft auch mal auf.»

Anne-Marie: «Sie spüren, daß in Ihrem kraftvollen Wesen auch Schwächen sind.»

Christians Mutter: «Ja, tiefe Schwächepunkte. Daß ich manches Mal lieber tot wäre, wenn ich es nicht aushalten kann, daß ich mich danach sehne, endlich Ruhe zu haben. Aber dann setze ich mich doch wieder mit mir auseinander, freue mich über irgendeine Kleinigkeit. Dann bin ich wieder mittendrin und schaffe es wieder.»

Anne-Marie: «Ja, dann schaffen Sie es, aber zuvor haben Sie sich als sehr kraftlos erlebt und hatten das Gefühl: Ich möchte endlich meine Ruhe haben.»

Christians Mutter: «Absolut, das muß ich sagen. Das stimmt, weil – ja alles auf mir lastet. Wenn ich einmal ausflippe, einmal etwas falsch mache, ist alles hier kaputt.»

Anne-Marie: «Halten Sie es für möglich, daß Sie mit zunehmender innerer Gesundung Ihres Jungen mehr Verantwortung abgeben können?»

Christians Mutter: «Ja, das tu ich jetzt schon.»

Christians Mutter hat sich zu einem ungewöhnlichen Schritt entschlossen: Sie hat ihren Sohn vor anderthalb Jahren aus dem Behandlungsplan der Schulmedizin mit den ständigen Blutkontrollen und Spritzen herausgenommen. In unserem Gespräch fährt sie fort: «Glauben Sie nicht, daß ich nicht um die Gefährlichkeit weiß. Aber der Junge ist noch nie so glücklich gewesen wie zur Zeit. Und das finde ich das schönste auf der ganzen Welt, daß ich das überhaupt hingekriegt habe. Er war wahrscheinlich noch nie in seinem ganzen Leben, auch nicht vor der Krankheit, so glücklich.» Sie ist mit großem Mut ihrer inneren Stimme, ihrer Intuition gefolgt, als sie sich für diese riskante Verweigerung entschied. Sie ist sich der Gefahr, die dieser Entschluß mit sich bringt, bewußt und setzt sich mit ihr auseinander. Sie weicht auch nicht der Erfahrung aus, daß sie sich manchmal nicht kraftvoll genug fühlt, um die schwere Verantwortung zu tragen. Aber sie bemüht sich immer wieder darum, seelisch ausbalanciert zu sein, sich innerlich weiterzuentwikkeln, um sich selbst und ihrem erkrankten Jungen eine hilfreiche Partnerin zu sein.

«Ich höre nicht auf, an mir zu arbeiten.» Viele Fragen steigen in dem Angehörigen eines Schwererkrankten auf, veranlassen ihn zum Nachdenken, geben ihm keine Ruhe, drängen ihn, nach Antworten zu suchen. Er wird auch mit seiner Angst um seine eigene Gesundheit und mit seiner Angst vor dem Tod konfrontiert und hat das Bedürfnis, seine Einstellung zur Krankheit des anderen zu klären, sieht seinen eigenen Tod näher rücken, reflektiert möglicherweise seine Haltung zu Religion, Glauben und Gott. Ich denke, es ist sehr wichtig, daß sich der Angehörige für seine Auseinandersetzung mit diesen seelischen Bereichen Zeit nimmt. Auf manche der auftauchenden Fragen wird er oft nur langsam eine Antwort finden können. «Ich höre nicht auf, täglich an mir zu arbeiten», sagt der Mann einer Krebspatientin.

Bei einer solchen inneren Auseinandersetzung ist nicht wichtig, rasch Antworten auf die drängenden Fragen zu finden. Das Wertvolle ist der Prozeß selbst, bei dem die Betroffenen die eigenen Erfahrungen zu klären und ihre Wünsche mit der neuen Situation in Einklang zu bringen versuchen. Durch diese Selbstauseinandersetzung und Selbstklärung kann sich der Angehörige von seinen Spannungen und Unsicherheiten befreien. Die siebenundzwanzigjährige Ehefrau eines Krebspatienten berichtet: «Ich versuche, meine Angst zu durchleben und nicht zu unterdrücken. Ich sage mir: ‹Ja, du hast Angst.› Ich akzeptiere jetzt meine Angst, und dadurch fällt es mir leichter, sie zu überwinden. Nur wenn ich durch diese Angst hindurchgehe, geht das. Früher habe ich mir gesagt: ‹Du hast jetzt keine Angst! Du hast keine Angst zu haben!›» Diese Frau läßt ihre gefühlsmäßigen Erfahrungen zu. Sie ist offen für ihr Fühlen und somit fähiger, innere Veränderungen zu durchleben.

Ich habe in Gesprächen immer wieder erfahren, wie wichtig es ist, daß sich Angehörige von Krebspatienten mit dem Tod – dem des Erkrankten und dem eigenen – auseinandersetzen. Christians Mutter sagt: «Von dieser Angst um ihn war ich am Anfang nicht frei – erst nachdem ich mich so richtig mit dem Tod befaßt habe, innerlich selber frei geworden bin und keine Angst mehr vor dem Tod habe. Dieser Augenblick hat mich frei gemacht und gleichzeitig mein Kind. Das überträgt sich nämlich alles auf das Kind, wie es innen drin bei der Mutter aussieht. Ich muß mich jeden Tag aufs neue vergewissern, ob ich das ausgearbeitet habe. Es ist nicht so, daß ich ewig frei sein kann davon. Man wird manchmal wie ein Bumerang wieder zurückgestoßen. Aber ich könnte heute Christians Tod ertragen, glaube ich. Weil ich mich soviel damit beschäftigt habe, mich soviel mit dem Tod auseinandergesetzt habe.»

Für viele Angehörige klärt sich in der Konfrontation mit der Erkrankung des anderen die Frage nach der eigenen Beziehung zum Leben. Die neunundvierzigjährige Gesa, Krankenschwester und Ehefrau eines Krebspatienten erklärt: «Ich habe mich sehr stark auch mit meinem eigenen Sterben auseinandergesetzt, obwohl ich nicht krank bin. Und ich möchte gern leben und so lange wie möglich leben, und jeder Tag soll für mich ein intensives Erlebnis sein. Früher habe ich in den Tag hineingelebt und wenig darüber nachgedacht. Aber wenn ich sterbe, könnt ich heut oder morgen sterben. Ich akzeptiere das, wie es ist. Der Tod ist für mich etwas Normales.» Die dreiundzwanzigjährige Tochter einer Krebspatientin schrieb mir: «So vieles hat sich für mich in Frage gestellt. So vieles, was vorher nur eine theoretische Bedeutung für mich hatte, ist mir jetzt ganz konkret wichtig geworden: Wie sehr achte ich jetzt mein Gesundsein! Und wie sehr werde ich mir jetzt meiner Naivität bewußt, die mir suggerierte, mein Leben liegt noch scheinbar endlos vor mir.»

Für manche Angehörige von Schwererkrankten wird der

Glaube und die Beziehung zu Gott zu einer bedeutsamen Erfahrung. Ein achtundvierzigjähriger Ehemann: «Vor der Erkrankung von Gisela habe ich nicht mehr an Gott geglaubt. Ich hatte die Hoffnung aufgegeben, ihn erreichen zu können. Aber jetzt glaube ich, irgendein Kontakt ist für jeden möglich.»

Ein Ausschnitt aus meinem Gespräch mit Christians Mutter: «Ich bin dahintergekommen, daß ich für ‹Gott› das Wort ‹Liebe› einsetzen kann. Nichts weiter. Alles, was gut und schön ist, was auch für das Gute, für den Frieden arbeitet, das ist für mich Gott sozusagen. Ich nenne es meistens Liebe. Auch die Gebote nehme ich jetzt schon ernst.»

Anne-Marie: «Sie haben sich jetzt damit auseinandergesetzt und finden es auch bereichernd?!»

Christians Mutter: «Ja, auf jeden Fall. Die Kraftquelle kommt ganz sicher auch persönlich von Gott. Liebe ist in jedem Menschen. Also kann ich auch jeden Menschen annehmen, auch wenn er Böses tut. – Das hilft mir unwahrscheinlich, weil ich mir selbst dann ja auch zugestehen kann, Fehler machen zu dürfen.»

«Wir haben es uns wirklich schwergemacht mit der Entscheidung, ob wir unser Kind operieren lassen sollen.» Die Eltern krebskranker Kinder müssen mit einer schweren Verantwortung leben: Sie müssen sich für eine Behandlungsmethode entscheiden, deren Auswirkungen und Risiken sie nicht übersehen können. Sie müssen aus unmittelbarer Nähe miterleben, wie die therapeutischen Eingriffe ihrem Kind zeitweilig große Schmerzen verursachen und längere Krankenhausaufenthalte notwendig machen. Christians Mutter: «Vor viereinhalb Jahren fing seine Krankheit an, und er hat jetzt die zweieinhalb Jahre nachzuholen, die er isoliert mit mir leben mußte. Diese Isolierung wurde mir damals von den Ärzten vorgeschlagen, wegen der großen Infektionsgefahr. Und nur, weil ich mit mir selbst nicht klarkam, habe ich gedacht: Das ist das einzig Wahre.» Jetzt, anderthalb Jahre nach ihrer Weigerung, ihren Jungen weiterhin dem sehr belastenden medizinischen Therapieplan auszusetzen, be-

kennt sie: «Wenn ich das jetzt hinterher überlege, ist es gut so gewesen, denn das Kind konnte genauso wie ich zu sich selbst finden. Als ich merkte, es wurde zuviel, habe ich mich entschlossen, Christian aus dem Therapieplan herauszunehmen. Am Anfang habe ich alles noch mit großer Angst befolgt, weil ich das Kind nicht verlieren wollte. Dann später habe ich mich mit der Krankheit Krebs befaßt, habe Bücher gelesen. Und eines Tages ist mir klargeworden: Meine Güte noch mal, die haben bis heute noch keinen Beweis dafür, wie eigentlich Krebs entsteht und wie er wirklich wirksam behandelt werden kann. Da wird immer nur rausgeschnippelt oder irgend etwas dagegen eingespritzt. Und letztlich wird nichts in dem Menschen selbst geändert: in seiner geistigen Einstellung, in seiner Seele. Da habe ich dann mit Christian viele Gespräche geführt und habe mir gesagt: Lieber ein kurzes Leben, fröhlich und schön, als die ewigen Behandlungen, die ihm zusätzlich Angst verursachen. Sie zeigen dem Kind immer wieder: Ich bin krank. – Wir genießen jetzt einfach die Stunden, die wir zusammen sind. Wir leben den Augenblick. Mein Leben ist reicher geworden und gibt mir viel mehr Kraft. Ich würde es nicht gegen mein früheres Leben eintauschen wollen.»

Auch ich wäre früher bereit gewesen, nahezu alle medizinischen Maßnahmen bei meinem Kind zuzulassen, um es vor seiner Krankheit zu retten. Heute teile ich die Meinung von Christians Mutter: Lieber ein kurzes und befriedigendes Leben als eine Lebensverlängerung, die den Erkrankten in seiner Lebensqualität sehr beeinträchtigt. Aber wann ist der Zeitpunkt gekommen, an dem es besser ist, eine medizinische Intensivbehandlung abzubrechen?

Die Mutter der vierjährigen Sabine, die nach einem halben Jahr medizinischer Behandlung starb, sagt: «Ich würde nicht noch einmal eine Behandlung machen lassen. Aber ich war damals noch nicht soweit. Sich mit anderen Leuten über den Entschluß auseinanderzusetzen, daß man eine Behandlung abbrechen möchte, das ist ja fast unmöglich. Deshalb sind wir ja auch weiter in der Eltern-Selbsthilfegruppe, damit wir den anderen

Eltern immer wieder sagen können: Wenn keine Chance mehr da ist, nehmt euer Kind nach Hause. – Ich habe sehr starke Schuldgefühle: Sabine hatte einen Tumor im Kopf. Sie haben sie dreimal operiert. Sie war über ein viertel Jahr im Krankenhaus. Dann haben wir sie ein viertel Jahr wieder zu Hause gehabt. Sie hat doch sehr gelitten: Am Tropf und ständig die Spritzen.»

Anne-Marie: «Es quält Sie, daß Sie alles zugelassen haben?»

Sabines Mutter: «Ja, das ist das, was mich in der letzten Zeit nicht losgelassen hat. Und wir haben es uns wirklich schwergemacht mit der Entscheidung, ob wir unser Kind operieren lassen sollen, denn wir wußten, sie wird dann später mit einer Behinderung leben müssen: Mit einer Gesichtslähmung. Auf dem einen Ohr konnte sie schon nichts mehr hören, das Auge war auch in Mitleidenschaft gezogen. Da haben wir uns gefragt: Sollen wir oder sollen wir nicht? Heute sag ich mir: Das Kind hat sich gewehrt, das wußte es besser als wir. Aber wir haben das nicht erkannt. Wir haben ihr einfach unseren Willen aufgezwungen, obwohl von vornherein die Chancen sehr gering waren.»

Heute ist Sabines Mutter wieder in der Lage, sich ihrer Familie voll zuzuwenden. Es ist ihr gelungen, sich ihre Handlungsweise zu verzeihen, mit sich in Frieden zu leben. Dieser Friede ist das Ergebnis einer langen, intensiven Auseinandersetzung mit ihrem Schmerz und ihren Schuldgefühlen.

Aufrichtig dem Erkrankten begegnen

«Wir haben überhaupt keine Geheimnisse voreinander.» Ich habe immer wieder erfahren, wie heilsam es ist, in zwischenmenschlichen Beziehungen ehrlich und aufrichtig miteinander umzugehen. Dies gilt auch für die Beziehung des Erkrankten zu den Menschen seiner Umgebung. Der Erkrankte kann den anderen vertrauen, ihn quälen keine Zweifel, er hat die Chance, sich offen mit sich selbst auseinanderzusetzen. Auch für den Angehörigen bedeutet es eine große Erleichterung, wenn er keine

Mauer zwischen sich und dem Erkrankten errichtet, wenn er sich ihm gegenüber nicht zu verstellen braucht. Auf diese Weise wird die Beziehung tiefer, echter und von gegenseitigem Vertrauen getragen. Sie wird realistischer: Die Realität, in der jeder der beiden lebt, wird in die Beziehung eingebracht. Mich hat die Aufrichtigkeit des vierzigjährigen Heinz gegenüber seiner sterbenskranken Ehefrau Christel tief beeindruckt: «Was meine Sexualität angeht, da habe ich jetzt schon ein ganz schlechtes Gewissen. Meine Schwägerin, die ist hier mit im Büro. Da merke ich auf einmal, daß ich ganz starke sexuelle Spannungen kriege, wenn ich sie sehe. Ich habe das auch Christel erzählt. Und da hat sie mir über den Kopf gestreichelt und hat gesagt: ‹Das verstehe ich. Meine Schwester ist auch sehr nett.› Wir haben überhaupt keine Geheimnisse voreinander.»

Während meiner Krankenzeit habe ich es als erleichternd empfunden, wenn meine Angehörigen weiterhin ihren Bedürfnissen, Wünschen und Freizeitaktivitäten nachgingen.

Die Mutter eines an Krebs erkrankten Kindes: «Es ist ja nicht so, daß ich mir nun gar nichts mehr gönne. Ich mache mir mein Leben auch schön. Ich mache eben mit meiner Tochter so tolle Unternehmungen, daß ich dann selber wahnsinnig viel Spaß daran habe.» Die Tochter einer Krebspatientin: «Ich glaube, wenn ich auf meine Bedürfnisse und Wünsche höre und ihnen nachgehe, bin ich auch ein Vorbild für meine Mutter.»

Zu einer aufrichtigen Beziehung zwischen Erkrankten und ihren Angehörigen gehört vor allem die ehrliche Information über die Krankheit. Heinz: «Ich dachte, wenn ich Christel erzähle, daß sie Krebs hat, verheilt ihre Narbe nie mehr. Es ging mir so schlecht dabei, weil ich's ihr verheimlichen wollte. Nachdem ich's ihr gesagt hatte, ging's mir sichtlich besser. Das fühlt sie auch. Sie ist froh, daß wir über die Krankheit offen miteinander reden können.»

Wie aber steht es mit der Ehrlichkeit einem Kind gegenüber? Kann es die volle Wahrheit ertragen? Christians Mutter: «Ich habe ihm gesagt, daß er eine seltene Blutkrankheit hat und daß die tödlich ausgehen kann. Er wußte, daß er in Lebensgefahr war. Ich habe dem Kind nie etwas vorgemacht, immer gesagt: ‹Das tut weh. Halt die Schmerzen aus. Wenn du hin- und herwackelst, wenn der Arzt dir eine Spritze gibt, wird der Nerv getroffen.› Deshalb hat er still und leise da sitzen können und hat's ertragen. – Als es hieß, dem Jungen soll die Kapsel eingesetzt werden, habe ich mit ihm auch ganz klare Worte gesprochen. Ich habe ihm gesagt: ‹Es ist möglich, daß dir eine Kapsel in den Kopf eingesetzt wird. Dann wird dir ein Medikament eingespritzt. Du könntest dann möglicherweise viele Kopfschmerzen bekommen – und es besteht die Gefahr, daß du stirbst.› Da hat mein Junge gesagt: ‹Warum soll ich mir eigentlich so 'ne olle Kapsel in den Kopf machen lassen. Die Ärzte haben ja schließlich auch nicht so 'n Ding im Kopf. Lieber will ich sterben.› In dieser Nacht habe ich mich entschieden, nicht weiterbehandeln zu lassen. Das habe ich mit Christian durchgesprochen.» Christians Mutter hat ihrem Jungen durch ihre Aufrichtigkeit ermöglicht, seine körperliche Einschränkung und die Lebensgefahr zu akzeptieren und über die Behandlung seiner Krankheit mitentscheiden zu können.

«Ich geb ganz offen zu, wie das in mir drinnen aussieht.» Spannungen frühzeitig anzusprechen und ihnen nicht auszuweichen – diese Offenheit erleichtert den zwischenmenschlichen Kontakt. Das gilt auch für die Beziehung zu einem Erkrankten. Sonst entstehen Wände zwischen Menschen, die zu dicken Mauern werden können. Und auf beiden Seiten der Mauer lebt jeder für sich ein einsames Leben, häufig in großer Verzweiflung und Sehnsucht nach Nähe zu dem anderen jenseits der Mauer. Das muß nicht so sein. Konflikte lassen sich vermeiden oder lösen.

Es ist sehr wichtig, dem Erkrankten seinen persönlichen Raum zu lassen, ihm im Rahmen seiner Möglichkeiten Selbständigkeit und Entscheidungsfreiheit zu gewähren, ihm Verantwortung für sich und seine Krankheit zuzutrauen.

Spüren Angehörige oder Freunde, daß zwischen ihnen und dem Erkrankten irgendwelche Spannungen bestehen, so ist es eine Hilfe, wenn sie dem Erkrankten offen und aufrichtig sagen, was sie im Augenblick fühlen, denken und wünschen. Wichtig ist, daß das Gesagte dem Erkrankten nicht als Vorwurf entgegengehalten wird. Christians Mutter: «Wenn es ihm schlechtgeht, verwöhne ich ihn, und das versucht er manchmal auszunutzen. Damit er ein normales Kind wird, mache ich ihm klar, daß er nicht alles mit mir machen kann. Ich sage dann: ‹Ich hab jetzt schlechte Laune. Ich kann jetzt nicht auf dich eingehen.› Ich geb das ganz offen zu, wie das in mir drinnen aussieht.»

Ehrliche Gefühls- und Meinungsäußerungen meiner Kinder und Freunde waren zwar zunächst manchmal schmerzlich, aber durch anschließende Gespräche wurden Spannungen bereinigt, die das Miteinander überschattet hatten. Ich bin meinen Gesprächspartnern im nachhinein für ihre Aufrichtigkeit mir gegenüber dankbar gewesen. Sie haben mir dadurch die Chance gegeben, Einblick in ihre Empfindungen und Gedanken zu nehmen, und mir zugleich ermöglicht, etwas über mich selbst zu erfahren. Auch für die anderen bedeutete dieses offene Verhalten eine große Erleichterung. Sie konnten in meiner Gegenwart echt sein, brauchten mir nichts vorzumachen, nicht zu heucheln, konnten sich angstfrei so verhalten, wie sie wirklich fühlten und dachten.

Wie offen darf ein Angehöriger dem Erkrankten seine Gefühle mitteilen und sagen, wie es «in ihm drinnen aussieht»? «Ich habe Anne-Marie vor ihrer Brustamputation gesagt, daß mich das nicht beeinträchtigt», sagte Reinhard in einem Gespräch. «Wenn ein Mann aber spürt, daß dadurch auch seine sexuelle Beziehung zu seiner Frau erheblich beeinträchtigt ist, dann würde es wahrscheinlich für seine Frau sehr schockierend sein, wenn er etwa zu ihr sagt: ‹Das vermindert deine sexuelle Attraktion für mich unheimlich.› Das wäre zwar offen, aber das würde doch die Frau sehr treffen. Ein solcher Mann setzt sich am besten mit diesem Problem in einer Gruppe, mit einem Psychologen oder mit einem Betroffenen auseinander, ehe er mit seiner Frau spricht.»

Der Entschluß der Angehörigen, sich gegenüber dem Erkrankten aufrichtig und echt zu verhalten, ist kein Freibrief für sie, sich ohne Rücksicht auf seine Gefühle zu äußern. Sie bemühen sich, den Erkrankten in seiner Welt zu achten, zu akzeptieren und zu verstehen.

Achtung und Fürsorglichkeit gegenüber dem Erkrankten

«Daß es Menschen gibt, die liebevoll zu mir sind, mich achten und mich annehmen, hilft mir weiter.» Neben dem Selbstgeöffnetsein, dem echten und aufrichtigen Verhalten ist es sehr wichtig, daß Angehörige und Freunde dem Erkrankten Achtung entgegenbringen und bereit sind, ihn zu akzeptieren und zu umsorgen, ohne von ihm Besitz zu ergreifen und über ihn zu bestimmen.

Das mag vielen einfach und selbstverständlich erscheinen. Wer wäre nicht bereit, einem Hilflosen zu helfen? Aber die Wirklichkeit sieht oft anders aus. Angehörige und Freunde sind oft über Wochen, Monate oder Jahre einer enormen Dauerbelastung ausgesetzt: Ihre Zuwendung und Liebe zu dem Erkrankten werden täglich auf die Probe gestellt. In dieser Situation stellen sich ihnen Fragen wie: Akzeptiere ich den Kranken so, wie er ist und wie er sich verhält – mit all seinen Stimmungsschwankungen? Respektiere ich ihn als einen eigenständigen Menschen, der selbständig entscheiden kann? Spiegelt sich in meinem Verhalten wider, daß er mir viel bedeutet und ein Recht darauf hat, würdevoll behandelt zu werden? Oder sind meine Worte doch manchmal herablassend? Bewerte und beurteile ich ihn, verurteile ich manchmal sein Verhalten? Lasse ich ihn vielleicht sogar meine Macht spüren?

Gerade der Erkrankte ist auf den hilfreichen Mitmenschen als eine der wichtigsten Umweltbedingungen für sein körperliches und seelisches Wohlbefinden angewiesen. Wie häufig in Krisenzeiten, schrumpft auch während einer langen Krankheit der Freundeskreis auf nur wenige, wirkliche Freunde zusammen. Doch kommen auch neue hinzu. Im folgenden Gruppengespräch von Krebspatienten in einer Fernsehsendung kommt dies zum Ausdruck:

Doris: «Wenn du krank bist, dann ist alles ganz gut und schön. Dann kommen sie auch und helfen. Aber sowie das Ganze ein bißchen länger dauert, wird es schon wieder ruhig, und da bleiben dann tatsächlich auch nur ganz wenige Menschen nach. Und es ist ganz erstaunlich: Menschen, von denen man es gar nicht erwartet, die sind es, die sind mit einemmal da.»

Johanna: «Ja, man hat diese Menschen vorher gar nicht so gesehen und beachtet, weil sie eben so mitliefen. Und dann sind sie da.»

Corinna, deren Mann vor kurzem an seiner Krebserkrankung gestorben ist, erinnert sich: «Hilfe haben alle angeboten: ‹Wenn du irgend etwas willst oder brauchst, dann sag Bescheid.› – Ja, was soll ich denn Bescheid sagen? Ich weiß es selber nicht in solcher Situation. Ich brauche zwar Hilfe, aber direkte Hilfe leisten praktisch die, von denen man das am allerwenigsten vermutet hat, indem sie einfach kommen und helfen und da sind.» [22]

Die zweiundfünfzigjährige Elly berichtet: «Seit meiner Krebsoperation haben wir ganz neue Freunde. Die wissen alle, was ich habe, und akzeptieren das, als ob ich ein ganz normaler Mensch bin, und das tut mir so gut. Daß sie mich so nehmen, wie ich bin. Daß sie mich – obwohl sie es wissen – als ganz wertvollen Menschen sehen.»

Was sind das für heilende Kräfte, die Erkrankte durch gute zwischenmenschliche Beziehungen erfahren? Ein Kranker, der sich durch seine Angehörigen und Freunde akzeptiert fühlt und der in ihren Worten und ihrem Verhalten ihre Zuneigung und Achtung spürt, fühlt sich geborgen und kann sich ihnen in seinen

Ängsten, Sorgen und Schmerzen offen zeigen. Er kann sich damit auseinandersetzen, ohne sich schämen oder verteidigen zu müssen. Hierdurch verringern sich seine Spannungen, und er wird fähig, sich selbst mit seinen körperlichen und seelischen Schwächen zu achten und zu akzeptieren.

Karen: «Daß es Menschen gibt, die liebevoll zu mir sind, mich achten und mich annehmen, hilft mir, mich selbst gern zu haben und zu akzeptieren.»

«Ihr habt mir Mut gemacht.»   Jeder von uns braucht gelegentlich die Ermutigung und Bestätigung anderer. Bei Krebserkrankten, die häufig durch ihre Diagnose seelisch tief erschüttert werden, ist diese Zuwendung besonders notwendig. Sie überfällt Angst, Verzweiflung und Mutlosigkeit. Durch liebevolle Ermunterung und durch das Vertrauen, das ihre Angehörigen und Freunde in sie setzen, können sie ihr seelisches Tief schrittweise überwinden und sich dem Leben wieder voller zuwenden. Eike, eine Krebspatientin, äußert ihr Bedürfnis in der Gruppe: «Es ist gerade der Moment, wo ich seelische Aufrüstung brauche. Es wäre nichts schöner, als wenn die Kollegen zu mir kämen und sagten: ‹Hallo, wie geht's dir? Wann fängst du wieder an?›» Die Ehefrau eines vor einigen Jahren verstorbenen Lehrers erinnert sich: «Er wollte wieder zu unterrichten anfangen, obwohl er nicht mehr gut sprechen konnte, weil er Zungenkrebs hatte. Alle in der Schule waren voller Verständnis. Sie haben gesagt: ‹Natürlich, kommen Sie nur her.› Es hat ihn sehr gefreut, daß die Kollegen mit ihm rechneten.»

Wichtig für den Erkrankten ist, daß eine derartige Ermutigung aufrichtig und echt gemeint ist und nicht hohl und mechanisch dahergesagt wird, wie es manche Ärzte und Pflegepersonen Kranken gegenüber tun.

Wie sehr positive Äußerungen Krebspatienten gegenüber notwendig sind, kommt in den Worten von Tytte zum Ausdruck, die ihren Mann bittet: «Bitte, jetzt mußt du etwas sehr Positives sagen, oder ich schrei vor Schmerzen. Die Seele muß harmonisch sein können, werden können, sonst ist es unerträglich, einen Krebs zu ertragen.» [49]

Viele Menschen haben selbst nur wenig Ermutigung und Bestätigung von anderen erfahren. Daher fällt es ihnen schwer, sich zuversichtlich und aufmunternd Erkrankten gegenüber zu verhalten.

Krebspatienten, die sich in Gesprächsgruppen zusammengeschlossen haben, können sich durch Erfahrungsaustausch gegenseitig ermutigen: «Dadurch, daß ich krebskranke Menschen kennengelernt habe, die jetzt wieder ein ausgefülltes Leben führen können, ist meine Hoffnung gestiegen, daß es auch bei mir glimpflich verlaufen wird.» – «Ich habe es geschafft. Und so will ich auch anderen helfen, indem ich sage: ‹Guck mal. Sieh mich doch an. Es geht mir doch prima. So was müßte man doch machen können, daß man den anderen zeigt: Die Welt geht überhaupt nicht unter. Man ist ein Mensch wie vorher auch.»

In unseren Gruppen ist häufig einer dem anderen zum Vorbild für «Mut und Hoffnung» geworden. Manche wurden wegen ihrer «Tapferkeit» bewundert. Ermutigende Worte waren keine hohlen Gesten, sondern waren getragen von eigenen, oft schmerzlichen Erfahrungen und Gefühlen: «Ich war nicht ansprechbar in den ersten Wochen und Monaten. Ich möchte Marlies Mut machen, daß man sich da erst durchzweifeln muß, bis man auftaut. Ich möchte an Marlies' Mann und Tochter die Bitte richten, geduldig bis zum äußersten zu sein und sie liebzuhaben. Das ist die einzige Hilfe.»

«Unsere Beziehung ist durch die gemeinsame Bedrohung noch enger geworden.» Erkrankte machen es ihren Mitmenschen zuweilen nicht leicht: «Ich habe einfach nur meine Sorgen und Probleme gesehen, als ich da in meinem Kummer gelegen habe. Da konnte ich für meine Frau gar kein Verständnis mehr aufbringen, so grausam das klingt.» Mancher Kranker, der sich «innerlich wie tot» fühlt und sich selbst als einen Menschen oh-

ne Wert für sich und andere erlebt, kann die vielen Zeichen der Liebe und Zuwendung nicht empfangen. Er ist zugedeckt von seinem Schmerz. Er bringt sich um die Möglichkeit, die Heilkräfte in sich wirken zu lassen, die aus der Zuwendung der anderen fließen.

Die neunzehnjährige Monika sieht erst ein Jahr nach Ausbruch ihrer Erkrankung ihre Familie in einem anderen Licht: «Jetzt merke ich erst, was ich für eine Familie habe. Ich hab das früher nicht wahrhaben wollen. Es hat mich nicht erreicht. Aber jetzt sehe ich plötzlich, daß ich doch auch Menschen um mich habe, daß ich gar nicht so allein bin.»

Für Angehörige, Freunde und andere Mitmenschen ist es manchmal schwer faßbar, daß der Erkrankte sich zuweilen so unfreundlich und aggressiv gegenüber seiner Umwelt verhält oder sich verschließt und zurückzieht. Es ist hilfreich, sich als Gesunder bewußt zu machen, daß Kranke mitunter stark unter wechselnden Stimmungen und Gefühlen leiden. Diese Schwankungen entstehen nicht nur durch die körperlichen Strapazen der aggressiven Therapie und durch die ständige Angst und Ungewißheit, in der der Betroffene lebt, sondern auch durch das Gefühl, von anderen abhängig, auf Hilfe angewiesen zu sein. Dieses Gefühl zu ertragen, ohne beschämt zu sein oder sich selbst zu verachten, fällt vielen schwer.

Die Krebspatientin Hedwig, bei der nach Jahren durch eine Überdosis Kobalt-Bestrahlungen schwere Lähmungserscheinungen aufgetreten sind, sagt in einem Gespräch: «Ich habe jetzt die Freiheit zu sagen: ‹Ich bin gelähmt. Bitte helfen Sie mir.› Aber man muß sich erst überwinden, ehe man soweit ist.»

Anne-Marie: «Das war ein langer Weg, bis du diese innere Freiheit hattest, um Hilfe zu bitten.»

Hedwig: «Ja. Obwohl sich kaum einer sträubt, wenn man es sagt. Aber man ist von Natur aus veranlagt und auch so erzogen, erst sich selber zu helfen. Das hast du trotzdem geschafft – dieses Gefühl ist doch auch etwas Positives, dieses Nicht-immer-bitten-Müssen.»

Anne-Marie: «So ein Stück Unabhängigkeit, das tut dir gut, und daß du dir deinen Raum erhältst.»

Hedwig: «Ja, Unabhängigkeit, die ist mir schon sehr wichtig.»

Während meiner eigenen Krankheit habe ich beides erfahren: Einerseits brauchte ich meinen Raum der Unabhängigkeit, andererseits fühlte ich die Berechtigung, Hilfe zu erbitten.

Gemeinsamer Schmerz läßt Menschen zusammenrücken. Egon, Ehemann einer Krebspatientin: «Ich will ja auch zu ihr stehen als Mensch. Wenn man vierzig Jahre zusammenlebt, da ist das ja nicht so leicht, wenn eine Frau dann so erkrankt. Und sie verkraftet es schwer. Sie betrachtet das Ganze als ihr Todesurteil. Das hängt über ihr. Ich rüttle sie dann immer wieder auf, wenn sie weint.» Den anderen zu stützen, zu ihm zu stehen und, wenn nötig, zu beschützen – diese Handlungsweisen schaffen ein günstiges Heilklima für den Erkrankten. Sie vertiefen, erweitern und festigen die Beziehungen zwischen Menschen: «Es war eine Chance für unsere Ehe. Wir haben uns wirklich darauf besonnen, daß das Leben kurz ist, daß es nur eine Station ist. Wir machen manchmal Dinge, über die die anderen sich wundern. Wir sagen zum Beispiel: ‹Wir haben zwar wenig Geld. Wir müßten uns dringend einen neuen Schrank kaufen. Aber ein neuer Schrank läuft uns nicht weg. Also machen wir eine Reise.› Mein Mann hat unsere Ehe noch nie so bewußt erlebt wie jetzt, wo wir diese konkreten Sorgen haben. Er hat sogar beruflich zurückgesteckt deswegen. Er hat einen Posten ausgeschlagen, der ihn unheimlich hochkatapultiert hätte, wo er aber nur noch ganz wenig Zeit für seine Familie gehabt hätte. Das, muß ich sagen, war von meinem Mann eine ungeheure Tat. Selbst wenn er sich nicht so äußern kann, zeigt er mir doch ganz deutlich, wie sehr ihm daran liegt, daß das Familienleben trotz meiner Krankheit aufrechterhalten bleibt. Für uns wäre wirklich das größte Glück, wenn er weniger arbeiten könnte, wenn wir mehr Zeit füreinander hätten. Für uns war es eine Chance, meine Krankheit, wirklich.»

Eine andere Krebspatientin berichtet: «Wir lagen schon in Scheidung. Mein Mann lebte bei einer anderen. Als er hörte, daß ich Krebs hatte und eine Brust abgenommen bekomme, kam er zurück. Am Morgen vor der Operation kam er ins Krankenhaus und brachte mir Blumen. Das ist sechzehn Jahre her. Seitdem führen wir eine glückliche Ehe. Vorher hatte er immerzu andere Frauen.»

Reinhard: «Ich habe erfahren, daß unsere Beziehung noch ein Stück dichter geworden ist durch diese Gefahr der Krankheit und des Todes. Auch mit unseren Kindern habe ich erlebt, daß unsere Beziehung durch die gemeinsame Bedrohung enger geworden ist, ein Stück wesentlicher.»

«Dann schmusen wir erst mal 'ne Runde.»   Zärtlichkeiten können sich in liebevollen Worten und in Handlungen ausdrücken.

Eine achtunddreißigjährige brustamputierte Frau mit zwei kleinen Kindern erzählt: «Als ich nach Hause kam, habe ich als allererstes meinen Mann gebeten, sämtliche Spiegel im Badezimmer zu entfernen. Er nahm mich daraufhin in die Arme und meinte: ‹Komm, wir wollen es uns beide ansehen. Du bist doch die gleiche Frau geblieben, auch wenn du diesen Verlust erlitten hast.» [8] Warum nehmen wir eigentlich so selten verzweifelte oder weinende Erwachsene in unsere Arme und trösten sie? Warum lassen wir sie nicht durch den Körperkontakt unsere Zuneigung spüren? Ist es die Angst, daß der Erwachsene uns mißversteht, zurückweist?

Wir sind unbefangener, wenn wir mit einem Kind in der Sprache der konkreten Zärtlichkeit sprechen. Christians Mutter: «Wenn er da draußen in seiner Umwelt Enttäuschungserlebnisse erfährt, dann spreche ich mit ihm. Er kommt dann weinend zu mir, und ich nehme ihn trotz seines Alters auf meinen Schoß, in meinen Arm, und dann schmusen wir erstmal 'ne Runde.» Christian und seine Mutter leben in einer partnerschaftlichen Beziehung, in der die Zärtlichkeit eine wichtige Rolle spielt: «Wir erziehen uns gegenseitig, wenn ich das überhaupt Erziehen nennen kann. Jeder hat seine Rechte, seine Regelungen, die eingehalten werden müssen – Abmachungen, die wir beide zusammen besprechen, wobei ich seine Meinung genauso akzeptiere wie er meine ... obwohl ich glaube, daß ich doch meistens auf ihn ein bißchen mehr eingehe. So manches Mal bin ich dann frustriert und sage: ‹Jetzt komme ich wirklich zu kurz.› Dann nehmen wir uns lachend in die Arme.»

Auch Tytte sucht nach körperlicher Nähe: «Er schläft ein mit mir im Arm. Er möchte gern auf dem Bauch liegen und seine Ruhe haben, statt dessen liegt er auf dem Rücken mit mir im Arm. Es ist gut, so etwas!» [49]

Wir alle brauchen Zärtlichkeit und Körpernähe. Wir können sie uns gegenseitig geben. Wer oder was hindert uns daran?

Die seelische Welt des Erkrankten zu verstehen suchen

«Man muß sich hundertprozentig einfühlen.»   Jeder lebt in seiner eigenen inneren Welt des Fühlens und Denkens. Diese seelische Welt ist für ihn Realität, auf sie reagiert er. Es gibt so viele seelische Welten, wie es Menschen gibt. Das hat zur Folge, daß Menschen auf ein etwa gleiches Ereignis, zum Beispiel eine Krankheit, so unterschiedlich reagieren: der eine still und verschlossen, der andere laut, erregt und aggressiv. Wie können wir als Gesunde uns in die seelische Welt eines Erkrankten einfühlen, um zu verstehen, warum er so und nicht anders reagiert?

Die «Klopfzeichen», durch die er sein Bedürfnis nach Zuwendung und Verständnis mitteilt, sind während einer langen Krankenzeit oft so leise geworden, daß sie kaum noch einer zu hören vermag. Bei einigen verstummen diese seelischen «Klopfzeichen» ganz, und das große Schweigen bricht aus. Dieses Verstummen ist oft das Ergebnis eines Entwicklungsprozesses, in dem ihre Versuche, sich mitzuteilen, mißverstanden oder überhaupt nicht wahrgenommen wurden.

Wie sehr Erkrankte oft unter dem Unverständnis ihrer Angehörigen leiden, wird im folgenden Gespräch zwischen einer
dreiunddreißigjährigen, an Krebs erkrankten Lehrerin und mir
deutlich:

Lehrerin: «Wenn ich meinem Mann sage ‹Die Lymphdrüsen
am Hals sind dick›, reagiert er mit Panik: ‹Ja, warum sagst du mir
das? Jetzt kann ich nicht mal mehr Abendbrot essen. Das schlägt
mir auf den Magen.› Er ist also jedesmal sehr mitgenommen,
aber auch sauer darüber, daß ich ihn damit belaste. Und ich hör
dann damit auf. Aber ich muß manchmal eben auch sagen können, daß mir mein Hals weh tut.» Etwas später fährt sie fort: «Es
wird abgewiesen, wenn ich sage: ‹Vielleicht bin ich in einem halben Jahr nicht mehr.› – ‹Nein, das passiert nicht.›»

Anne-Marie: «Sie haben keinen Menschen, der versteht, was
Sie fühlen?»

Lehrerin: «Meine Mutter erträgt das auch nicht. Das können
die wenigsten ertragen. Eine Freundin hab ich, ja, die kann es
akzeptieren. Mit der hab ich alles durchgesprochen, was wäre,
wenn ich noch kranker werde und sterben würde, und wie alles
weiterlaufen kann mit meinem Dreijährigen. Und das find ich
auch sehr beruhigend, das so zu machen.»

Anne-Marie: «Diese Freundin ist bereit, das zu hören, was in
Ihnen ist. Und das tut Ihnen gut.»

Lehrerin: «Ja, sie hat auch die Bücher von Kübler-Ross übers
Sterben gelesen. Das hat mein Mann alles abgelehnt und meine
Mutter auch. Die sagen nur: ‹Ach, du liest solche Bücher.› Im
Grunde genommen muß man doch lernen, den Tod mit einzu-
bauen in sein Leben. Viele Leute machen mir deswegen Vorwürfe: Ich würde nicht genug am Leben hängen, und deshalb wäre
ich so krank.»

Neben der Ehrlichkeit gegenüber dem Erkrankten, der Achtung, Warmherzigkeit und der Fürsorge für ihn werden ihm
auch durch das Einfühlen in seine Erlebniswelt heilsame Erfahrungen ermöglicht. Einfühlend die seelische Welt des anderen zu
betreten, sie zu akzeptieren und zu verstehen und ohne Wertung

dem anderen mitzuteilen bedeutet, in seiner Seele zentriert zu sein. Eine solche Einfühlung bewirkt in ihm seelische Veränderungen, die den Heilungsprozeß fördern: das Gefühl, verstanden zu werden, nicht allein zu sein, Dankbarkeit, Wohlbefinden, Erleichterung. Er fühlt sich ermutigt, weiter seine Gefühle und Ängste mitzuteilen und ihnen nachzugeben. Er wagt es, sich mit sich selbst auseinanderzusetzen, klarer seine Situation zu überschauen. Er kommt sich selbst näher: «Wenn man seine Gefühle unterdrückt und sich eigentlich gar nicht kennt, lebt man nur am Rande.»

Christians Mutter: «Wenn Christian krank im Bett liegt, dann muß ich Seelenarbeit verrichten, indem ich unentwegt in dem Kind herumsuche und mich bemühe, zu verstehen, wo denn seine Schwierigkeiten liegen. Wenn ich das dann gefunden habe, dann ist er schon halb wieder gesund. Man muß sich hundertprozentig einfühlen. Viele machen das verkehrt. Sie opfern sich auf. Irgendwie muß man das freiwillig tun, so aus tiefstem Herzen heraus.»

«Ich versuche mir vorzustellen, wie es Dir geht und wie Du Dich fühlst.» Dies schrieb mir eine Freundin wenige Tage nach meiner Brustamputation. Ich denke, das ist der Weg, den anderen wirklich zu verstehen: sich vorzustellen, wie es ihm in seiner Welt geht, wie er sich darin fühlt.

In diesem Bemühen stellen sich die Angehörigen und Freunde eines Erkrankten viele Fragen: Was tut ihm weh? Geh ich behutsam und sanft genug mit ihm um? Wieviel Schonung, wieviel Rücksichtnahme möchte er? Die folgende Äußerung der Ehefrau eines Krebspatienten zeigt, wie schwierig es ist, den Mittelweg zwischen Schonung und Beanspruchung eines Erkrankten zu finden: «Mein Mann hat sonst immer meine Mutter abends mit dem Wagen nach Hause gefahren. Er sah so schlecht aus, und mir tat das leid. Ich habe ihn fahren lassen. Ich hätte genausogut selbst fahren können, aber ich habe gedacht, das braucht er.»

Auch im sexuellen Bereich ist Einfühlung von großer Bedeutung. Manche unserer Krebspatienten haben Schuldgefühle wegen ihrer «Unlust am sexuellen Leben» entwickelt. Auch hier ist es hilfreich, wenn sich der gesunde Partner fragt: Was möchte der Erkrankte? Kann ich meine Wünsche mit seinen Bedürfnissen und Möglichkeiten in Einklang bringen? Dadurch lassen sich viele Schwierigkeiten und Mißverständnisse in sexuellen Beziehungen vermeiden. Ehemann: «Die Krebsoperation meiner Frau hat unser sexuelles Verhalten eigentlich nicht beeinträchtigt, abgesehen von den Wochen nach der Operation, wo sie Schmerzen hatte. Jetzt beeinträchtigt es mich nicht mehr, daß ihre Brust amputiert ist. Nur dachte ich zunächst: Du mußt dich sehr vorsehen, daß du nicht die Gegend um die Narbe berührst. Das wird ihr weh tun.» Und seine Ehefrau: «Es ist erst zwei Monate her. Es ist zum Teil noch alles taub bei mir im ganzen Wundbereich. Er kann natürlich jetzt nur meine rechte Brust streicheln. Er hat mir schon vor der Operation gesagt, daß es in seiner Beziehung zu mir überhaupt keine Rolle spielt, wenn mir eine Brust abgenommen wird.»

Diesen positiven Beispielen stehen die quälenden Erfahrungen vieler brustamputierter Frauen gegenüber, die in großer zusätzlicher Sorge leben: Wie wird mein Partner reagieren? Es ist wichtig, daß die Partner darüber sprechen und sich gegenseitig zu verstehen suchen.

Viele Erkrankte sind so verzweifelt, daß sie manchmal daran denken, sich das Leben zu nehmen: «Die Schwester meines Mannes ist an Krebs erkrankt und hat sich aufgehängt. Sie war schon über siebzig und konnte nicht mehr operiert werden. Der Arzt sagte: Sie kann, wenn sie vernünftig lebt, noch einige schöne Jahre erleben. Sie hatte aber nicht die Kraft, das durchzustehen.»

Wie können wir Erkrankten helfen, die uns gegenüber Selbstmordgedanken äußern? Ich möchte als Beispiel auszugsweise ein Gespräch wiedergeben, das ich mit dem achtzehnjährigen Karl geführt habe. Er rief mich drei Tage nach seinem zweiten Selbstmordversuch an. Der Anlaß für Karls Entschluß, sich das Leben zu nehmen, war keine körperliche Erkrankung, doch ist das folgende Gesprächsbeispiel auch auf selbstmordgefährdete Krebspatienten übertragbar.

Karl: «Ich spüre manchmal so plötzliche Kraftlosigkeit, daß ich in mich zusammensacke, überhaupt nichts mehr fühle, nicht ansprechbar bin. Jetzt, hier bin ich wie so ein Vakuum, nichts erreicht mich. Es war früher manchmal so, daß ich euphorisch war und plötzlich – so grundlos – in mich hineinsackte, überhaupt nicht fähig war zu atmen. Es war alles für mich irgendwie nicht zugänglich.»

Anne-Marie: «Und das kommt so über dich, das kannst du nicht kontrollieren.»

Karl: «Nein, das kann ich nicht kontrollieren. Ich hab keinen Kontakt zu niemandem, zu Gegenständen und so.»

Anne-Marie: «Du fühlst dich abgeschnitten von allen?!»

Karl: «Ja – und in dieser Situation fühle ich mich nur wie ein Nichts eben.»

Anne-Marie: «Du spürst dann auch nichts?!»

Karl: «Nein, in diesem Moment tut mir auch nichts weh. Irgendwo fühle ich mich dann richtig tot, so ausgelaugt.»

Anne-Marie: «Was dich da so tief erschreckt, ist diese Gefühlslosigkeit.»

Karl: «Auch diese Kaltheit eben.»

Anne-Marie: «Deine Kälte erschreckt dich.»

Karl: «Ja, meine Kälte. Am liebsten liege ich dann irgendwo, lieg einfach so.»

Anne-Marie: «Ich versteh, daß du dich dann ganz in dich zurückziehst, um diese Empfindungen auch nicht zu haben. Denn wenn du mit irgendwelchen Menschen oder Gegenständen zusammen bist, dann spürst du, wie abgeschnitten du bist. Und dann ziehst du dich am liebsten in dich zurück, ganz in dich hinein.»

Karl: «Und manchmal ist es dann so, daß ich denke: Du bist eigentlich nur noch Fleisch, und das kann ich ja nun auch noch wegbringen.»

Anne-Marie: «Ja, daß du dann aus diesem Gefühl heraus, ein Nichts zu sein, nur noch Fleisch, denkst: Das lohnt sich für mich nicht.»

Karl: «Ja – das ist auch nicht lohnenswert.»

Anne-Marie: «Und das ist dann der Augenblick, wo du dieses Fleisch zum Absterben bringen willst durch Tabletten.»

Karl: «Ja. – Aber wenn das dann vorbei ist, dann kann ich das andere Ich irgendwie gar nicht mehr begreifen. Wenn ich dann wieder atmen kann, merke ich, daß ich mich spür. Das ist dann wieder so 'n schönes Gefühl, daß ich mich darin nicht begreifen kann: Wie hast du das tun können! Und deshalb hab ich auch so 'ne furchtbare Angst vor mir selbst.»

Anne-Marie: «Ja, ich versteh es: Du bist dir selber unheimlich. (Karl: «Ja.») Du kannst das, was du mit deinem anderen Ich empfunden hast, überhaupt nicht mehr nachempfinden. Das ist dir so fremd, daß es dich fast abstößt, erschreckt – und dir Angst macht.»

Karl: «Ja. Und manchmal ist es auch mit meinem Freund so: dieses andere Ich, das ich manchmal nicht begreifen kann, diese Kälte, diese Gleichgültigkeit. Ich glaube, ich tu ihm auch damit weh. Jedesmal, wenn ich so war, dann hat er mich angesprochen. Ich kann mich dann nicht äußern, das geht nicht.»

Anne-Marie: «Ist es so: Du kannst dich in dem Augenblick nicht äußern, wo dieses bedrohliche Ich in dir ist?!»

Karl: «Dann ist mir auch die Gegenwart von anderen sehr zuwider, ekelt mich fast an.»

Anne-Marie: «Du lehnst dich dann selber ab in dieser Kälte, Unnahbarkeit und mit diesem anderen, kalten Ich?»

Karl: «Ich lehne dann irgendwie meinen Körper ab, dieses unfähige Etwas, das noch irgendwo rumsitzt und rumsteht. Das finde ich dann so schrecklich.»

Anne-Marie: «Daß du überhaupt noch existierst?»

Karl: «Ja. Wo ich doch irgendwie schon nicht mehr existent bin. Wenn ich so bin, das tut mir auch irgendwo weh, wenn ich so eisig zu den Leuten bin – weil ich dann nachher nicht mehr so unbefangen zu ihnen sein kann, wenn es vorbei ist. Dann kann

ich sie nicht plötzlich wieder umarmen, wenn ich sie vorher so
kalt behandelt habe. Das geht nicht, und dadurch entfremdet
man sich. Ich hab mich von sehr vielen Leuten entfremdet.»

Anne-Marie: «Du bist innerlich einsamer geworden?! (Karl:
«Ja.») Aber in dem Augenblick, wo das so in dir ist, da kannst du
gar nicht anders.»

Karl: «Nein, dann werd ich von irgend etwas anderem gesteu-
ert. Früher, da konnt ich mich noch immer selber täuschen, indem ich unbegründet fröhlich wurde, indem ich das dann einfach so weglachte. Das geht jetzt nicht mehr.»

Anne-Marie: «Manchmal hast du's probiert, es zu überspielen.»

Karl: «Ja – aber das geht nicht mehr. Aber ich möchte auch
irgendwie jetzt etwas dagegen tun...»

Karl berichtet dann, daß es ihm in der Klinik manchmal besser
ginge.

Karl: «Mein Geist ist eben freier, und das ist die Hauptsache,
daß ich mich freier entscheiden kann, daß die Glasglocke nicht
da ist. Daß ich zu anderen Menschen Kontakt haben kann. Daß
ich dazu fähig bin.»

Anne-Marie: «Du spürst, die Glasglocke ist weg, die zwischen dir und anderen ist. Ich spüre eigentlich auch, daß du dir
selber ein Stückchen näherkommst, daß du dich eher akzeptierst.»

Karl: «Ja, ich akzeptiere, daß das jetzt so ist. Aber ich will da
nicht stehenbleiben. Ich akzeptier es, aber ich will nicht, daß es
zu mir gehört. Ich will es ändern. Da ist es auch irgendwo mein
Feind, der zerstört mich.»

Anne-Marie: «Ich denk so grad: Wenn du deinen Feind in dir
akzeptierst, macht er dir nicht mehr soviel zu schaffen. Das
klingt irgendwie seltsam, aber...»

Karl: «Ja, ich verstehe. Aber ich möchte diesen Teil nicht mein
Leben lang mit mir rumschleppen, weil er ja auch immer wieder
meiner mächtig wird. Und ich habe Angst, daß er mich wirklich
eines Tages zerstört.»

Anne-Marie: «Du empfindest: Es ist ein Teil von dir, der dich zerstört, der dich zu den Tabletten greifen läßt. Und irgendwo höre ich jetzt auch von dir: Du möchtest dich nicht zerstören. Du möchtest eigentlich leben.»

Karl: «Ja. Und es ist schon unheimlich wichtig, das zu wissen.» [47]

Ich habe mich in dem Gespräch mit Karl bemüht, seine Erlebniswelt zu verstehen, mich behutsam an sein Ich heranzutasten und zu erspüren, was er fühlt. Welche Bedeutung haben seine Erfahrungen für ihn? Wie bewertet er sie? Ich habe versucht, mich in Karl hineinzuversetzen, unter seine Haut zu schlüpfen und die von ihm zum Ausdruck gebrachten Einstellungen sowie jede kleinste Änderung darin zu akzeptieren und ohne Wertung zu verstehen. Dadurch kann er sich selbst tiefer erfahren, kann spüren, was er wirklich fühlt, und sich darin klären. Ich habe mich von Karl leiten lassen. Er hat mich durch seine Welt geführt. Ich habe Bereiche seines Ichs betreten, in denen er sich «abgeschnitten», «als Nichts» fühlte, aber auch Räume von Karls Erlebniswelt, in denen die «Glasglocke» zwischen ihm und den anderen nicht da ist und er sich selbst ein Stück näherkommt. Er hat mir seine innere Zerrissenheit offenbart: Einerseits spürt er, daß er leben möchte, andererseits fühlt er, daß ein bedrohlicher Teil seines Ichs ihn zerstört. Karl hat seitdem keinen weiteren Selbstmordversuch unternommen. Unser Gespräch liegt etwa drei Jahre zurück. Inzwischen habe ich mich selber aufgrund meiner Krebserkrankung intensiv mit dem Sterben und dem Tod auseinandergesetzt. Das gibt mir die Kraft und den Mut, die Angst über den Tod auszusprechen, wenn ich spüre, daß diese Frage für den anderen ansteht und ihn nicht mehr losläßt.

Hilfreiches Handeln für den Erkrankten

«So eine Aufgabe zu haben, tut mir gut – eben, weil meine Tante mich so braucht.» Ehrliche, aus einem inneren Bedürfnis gegebene Hilfe schließt aus, daß Helfer Kranke und Hilflose dirigieren und kontrollieren. Dem Erkrankten wird nicht befohlen, sich entsprechend den Vorstellungen seiner Angehörigen oder Freunde zu verhalten; er wird nicht durch sie kontrolliert, er erhält keine Verbote, Belehrungen, Ermahnungen oder gar Bestrafungen, wenn er sich nicht «richtig» verhalten hat; er wird nicht zu bestimmten Auffassungen oder Entscheidungen überredet; er wird nicht von gemeinsamen Familienaktivitäten, an denen er teilnehmen könnte, ausgeschlossen. Setzen sich Angehörige und Freunde offen mit ihrem eigenen Erleben und der Situation des Erkrankten auseinander und begegnen sie ihm zugleich aufrichtig, liebevoll und einfühlsam, so werden sie das Bedürfnis spüren, für ihn in vielfältiger Weise tätig zu sein, ihn zu unterstützen und ihm zu helfen, ohne über ihn zu bestimmen. Sie tun das nicht schematisch oder routinemäßig. Der Erkrankte fühlt die Hingabe, die hinter ihren Bemühungen steht. Er spürt die positive, kräftigende Wirkung dieser oftmals auch gemeinsamen Aktivitäten: Er gewinnt Selbstvertrauen und Selbstverantwortung zurück, wird selbstbestimmter, erfährt sich als achtenswerte Person. Er wird seelisch und körperlich gesünder. Er akzeptiert seine Krankheit als Teil seiner Person. Er spürt, daß Aktivität und Kreativität in ihm freigesetzt werden. Er wird fähiger, auf andere Menschen zuzugehen.

Welcher Art sind die förderlichen Aktivitäten, die wir dem Erkrankten anbieten können? Angehörige und Freunde geben dem Erkrankten Anregungen, versorgen ihn mit Informationen, mit Hilfsmitteln, zum Beispiel Büchern, Zeitschriften, Cassetten, Telefon. Sie bieten ihm an, ihre Zeit gemeinsam mit ihm zu verbringen. Sie weichen den Rückmeldungen des Erkrankten nicht aus und bemühen sich um Klärung in Gesprächen. Sie treffen mit ihm Vereinbarungen und Regelungen. Sie kümmern sich um erleichternde Bedingungen für ihn, mit denen er seine Selbstachtung und sein beschädigtes Selbstvertrauen wieder stärken und aufbauen kann. Sie lernen mit dem Erkrankten, bewußter zu leben und sich mit dem Tod auseinanderzusetzen. Sie ermöglichen ihm, Verbitterung und Vereinsamung zu überwinden, Kontakte zu anderen aufzunehmen. Sie sind bemüht, hilfreiche medizinische Maßnahmen für den Erkrankten ausfindig zu machen.

Eltern von krebskranken Kindern stehen immer wieder vor der Situation, regelmäßig mit ihrem Kind zum Arzt oder zur Klinik fahren zu müssen. Meist fällt diese schwere Aufgabe den Müttern zu, die mitunter ihre berufliche Tätigkeit aufgeben müssen. Wie diese häufigen Arztbesuche von Mutter und Kind angenehm gestaltet werden können, zeigt das folgende Beispiel: «Wenn wir mittwochs in die Klinik mußten und der Junge sich wohl fühlte, dann sind wir mit unseren Fahrrädern gefahren, und wir haben uns Eis am Stiel gekauft. Ich hab immer zugesehen, daß der Junge nicht erst lange im Wartezimmer sitzen mußte. Wir haben uns dort als einzige draußen in den Garten gesetzt. Wehe, wenn wir zu lange warten mußten. Einmal hat uns der Professor zwei bis drei Stunden warten lassen. Da bin ich ärgerlich geworden. Und ich habe gesagt: ‹So geht das nicht. Sagen Sie mir vorher Bescheid, dann komme ich noch einmal wieder, aber so lange sitz ich hier nicht und warte mit dem Jungen.› Die Angst, die wird dann noch viel größer. Ich hab dann auch immer mit meinem Jungen gespielt. Die anderen Eltern und Schwestern haben einen dann schon dumm angeguckt, weil wir dann möglicherweise witzige Spiele spielten, die eben nicht ins Krankenhaus paßten. Ich spürte deutlich ihre Abneigung. Das merkt man doch immer wieder, wenn man andere Wege geht.»

Häufige Arztbesuche oder die Verabreichung von Medikamenten, die ungünstige Auswirkungen auf das seelische und körperliche Befinden des Kindes haben, können die Beziehung zwischen Mutter und Kind belasten. «Der Arzt spritzt ihm das

Mittel. Dann kann er meist ein paar Stunden nicht richtig laufen. Er hat schon oftmals einen Haß auf mich, und ich glaube, er würde größer werden, wenn ich ihm die Spritze selber geben würde. Er sagt schon manchmal: ‹Du hast das gemacht.› Deswegen lehne ich es ab, ihn zu spritzen.»

Erkrankte Kinder neigen dazu, ihre Wut und ihren Haß der Mutter anzulasten – schließlich ist sie es ja, die sie zum Arzt «schleppt». Ich denke, daß wir akzeptieren müssen und verstehen sollten, daß in Erkrankten gelegentlich Wut, Ärger und Enttäuschung aufsteigen.

Es kann auch für einen kranken Erwachsenen eine große Hilfe bedeuten, wenn Angehörige ihn zu unangenehmen Untersuchungen begleiten. Wichtig ist auch, daß sie nachts für ihn erreichbar sind. Für mich ist es eine große Erleichterung gewesen, daß Reinhard während meiner Krankheit immer wieder sagte: «Wenn du nicht schlafen kannst, weck mich.» Das Schönste ist, daß dieses Angebot noch heute gilt.

Wenn eine Frau erkrankt, die vorher den Haushalt besorgte, fallen viele zusätzliche Arbeiten für die anderen Familienmitglieder an. Egon: «Ich muß jetzt immer einholen. Wenn ich dann zurückkomme, lobt sie mich freudestrahlend.» Eine fünfzigjährige Hausfrau erzählt von ihrem Mann: «Ja, er hat dann Staub gewischt. Und das ist bis heute so geblieben. Jetzt hab ich schon gesagt, ich könnte das mal wieder machen. Aber da sagte er: ‹Ich muß mich auch bewegen.›»

Auch Nachbarn bieten in solchen Fällen ihre Hilfe an: «Wir hatten damals unsere Kinder im Abitur. Obwohl ich zu Hause war und etwas hätte tun können, haben die Nachbarn einfach gesagt: Sie gehen morgen spazieren und machen das und das. Aber für das Kochen sorgen wir. Da haben fünf Familien wochenlang Essen für uns gekocht. Mittags stand ein Korb vor der Tür. Sie klingelten nicht. Ich wußte nie, bei wem ich mich bedanken sollte. Ich hab das nachher erst richtig gehört: Das hatte die eine Nachbarin in die Hand genommen. Zu diesen Menschen habe ich heute noch einen ganz starken Kontakt. Es waren

Nachbarn und Leute, die von meiner Krankheit nur gehört hatten.»

Auch für manche Besucher von Erkrankten ist es erleichternd, wenn sie etwas Praktisches für ihn tun können. «Nachdem der erste, sehr tiefe Schmerz bei mir vergangen war und ich etwas direkt für sie tun konnte, ging es mir besser», berichtet mir der achtundvierzigjährige Sohn einer schwerkranken Mutter. – Schwägerin einer Krebspatientin: «Erst als ich ihr das Nachtgeschirr reichen und andere notwendige Handgriffe für sie tun mußte, erlebte ich ihre Hilflosigkeit in vollem Umfang. Jetzt konnte ich vieles von dem besser verstehen, was sie mir von sich erzählte.» Berta, die vor ihrer Arbeit zu ihrer erkrankten Tante fährt, um sie zu waschen, erzählt: «Sie nimmt immer meine Hände und sagt: ‹Daß du das machst ...› So eine Aufgabe zu haben tut mir gut – eben weil meine Tante mich so braucht.»

«Die vielen Blumen, Briefe, Besuche und Anrufe geben mir seelische Kraft.» Angehörige, Freunde und Bekannte geben dem Erkrankten viele Zeichen ihrer Zuneigung, die ihm wohltun. «Als ich die Cassette von meiner Frau im Krankenhaus hörte, bekam ich ein Gefühl von Wärme und Nähe.» – «Briefe, Blumen, Besuche und Anrufe geben mir seelische Kraft. Sie haben eine Batterie in mir aufgeladen, die sich jetzt weiterhin selber auflädt.» – «Am Tag nach meiner ersten Gruppensitzung bekam ich einen Anruf von einer Gruppenteilnehmerin: ‹Ich freue mich, dich getroffen zu haben. Und es ist schön, daß es dich gibt.› Das hat mich überwältigt und zum Weinen glücklich gemacht.» – «Ich habe mir die Karten und alles aufgehoben. Sie liegen in meiner Schreibtischschublade. Die guck ich mir immer wieder an, wie andere sich Münzen betrachten. Und ich war unglücklich, daß eine Kusine von mir, mit der ich freundschaftlich verbunden bin, nur telefoniert und Blumen geschickt hatte. Ich wollte doch was in der Hand haben.»

Ich denke, daß es auch Mitmenschen erleichtert, wenn sie – wenigstens in Briefen – aktiv werden, etwas für Erkrankte tun können. Sie schreiben zum Beispiel: «Ich bin mit meinen Gedanken und Gefühlen viel bei Ihnen.» – «Ich will Dir Trost geben.» Ein Gruppenmitglied aus unseren «Psycho-Treff»-Fernsehsendungen schrieb mir: «Ich bin Dir so nahe, daß ich fast körperlich mitfühlen kann, was Du erlebst. Wenn wir alle doch durch unsere Kraft der Zuneigung ein bißchen dazu beitragen könnten, Deine Kraft zu vermehren, die Du gerade jetzt brauchst. Ich wünschte mir manchmal, ich könnte beten und irgendeine höchste Instanz um Deine Genesung anflehen. Ich kann es nicht – meine Gedanken gehen direkt zu Dir.»

Ein Brief, ein Anruf, eine besprochene Cassette, für manche vielleicht auch ein Gebet – das sind einige der zahllosen Möglichkeiten, mit denen Menschen einander helfen können. Ich glaube, es kommt hier wirklich nicht auf das ‹Was› an, sondern auf das ‹Wie›: Wieviel echtes Gefühl wir hineinlegen, so daß es den anderen erreicht, etwas in ihm «zum Schwingen bringt».

«Ich brauche manchmal so 'nen kleinen Anstoß, wenn man selbst die Kurve nicht mehr kriegt.»   Dieses Bedürfnis eines Krebspatienten kennen viele: das Gefühl, «mit den eigenen Kräften am Ende zu sein» und jemanden zu brauchen, der uns «in so einem Augenblick eine kleine Hilfe gibt». Erkrankte brauchen häufig Anregungen und ganz konkrete Hilfen, um die Lähmung, die körperliche und seelische Schmerzen in ihnen verursachen, zu überwinden. Dabei denke ich vor allen Dingen daran, ihnen Kraftquellen zu erschließen, mit denen sie für sich selbst sorgen und sich weiterentwickeln können: Visualisierung im entspannten Zustand, Autogenes Training, Yoga, Meditation und Lauftraining haben sich in dieser Hinsicht als sehr geeignet erwiesen (s. S. 98 f).

Angehörige und Freunde spüren immer wieder die Notwendigkeit, sich Zeit für Gespräche mit dem Erkrankten zu nehmen. Patienten, die die Möglichkeit haben, solche Gespräche zu führen, berichten über die Erleichterung, die ihnen das Aussprechen ihrer Ängste und Probleme verschafft: «Ich hab es ge-

schafft, daß ich mir gleich nach meiner Operation Freunde gesucht habe, mit denen ich darüber reden konnte. Für mich war
wichtig, daß jemand da war, der zuhörte. Dadurch konnte ich
meine Angst etwas loswerden.» Diese Erleichterung verspüren
auch die Angehörigen: «Angst macht mir heute weniger zu
schaffen, denn ich habe sehr direkt mit Andreas darüber sprechen können», berichtet Gesa, die als Ehefrau eines Krebspatienten an einer Gesprächsgruppe teilnahm. «Es hat mich gefreut, daß er so gut darauf eingegangen ist. Ich hab da also keine
Schwierigkeiten mehr – nicht mal mehr, über den Tod zu sprechen. Früher hätte ich nicht direkt über die Krankheit sprechen
können. Genau wie es mir früher schwergefallen wäre, einen Behinderten darauf anzusprechen, daß er nur noch einen Arm oder
ein Bein hat. Das wäre mir peinlich gewesen.»

In ihrem Bemühen, dem Erkrankten zu helfen, können Angehörige und Freunde ihm auch das Angebot machen, an einer Gesprächsgruppe teilzunehmen. Sie können ihm zum Beispiel ein
Informationsblatt über derartige Gruppen besorgen oder ihm
Kontakte zu ehemaligen Gruppenteilnehmern vermitteln. Manche kostet es einige Überwindung, den ersten Kontakt zu einer
Gesprächsgruppe aufzunehmen. Viele entdecken jedoch sehr
bald die Vorteile, die im offenen Sprechen über ihre Erkrankung
liegen: «Ich bin ein bißchen sicherer geworden, selbstbewußter.
Die Gruppe war mir eine Hilfe – und zwar die Gruppe insgesamt, nicht nur einzelne. Da waren einfach Menschen, die für
einen da waren, die einem helfen konnten – eben dadurch, daß
sie zuhörten.» – «Ich glaube, der Sinn dieser Gruppe ist diese
Mitmenschlichkeit, daß wir uns gegenseitig helfen.» – «Ich habe
in der Gruppe erfahren, daß ich auch Zärtlichkeit geben kann.»

Angehörige und Freunde können auch gemeinsam mit dem
Erkrankten in eine Gruppe gehen, wenn dieser es wünscht. Erkrankte Ehefrau: «Es war ein Halt für mich, daß mein Mann
dabei war. Ich habe alles sagen können.» Und ihr fast siebzigjäh-
riger Ehemann Egon sagt: «Es hat mir Kraft gegeben, ich bin
gern mit ihr hingegangen. Auch für mich war es wichtig, weil

man mal aus seinem Alltag herauskam. Man hatte ein Ziel. Wir nehmen wieder mehr am Leben anderer teil.»

Gesa, die zusammen mit ihrem an Krebs erkrankten Mann an einer Gruppe teilgenommen hatte, sagt: «Ich fand es sehr gut, daß wir beide zusammen da waren. Ein Nachteil dabei war, daß Andreas sich sehr wenig in der Gruppe geäußert hat, doch sind viele Gespräche nachher privat zwischen uns gelaufen. Es wäre ohne unsere Teilnahme an der Gruppe nicht in dieser intensiven Form möglich gewesen.»

Manche Erkrankte halten es für besser, wenn ihre Angehörigen an einer anderen Gesprächsgruppe teilnehmen als sie selbst. Astrid: «Wir waren absichtlich in getrennten Gruppen, weil ich denke, daß wir die Gruppe für die Sorgen brauchten, die wir uns nicht gegenseitig anvertrauen. Wir können das jedenfalls nicht, obwohl wir den Tatsachen klar ins Auge blicken. Ich war froh, daß Jan auch in eine Gruppe gegangen ist. Zuerst war er sehr skeptisch. Ich hab ihn lange überreden müssen, da hinzugehen. Für mich war die Haltung der Leute wichtig, die krank waren, an denen man sehen konnte, die waren auch schlecht dran, und die haben das im Griff und auch überlebt.»

Angehörige oder Freunde können Erkrankte auch anregen, sich mit anderen Betroffenen in Selbsthilfegruppen ohne therapeutische Gruppenhelfer zusammenzuschließen. So sind zum Beispiel die sogenannten Frauenselbsthilfegruppen, an denen vor allem brustamputierte Frauen teilnehmen, nahezu im gesamten Bundesgebiet vertreten. Ich habe allerdings die Erfahrung gemacht, daß es für die Beteiligten oft anregender und hilfreicher ist, wenn Gruppen in ihrer Zusammensetzung hinsichtlich Alter, Geschlecht und Beruf möglichst gemischt sind.

Zu den förderlichen Aktivitäten für den Erkrankten gehört auch, ihn in das Alltagsleben zurückzuführen, ihn zu ermutigen, seine früheren Tätigkeiten wieder aufzunehmen oder andere Angebote wahrzunehmen. Die dreiunddreißigjährige Lehrerin: «Ich will jetzt wieder in die Schule, nach den Ferien, nur mit fünfzehn Stunden. Mein Arzt sagt: ‹Ich find's richtig, daß Sie arbeiten wollen.›» Die Eltern krebskranker Kinder stehen vor der Aufgabe, die Situation ihres Kindes in der Schule vorzuklären, bevor sie es wieder in den Unterricht schicken. Christians Mutter berichtet: «Ich habe der Klassenlehrerin und dem Rektor verboten, über Christians Krankheit zu sprechen. Ich habe sie inständig gebeten: ‹Behandeln Sie mein Kind nicht anders als die anderen.› Das haben sie mir versprechen müssen. Damals ist nur gesagt worden: Christian war drei Jahre krank. Er darf sich nicht überanstrengen. Ich hab mir gedacht: Das kleinere Übel ist, wenn er keinen Sport mitmacht. Ich trainiere ihn hier so lange zu Hause, bis er fit ist, bis er da wieder mitmachen kann. Noch ist er nicht soweit, aber ich finde, er macht große Fortschritte. Er hat Zeit genug.»

Auch die Mutter von Robin hat ihrem Sohn trotz Chemo-Therapie eine Klassenreise ermöglicht: «Ich habe ihm Tabletten mitgegeben für den Fall, daß er Schmerzen hat. Ich hab zu ihm gesagt: ‹Du weißt, erst nimmst du nur eine Tablette.› Ich wollte sie nicht der Lehrerin geben, damit er nicht zu ihr hingehen muß und sagen muß: ‹Geben Sie mir eine Tablette.› Die Lehrerin wollte das erst nicht. Ich sagte zu ihr: ‹Sie können ihm vertrauen.› Er nimmt die Tabletten nur, wenn er große Schmerzen hat. Zu Hause kann er es ja auch selbst entscheiden.»

Wie Christians und Robins Mutter hat jeder Angehörige eines Schwererkrankten auf seine Weise das schwierige Problem zu lösen, wie er in förderlicher Weise für den Betroffenen aktiv sein kann, ohne ihn dabei zu dirigieren. Einerseits möchte er gern Anregungen geben, Alternativen aufzeigen, unterstützende Mittel anbieten. Andererseits stößt er gelegentlich auch auf den Widerstand des Erkrankten, wird zurückgewiesen. Je aufrichtiger, liebevoller und einfühlsamer er im Umgang mit dem Erkrankten ist, desto mehr wird er erreichen und herausspüren, wieviel an aktiver Fürsorge und direkten Angeboten ihm helfen, ohne ihn zu überfordern. Angehörige sollten jedoch nicht erwarten, daß der Erkrankte immer gleich auf ihre Bemühungen eingeht. Oft greift er erst Wochen später ein Angebot, eine Anregung auf. Sind Erkrankte so weit, daß sie für sich selbst hilf-reich sorgen können, schaffen sie hierdurch erleichternde Bedingungen für die ganze Familie. Die achtzehnjährige Tochter einer Krebskranken berichtet: «Ich sehe jetzt, daß meine Mutter sich auch um ihren Körper kümmert. Ich freue mich, daß sie dieses Visualisieren in entspanntem Zustand macht und sich auch mal hinlegt. Das ist für uns sehr erleichternd. Ich glaube, es würde auch die Beziehung stören, wenn ich sie dauernd darum bitten müßte. Weil man sie dann ja doch so 'n bißchen bevormundet. Ich find es vor allen Dingen besser, wenn sie lernt, auf ihren Körper zu hören, ihn nicht zu übergehen, sondern zu sagen: Ja, der braucht jetzt Schlaf, also gebe ich ihm etwas – so aus eigenem Antrieb und nicht, weil wir ihr das sagen.»

Mitmenschen
kümmern sich um den Angehörigen

«Ich als Angehöriger bin ja auch ein Betroffener, was meinen Schmerz und meine Belastung angeht.»   Angehörige von Krebs-patienten sind oft sehr belastet, zum Beispiel durch die Angst, den Erkrankten vorzeitig zu verlieren: «Wenn ich sehe, wie ein lieber Mensch da so liegt und so leiden muß, das empfinde ich als sehr belastend.» – Ehemann einer Krebspatientin: «Es war so schock-artig; mit dieser Krankheit hatte ich nie gerechnet.»

In vielen Äußerungen der Krebspatienten in unseren Ge-sprächsgruppen kam zum Ausdruck, wie sehr ihre Angehörigen «mitgelitten» haben. Hedwig, die seit zehn Jahren Krebs hat: «Ich hatte den Eindruck, die Kinder machen ihre Unternehmun-gen, sie machen den Haushalt, sie machen ihre Schule. Aber sie haben doch auch vieles verpaßt insofern, als sie für die Dinge, die man sonst in ihrem Alter tut, kein Ohr hatten. Sie waren zum Beispiel nicht fähig, auf irgendwelche Parties zu gehen. Ich glau-be, am meisten hat unsere jüngere Tochter, die damals elf war, unter meiner Krankheit gelitten. Sie war damals immer nett und lieb und brav. Aber sie hätte vielleicht besser auch mal Luft ablassen sollen. Wenn sie sich doch nur mal ausgesprochen hätte! Jeder war so belastet. Einer nahm Rücksicht auf den anderen. Wir hatten Vögel und Meerschweinchen und Hamster, und denen haben meine Kinder alles erzählt, was sie mir nicht gesagt haben und sich auch nicht untereinander sagen konnten. Aber jeder für sich ... Mit meinem Mann konnte ich alles besprechen. Aber mit unseren Kindern konnte ich es eben nicht. Das wollte ich auch nicht. Sie wußten medizinisch Bescheid, aber wie mich das seelisch betroffen hat, das konnten sie immer nur ahnen. Eine Ahnung ist ja manchmal schlimmer.»

Die Tatsache, daß viele Kranke sich zurückziehen und verschließen, bereitet Angehörigen und Freunden zusätzlich Kummer. «Es macht mir viel aus, wenn mein kranker Mann sich so verschließt. Mir fehlt 'ne Schutzschicht. Da fehlt mir Gelassenheit oder Gleichgültigkeit. Manchmal habe ich einfach nicht genug Kraft, damit umzugehen.»

Manchmal erschweren auch Bekannte oder andere Familienmitglieder die Lage des Angehörigen, der sich um den Erkrankten kümmert. So berichtet zum Beispiel Christians Mutter über Schwierigkeiten mit ihren Verwandten, die nicht damit einverstanden sind, wie sie mit der Krankheit ihres Kindes umgeht: «Die Menschen, die mich dauernd als Verrückte sehen, die mich häufig häßlich behandeln, weil ich eben ungewöhnliche Wege gehe, die sollen mich doch in Ruhe lassen. Mir hängt das zum Hals heraus. Wenn die das nach so vielen Jahren nicht begriffen haben ... Eine Schwester von mir hat auch noch zu dem Kind gesagt: ‹Du bist doch sterbenskrank.› Ihm das auch noch so ins Gesicht zu sagen! Der Junge lehnt sie ab: ‹Die will mich richtig krank machen. Ich will das nicht, daß sie mich dauernd so mitleidig ansieht.› Er will meine Schwester hier nicht mehr sehen. Das respektiere ich, obwohl ich sie ja letztlich auch noch liebe. Das belastet mich. Dann sage ich mir aber: Der Erfolg ist auf meiner Seite, wenn ich sehe, wie glücklich mein Kind ist. Nicht eine Stunde möchte ich davon missen.»

Durch welches Verhalten können Mitmenschen dem Angehörigen eines Erkrankten helfen? Hierzu einige Antworten: «Ich wünsche mir, daß sie Verständnis dafür haben, daß ich jetzt viel mit meinem Vater zusammen bin, und daß sie das auch akzeptieren.» – «Ich möchte auch mal sagen, daß es mir nicht gutgeht. Ich als Angehöriger bin ja auch ein Betroffener, was meinen Schmerz angeht und meine Belastung.» – «Ich hab's als toll empfunden, daß mich neulich mal jemand gefragt hat: ‹Wie geht's dir?› Sonst fragen mich alle immer: ‹Wie geht's deiner Mutter?›»

Diese Antworten machen deutlich, daß der Angehörige, wie auch der Betroffene selber, Mitmenschen braucht, die in liebevoller Weise für ihn sorgen, Verständnis für sein Leid und seine Belastung aufbringen und ehrlich mit ihm umgehen, ohne ihn zu bewerten. Ich halte es für wichtig, Angehörige oder Freunde von Krebspatienten anzusprechen und ihnen die Gelegenheit zu geben, ihre persönlichen Sorgen und belastenden Gedanken mitzuteilen. Betroffene Angehörige können sich auch gegenseitig hilfreiche Partner sein. Diese Erfahrung machten auch die Angehörigen und Freunde, die an unseren Gesprächsgruppen teilnahmen. Ehemann: «Daß ich in der Gruppe so erzählen konnte, was ich erlebt habe mit meiner kranken Frau, das hat mir gutgetan.»

Mehrere Monate nach Ende der Gruppengespräche befragten wir die Angehörigen: Sie waren mit sich zufriedener geworden, gestalteten ihr Leben bewußter und konnten wieder anderen stärker vertrauen.[6] Sabines Mutter berichtet: «In der Selbsthilfegruppe für Eltern krebskranker Kinder hat man mir auch die Schuldgefühle, die ich immer wieder hatte, genommen. Jeder versuchte, mich zu trösten. Wir konnten uns aussprechen in der Gruppe.»

Seelische Entwicklungen
von Angehörigen und Mitmenschen

«Ich habe eigentlich kaum noch Angst vor Krebs.»   Ich habe mit vielen Angehörigen und Freunden von Krebspatienten gesprochen, die durch den Umgang mit dem Erkrankten ihre eigene Angst vor der Krankheit vermindert oder verloren haben. «Früher dachte ich immer: Wenn du Krebs hast, dann stirbst du sofort. Ganz schrecklich. Auch schon diese Vorstellung: Da wühlt irgendwo so was in dir herum. Aber jetzt sehe ich es so: Naja, es ist schlimm, aber man stirbt nicht sofort. Und entscheidend ist, wie man sein Leben in der Zeitspanne, die einem bleibt, noch gestaltet – und daß man es so akzeptiert. Ich habe eigentlich kaum noch Angst vor Krebs.»

«Mein krebskranker Freund hat irgend etwas an sich, das meine Seele öffnet» sagt die vierunddreißigjährige Frederike. Und sie fährt fort: «Wenn ich mit ihm spreche, komme ich auf eine andere Ebene. Er ist der einzige, dem ich alles sagen kann. Er hat eine besondere Art zuzuhören.» Manche suchen die Nähe von Kranken, weil sie sich «in ihrer Gegenwart leicht und gut fühlen». – «Ich spüre, wie sich so ein Ring, der sich um mich gelegt hatte, löst, und daß da etwas ganz tief in mir in Bewegung kommt.» Andere werden ermutigt: «Er lebt mit seinem Krebs und gibt anderen Betroffenen Mut, es auch zu tun.» Sie sprechen auch von «Hoffnung» und «Trost», die der Erkrankte ihnen gibt.

Tytte sagt über den verstorbenen Adoptivsohn ihrer Tochter: «Er war ein derart entwickelter Mensch. Und er hat uns so vieles gelehrt. Natürlich war er eine Aufgabe. Er war aber vielmehr eine Gabe für die ganze Familie.» [49]

Auch in Gesprächsgruppen können Krebspatienten für die übrigen Teilnehmer bereichernd sein. So beeindruckte die fünfunddreißigjährige Hella, die ahnte, daß sie nicht mehr lange zu leben hatte, mit ihrer «inneren Würde und Gelassenheit», mit der sie ihre Krankheit annahm, die Mitglieder der Gruppe. Eine Teilnehmerin: «Wenn ich Angst habe, denke ich an Hella. Ich bewundere sie und sage mir: ‹Vielleicht könntest du das auch.›» Doris: «Ich habe noch nie vorher mit einem Menschen gesprochen, der den Tod so nahe vor Augen hat wie Hella, der das weiß und es so gefaßt hinnimmt. Das ist für mich eine unwahrscheinliche Lehre und gibt mir sehr zu denken.»

«Ich merke, daß ich sehr viel reifer geworden bin durch die Krankheit meiner Freundin.» Die seelischen Wandlungen durch den Umgang mit Erkrankten verlaufen bei jedem unterschiedlich: mit Höhen und Tiefen bei einigen, langsamer bei dem einen und schneller bei dem anderen. Das, was sich bei fast allen ändert, ist das «Ich» – die Einstellungen, Wahrnehmungen, Empfindungen und das Verhalten sich selbst gegenüber. «Ich merke, daß ich sehr viel reifer geworden bin durch die Krankheit meiner Freundin.»

Die an Krebs erkrankte dreiunddreißigjährige Lehrerin berichtet: «Meine Mutter ist an meiner Krankheit mit gewachsen. Sie war dem Zusammenbruch nahe. Sie war so betroffen. Da mußte ich, wenn ich nach Hause kam, die Mutter trösten. Aber ich wollte ja *auch* irgendwo mal getröstet werden. Ich wollte auch mal das Gefühl haben: Ich kann mich mal anlehnen. Da hab ich zu ihr gesagt: ‹Es nützt nichts, daß du dich so kaputt machst. Du mußt dich gesund halten. Du mußt vielleicht mein Kind großziehen. Sieh zu, daß du dafür noch ein bißchen Kraft hast.› Jetzt kann sie es schon ganz gut ertragen, kann besser damit umgehen. Und sie ist wirklich daran gewachsen.»

Diese Wandlung der Mutter wirft die Frage auf: Warum gelingt es vielen erst in Krisenzeiten, sich auf sich selbst zu besinnen, sich selbst zu finden?

Wie hilfreich diese innere Entwicklung für den Angehörigen, aber auch für den Umgang mit dem Erkrankten ist, zeigt das folgende Gespräch.

Sabines Mutter: «Im Grunde genommen war ich vor Sabines Krankheit einsam. Da hab ich mal 'ne Phase großer Unzufriedenheit gehabt, obwohl ich nicht wußte, warum. Ich sagte mir: Ich hab doch gesunde Kinder und einen herzensguten Mann. Ich habe doch alles. Warum bin ich eigentlich unzufrieden? Aber meine Unzufriedenheit machte sich in der Familie bemerkbar. Ich wollte nicht, daß die Ehe kaputtgeht, daß die ganze Familie kaputtgeht. Da hab ich ein halbes Jahr lang Gesprächspsychotherapie gemacht. Ich mußte dann abbrechen, weil Sabine krank wurde. Damals hatte ich noch gar nicht so gemerkt, daß mir die Therapie geholfen hat. Im nachhinein spürte ich, daß sie mir die Basis gelegt hat.»

Anne-Marie: «Ich weiß nicht, ob ich's richtig sehe: Sie haben zu sich selbst gefunden?»

Mutter: «Ja, ich bin zu meinem Ich gekommen. Vorher wußte ich nicht, wer ich bin, wohin ich gehe, was ich denke. Ich war leicht zu beeinflussen. Während ich das heute gar nicht bin.»

Anne-Marie: «Und heute hören Sie in sich hinein und fragen: Was will ich denn eigentlich? – und dann handeln Sie. Ihr Gefühl sagt Ihnen jetzt, in welche Richtung Sie gehen sollen.»

Mutter: «Ja. Ich frage: Was möchte *ich* denn eigentlich? Und genauso gehe ich auf das Bedürfnis des Kindes ein: Was braucht das Kind? Was ist für das Kind wichtig?»

Anne-Marie: «Sie hören Ihre Bedürfnisse, aber auch die Bedürfnisse der anderen und können das beides in Einklang bringen. Aber Sie vernachlässigen sich selbst nicht mehr. Sie selber sind auch eine wichtige Person für sich geworden. (Mutter: «Ja.») Ich sehe es als großes Glück an, daß Sie schon diese Basis für Ihre persönliche Entwicklung gelegt hatten, ehe die Krankheit des Kindes auf Sie zukam – daß Sie schon innerlich ein Stückchen gewachsen waren.»

Mutter: «Ja, obgleich das noch sehr wenig war. Wir würden heute die ganzen Operationen nicht mehr machen lassen. Aber damals waren wir noch nicht soweit. Heute könnten wir Sabine mehr Ruhe und Frieden für ihr Sterben geben.»

Die innere Wandlung von Angehörigen oder Freunden von Krebspatienten bewirkt auch, daß sie ihre Umwelt anders erleben. Vierundsechzigjährige: «Wenn ich irgend etwas im Haushalt mache, sage ich mir: ‹Wie gut, daß du das alles noch kannst!› Ich denke an die Uschi in der Gruppe, die soviel liegen muß und gar nichts mehr machen kann. Dann bin ich sehr dankbar in meiner Arbeit.»

Manche erfahren, daß äußere Dinge für sie an Bedeutung verlieren, daß sie viele Dinge ihres Lebens mit anderen Augen sehen. Eine Achtunddreißigjährige erkennt angesichts der schweren Erkrankung ihres Vaters, den sie sehr liebt: «Die Beulen am Auto und mein verlorener Schmuck berühren mich nicht mehr. Ich bin eigentlich froh, diesen Ballast loszulassen.»

Der erwachsene Sohn eines an Krebs erkrankten Mannes hinterfragt seinen Lebensstil: «Ich denke jetzt: Was ist denn im Leben wirklich wichtig? Was möchte ich wirklich? Ich habe jetzt das Gefühl bekommen, daß manches mich nur aufhält, mir zuviel Zeit nimmt. Es ist nicht das, was ich im Leben eigentlich möchte.»

Für manche ist das Miterleben der Krankheit der Beginn einer über Jahre andauernden Selbstentwicklung, eines Lernweges: Sie beginnen, sich selbst mehr zu finden, sich selbst mehr zu lieben. Mich macht es sehr froh, aus diesen und vielen anderen spontanen Äußerungen zu hören, daß Angehörige, Freunde und Mitmenschen durch den Umgang mit Krebspatienten auf den Weg gebracht werden, intensiver, gefühlsmäßig reicher, zufriedener und dankbarer mit sich und anderen zu leben. Eine Krankenschwester schrieb mir: «Durch meine Arbeit auf der Krebsstation merke ich, wie wichtig es ist, jeden Tag intensiv zu leben. Ich lebe eigentlich so intensiv wie ein krebskranker Patient.»

Menschlich zugewandte
berufliche Helfer

Offene Selbstauseinandersetzung des Helfers

«Irgendwo habe ich gemerkt, daß es für mich schwer war, diesen krebskranken Menschen ganz frei zu begegnen, weil ich spürte, in mir kamen Ängste hoch.» Der berufliche Helfer, insbesondere der behandelnde Arzt, ist im Leben eines Erkrankten eine bedeutsame, ja zeitweise die wichtigste Person, an die er alle Hoffnungen knüpft. Daher ist es nicht verwunderlich, daß sich ein Arzt durch die hohen Erwartungen der hilfesuchenden Patienten überlastet oder überfordert fühlt. «Dann hat der Professor auch gesagt, ihn würde das alles furchtbar belasten», berichtet die dreiunddreißigjährige Lehrerin. «In einem zweiten Leben würde er nicht mehr Arzt werden. Er könnte es manchmal nicht verkraften. Neulich wäre eine Frau so strahlend durch seine Station gelaufen, und er hätte gewußt, daß sie Krebs hat. Er könnte manches Wochenende überhaupt nicht zur Ruhe kommen. Seine Frau ärgert das. Sie sagt immer zu ihm, er solle abschalten. Aber ihn belastet das alles sehr. Ich fand das ganz toll, daß er mir das alles so anvertraute.» Und eine junge Ärztin in der Ambulanz für Krebspatienten vertraute mir in einem Gespräch an: «Ich hasse diese Krankheit mehr und mehr. Wenn ich aus dem Urlaub in das Krankenhaus komme und all diese kranken Menschen sehe, dann krieg ich richtig die Wut, daß man da nichts ändern kann.»

Jeder von uns fühlt sich hin und wieder «belastet», «am Ende», kann Eindrücke und Erfahrungen «nicht mehr verkraften». Sollen berufliche Helfer derartige Gefühle zurückhalten, unterdrücken? Ist es zulässig, sie Patienten gegenüber zu äußern? Die junge Lehrerin fühlte sich durch die Ehrlichkeit des Professors nicht belastet, sondern verstand sie als Zeichen seiner Mitmenschlichkeit.

Ich kann mir sehr gut vorstellen, daß einige Ärzte, Pflegepersonen und auch Psychologen es schwer oder sogar peinlich finden, offen mit ihren Patienten über ihre gefühlsmäßigen Erfahrungen zu sprechen. Eine junge Krankenschwester auf einer Station mit vielen brustamputierten Frauen berichtet: «Ich weiß, ich kann diese Frauen nicht richtig betreuen, weil es irgendwie mit mir selbst zu tun hat. Sicher mache ich es schlechter als bei anderen Patientinnen. Ich finde es so schwierig, mit ihnen zu reden, dabei brauchen sie es so dringend. Es macht mir viel zuviel Angst, daran erinnert zu werden, daß mir dies selbst passieren könnte.» [8]

Unser Fühlen ist ein sehr wichtiger Vorgang unseres seelischen Lebens. Es ist oft eine Art Kompaß für unsere Handlungen und Entscheidungen im alltäglichen Leben, für kleine, aber auch für weitreichende Entscheidungen wie die Wahl unseres Lebenspartners. Manche Menschen jedoch schätzen die Bedeutung von Gefühlen gering ein. Sie vertrauen lieber ihrem Verstand. Sie sprechen wenig über ihr Fühlen, halten es unter Kontrolle und empfinden es schließlich als bedrohlich, Gefühle zuzulassen. Ein Gefühl der Leere, innere Spannungen und Verkrampfungen, vor allem aber verarmte menschliche Beziehungen können die Folge solcher einseitigen Betonung des Verstandes sein.

Ich denke, ein beruflicher Helfer darf nicht von seinem Fühlen abgeschnitten sein, gleichsam «gefühlsamputiert» leben. Gerade er sollte mit seinen Gefühlen vertraut sein, seine gefühlsmäßigen Einstellungen kennen, berücksichtigen und in hilfreicher Weise äußern. Erst dann wird er den Hilfesuchenden in menschlicher Weise helfen können. So wird er gefühlsbetonten Themen nicht ausweichen und belastende Gedanken, mit denen er durch seine berufliche Tätigkeit konfrontiert wird – zum Beispiel die Angst vor Krebs –, nicht beiseite schieben.

Auch die Psychologen, die als Gruppenhelfer an unseren Gesprächsgruppen teilnahmen, mußten sich hiermit auseinandersetzen. Der unmittelbare Kontakt mit den Patienten und deren dramatische Schilderungen ihres Krankheitsverlaufes ließen in ihnen Ängste aufsteigen: «Für mich ist das Wort ‹Krebs› angstbesetzt. Das war alles am Anfang für mich sehr schwer. Dieses Unheimliche, was mit der Krankheit irgendwo verbunden ist. Diese Angst, die ich selber mal durchgestanden habe. Ich mußte auch mal von heut auf morgen eine Untersuchung machen lassen, weil ich ein kleines Knötchen hatte; da hab ich große Angst gehabt. Ich wußte damals: Das kann mein Leben von heut auf morgen total verändern. Dieses Gefühl von damals stieg wieder in mir auf, als ich so die erste Zeit in der Gruppe war. Und das hat mich sehr belastet. Ich fing dann auch an, meinen Körper zu beobachten. Ich hatte wieder ganz starke Angst. Für mich war eigentlich auch immer die Angst um den anderen da. Irgendwie habe ich gemerkt, daß es für mich schwer war, diesen krebskranken Menschen ganz frei zu begegnen, weil ich spürte, in mir kamen auch Ängste hoch.» – «Ich habe zum Beispiel den Lungenkrebs von Carsten irgendwie im Atem von ihm gespürt. Und Lisbeth hatte Oberlippenkrebs, und ich hatte zunächst Angst vor der Berührung mit ihr. Ich denke immer, ich bekomme keinen Krebs, aber das Unheimliche, das Unbekannte dieser Krankheit hat mir irgendwie Angst gemacht.» – «Ich dachte am Anfang in der Gruppe, ich atme vielleicht ganz viele Krankheitskeime ein. Diese Angst hat sich aber im Laufe der Gruppensitzungen völlig abgebaut.»

Für einen Helfer, der mit schwer erkrankten, verzweifelten oder sehr hilflosen Menschen arbeitet, wird es gelegentlich notwendig, daß er sich über seine Erfahrungen und Ängste aussprechen kann. Sonst beginnt er, sie und damit auch sich selbst zu vernachlässigen. Häufig wirken diese vernachlässigten Erfahrungen unbewußt weiter. Sie lassen ihn «nicht zur Ruhe kommen», zehren viele unnötige Kräfte in ihm auf. Naheliegende Gesprächspartner sind Kollegen oder Kolleginnen.

Die an unseren Gesprächsgruppen teilnehmenden Ärzte haben zum Teil sehr offen über ihre persönlichen Probleme in der Gruppe gesprochen. Beeindruckt hat mich die Ehrlichkeit, mit der ein an unseren Gruppen teilnehmender Arzt in einem Gespräch mit mir seine Zweifel und seine Schuldgefühle offenbarte. Es ging um den Tod eines Gruppenmitgliedes.

Hansjürgen: «Jan war mir sehr nahe. Er ist, bevor er sich zu der Operation entschloß, noch mal bei mir gewesen. Er wußte nicht, wie er sich entscheiden sollte. Er hatte offenbar ein paar Fragen, und ich habe versucht, sie zu beantworten. Wir haben über die Chance gesprochen, die er bei der Operation hat – auch über die Gefährdung. Ich habe zwar nicht gesagt: Mach's so oder so, aber am Schluß merkte ich: Er hat sich entschieden, die Operation machen zu lassen. Als ich hörte, er ist dabei gestorben, hatte ich Schuldgefühle. Ich machte mir Vorwürfe.»

Anne-Marie: «Sie fühlten: Hätte ich ihm doch abgeraten, dann würde er noch leben?!»

Hansjürgen: «Diese Gefühle, die kommen natürlich sofort in mir auf, wenn Patienten unvermutet sterben. Dann ist sofort der Gedanke in mir: Hast du etwas übersehen? Hast du an alles gedacht? Wäre es zu vermeiden gewesen?»

Anne-Marie: «Sie hadern mit sich. (Hansjürgen: «Ja.») Ich glaube, das würde mir auch so gehen.»

Hansjürgen: «Das geht, glaube ich, allen so. Wie man damit fertig wird, das ist natürlich sehr unterschiedlich. Chirurgen haben ja häufig nach außen eine rauhe Schale oder so eine robuste Art, weil sie so vom Handwerklichen her die Medizin betreiben. Sie reagieren eben auf ihre Art, um das abzuwehren. Das ist nicht immer so bollerig gemeint, sondern eine Möglichkeit, damit umzugehen.»

Als beruflicher Helfer seine eigenen Gefühle zuzulassen und damit umgehen zu lernen heißt auch, über seine Schwächen, Ängste und Unzulänglichkeiten im Beruf mit anderen zu sprechen und sich darin zu klären.

«*Wenn der Arzt sich nicht mit sich selbst auseinandersetzt, kann er seinen Patienten nicht helfen.*» Das sind die Worte einer fünfzigjährigen Ärztin, und sie fährt fort: «Was er selbst nicht macht, kann er auch seinen Patienten nicht empfehlen. – Mein Vorgänger hat geraucht und getrunken. Wenn ich jetzt eine Therapie dagegen verordne, dann sagen meine Patienten: ‹Ihr Vorgänger hat nichts dagegen gesagt, er hat es selber gemacht.›»

Die Ärztin hat es sich zum Prinzip gemacht, ihren Patienten nichts zu empfehlen, was nicht auch für sie selbst verbindlich ist. Ich halte es für sehr wichtig, daß sich berufliche Helfer häufig fragen: Würde ich das, was ich als Hilfe anbiete, in ähnlicher Situation auch mir selber empfehlen?

Durch das Zusammensein mit Schwererkrankten oder Sterbenden müssen sich Helfer in pflegerischen Berufen auch mit der Frage ihres eigenen Todes auseinandersetzen. Krankenschwester: «Früher hab ich in den Tag hineingelebt und wenig darüber nachgedacht. Da hab ich es mir bei den Patienten, wenn sie starben, zwar überlegt, aber ich habe das nie auf mich selber bezogen – oder nur sehr wenig. Ich habe das verworfen. Ich bin jung, ich sterbe noch nicht. Jetzt habe ich mir überlegt, daß ich jeden Tag sterben könnte, und darum lebe ich intensiver. Mein Lebenswille hat sich dadurch noch verstärkt.»

Der unmittelbare Umgang mit Todkranken und Sterbenden läßt Menschen in helfenden Berufen häufig ihre Hilflosigkeit erfahren. So berichtete mir zum Beispiel ein Arzt: «Erst im Verlauf meiner ärztlichen Tätigkeit wurde mir deutlich, daß das Ausweichen vor bestimmten Fragen der Patienten mit meinen eigenen Schwierigkeiten, über meinen Tod zu reflektieren, zusammenhängt. Erst nach persönlichen Erfahrungen, dem Tod meiner Eltern, war es mir möglich, mich intensiver mit meinem eigenen Tod zu beschäftigen. Danach gelang es mir, mit einigen schwerkranken Patienten ein offenes Gespräch zu führen. Ich beobachtete dabei jedoch eine Hilflosigkeit bei mir selbst. Vielleicht lasse ich mich deswegen auf ein erneutes Gespräch mit anderen Patienten nur selten ein.»

Ich habe immer wieder die Erfahrung gemacht, daß ein beruflicher Helfer, der seine Angst vor Schmerzen, vor dem Sterben oder Tod zeigt, keine Mauern zwischen sich und dem Erkrankten errichtet, sondern seelische Gemeinsamkeit schafft. Die Vorstellung, daß der Arzt immer «den starken Mann spielen» sollte, der ohne Angst und ohne eigene Krankheit lebt, ist wenig hilfreich für Patienten. «Ein Doktor darf nicht krank sein. Das verdirbt sein Geschäft. Die Patienten dürfen nicht wissen, daß ihr Arzt Schmerzen hat. Dann verlieren sie das Zutrauen zu ihm und kommen nicht mehr.»

Viele Ärzte denken so wie der Professor, der diese Auffassung in einem Gespräch äußerte. Es gelang mir nicht, ihn davon zu überzeugen, daß vielleicht die meisten Patienten so wie ich empfinden, ja, daß es sie sogar interessiert, ob ihr Arzt Schmerzen hat, weil sie sich dann nicht so allein mit ihren Beschwerden fühlen. Mich hat das Verhalten eines Arztes, der seine eigene Krebserkrankung seinen Patienten nicht vorenthielt, sehr beeindruckt: «Ich schrecke nicht davor zurück, den Patienten zu sagen, daß ich dasselbe Problem habe wie sie», berichtet er. «Die Besuche bei meinen Patienten sind alles andere als schrecklich. Ich möchte, daß sie sich auf mein Kommen freuen. Ich möchte, daß auch ich mich auf das Zusammensein mit ihnen freue.» [3]

Aufrichtigkeit des Helfers

«Den Patienten aus diesem Verhältnis des Kindseins wieder zu entlassen, fällt uns schwer, weil uns das unbequem ist.» Menschen, die sich mit ihren persönlichen, gefühlsmäßigen Erfahrungen auseinandersetzen, sie zu klären suchen und zum Kompaß ihres Handelns bestimmen, leben mehr im Einklang mit sich selbst. Das gilt auch im Berufsleben. Das, was sie meinen, drücken sie aus, leben sie auch im unmittelbaren Kontakt mit Erkrankten und Hilfesuchenden. Stationsschwester: «Der eine

Arzt bei mir auf der Station sagt immer: ‹Ich habe keine Angst davor, mich bei den Patienten anzustecken.› Er geht immer sehr nahe an die Patienten heran. Dieser eine Arzt, der lebt das, was er sagt. Das finde ich so glaubwürdig an ihm.»

Ärzte und Pfleger, die sich und anderen ihre Gefühle eingestehen, brauchen sie nicht hinter einer Fassade der Überheblichkeit und der bewußt eingesetzten Distanziertheit zu verstecken. Sie sind sich ihrer Möglichkeiten und Grenzen bewußt.

Oft fühlen sich Erkrankte und Hilfesuchende dem beruflichen Helfer «ausgeliefert» und bringen ihm ein Übermaß an Respekt entgegen. Krebspatientin: «Ich weiß mich oft nicht auszudrükken, wenn der Arzt kommt. Ich sehe in ihm eine Art Heiligkeit.»

Im nachfolgenden Ausschnitt aus einem Gruppengespräch kommt deutlich zum Ausdruck, wie sich ein Arzt manchmal gegen die überhöhten Erwartungen seiner Patienten schützen muß: «Bei mir kommt dieses Gefühl hoch: Ihr erwartet von mir viel zuviel. Ich habe bestimmte Dinge gelernt, wie jeder andere Mensch in seinem Beruf. Und natürlich weiß ich hier und da etwas nicht. Und ich mache hier und da Fehler – genau wie jeder andere auch. Das Schlimme ist natürlich, daß es dann um den Patienten geht, der diesen Fehler ausbaden muß. Aber ich kann den Anspruch nicht erfüllen, daß ich immer alles richtig mache, das ist völlig unmöglich.»

Manche Ärzte dagegen genießen es, von den Patienten für unfehlbar gehalten zu werden. Ärztin: «Ich nenne das die Chef-Krankheit.» Patientin: «Wie der Professor meiner Bettnachbarin beigebracht hat, daß sie einen Schnellschnitt und einen Tag später die Brust abgenommen bekommt, das war unglaublich. Da hat er ihr erklärt, wie er den Krebs aus ihrem Muskel rausdreht. Das war so ekelhaft, wie bei einem Schlachter. – Dann setzte er sich an ihr Bett und erzählte von Sylt, wo er so bekannt ist. Das fand ich ziemlich blöd. Und hinter ihm stand sein Assistenzarzt. Der lachte immer an den richtigen Stellen.»

Helfer, die für ihr Fühlen offener sind, werden hellhöriger sein für Motive, die ihr Handeln mitbestimmen: Eitelkeit und

Selbstgefälligkeit, das Bedürfnis nach dem Beifall anderer. Sie werden ihr Wissen mit Fürsorglichkeit und Menschlichkeit verbinden, der Versuchung der Überheblichkeit widerstehen und sich bemühen, jedes Herausragen ihrer Person über Patienten und Hilfesuchende zu vermeiden. Matthias berichtet: «Ich sehe, daß es doch einige Ärzte gibt, die nicht auf ihrem Wissensstand herumreiten. Sie sagen: ‹Wir tun zwar, was wir können, und wir müssen sehen, wie wir das hinkriegen, aber wir können keine Wunder vollbringen.› Diesen Standpunkt habe ich besonders bei vielen jungen Ärzten gefunden. Das find ich sehr gut.»

Wie schwer es Ärzten fällt, ihre Expertenrolle aufzugeben und in dem Erkrankten einen mündigen Patienten zu sehen, geht aus der folgenden Äußerung eines Arztes hervor: «Ein Patient, der mit Schmerzen eingeliefert wird, der liefert sich uns aus und verhält sich wirklich wie ein Kind. Wir nehmen ihm die Schmerzen, und dann übernimmt er wieder einen Teil seiner Verantwortung. Aber zunächst wird uns von allen akut kranken Patienten dieses Vertrauen entgegengebracht. Darauf stellen wir uns natürlich ein. Das ist für unsere Handlungsweise irgendwie angenehm. Aber den Patienten aus diesem Verhältnis des Kindseins wieder zu entlassen, fällt uns schwer, weil uns das unbequem ist.»

Möglicherweise werden Ärzte während ihres Studiums überwiegend auf einen Kranken vorbereitet, der sich «hilflos wie ein Kind» dem Arzt anvertraut, nicht jedoch auf einen Patienten, der einen Teil der Verantwortung tragen, eine Art «Arbeitsbündnis» mit ihnen abschließen will, der also auch unbequeme Fragen stellt, der seine Behandlung erklärt und begründet haben möchte. Werden künftige Ärzte wirklich für diese Patienten ausgebildet – für die Kranken, die auch den Menschen und Partner im Arzt suchen?

«Es ist sehr schwer für mich, mit dem Problem umzugehen, ob ich mit meinem medizinischen Wissen einem Menschen den Glauben an seine Heilung nehmen darf.» Die gewünschte Atmosphäre des Vertrauens zwischen Arzt und Patient kommt nicht dadurch

zustande, daß jener versucht, sie dem Patienten einzureden: «Sie müssen doch Vertrauen zu mir haben.» Aus meiner Tätigkeit als Psychotherapeutin weiß ich, daß ich sehr viel tun muß, um das Vertrauen von Hilfesuchenden zu gewinnen. Es ist wenig hilfreich, wenn ich ihnen als Expertin für seelische Probleme begegne und Vertrauen *fordere*. Es genügt nicht, wenn ich mich ihnen anteilnehmend zuwende oder mich bemühe, ihre Sorgen und Probleme einfühlend zu verstehen. Wichtig ist, daß ich mich ihnen als Mensch mit meinen Empfindungen und meinem Fühlen zeige und ihnen nicht Freundlichkeit und Anteilnahme vorspiele. Menschen in Not sind in ihrer Abhängigkeit von der Hilfe anderer sehr feinfühlig und können meist sehr schnell zwischen echter und vorgetäuschter Freundlichkeit unterscheiden. Nicht die Selbsteinschätzung des Helfers, sondern die Art und Weise, in der er vom Hilfesuchenden wahrgenommen wird, ist der Grundstein ihrer Beziehung und damit auch des Vertrauens, das in dieser Beziehung notwendig ist. Eine zweiundfünfzigjährige Krebspatientin berichtet: «Als ich im Krankenhaus lag, war da ein Oberarzt, der war sagenhaft um mich bemüht. Ich habe mal für meinen Mann um ein Gespräch gebeten, weil mein Mann sich mit ihm allein unterhalten wollte. Da hat er gesagt: ‹Warum soll ich mich mit Ihrem Mann allein unterhalten? Sie können das genauso mithören, was ich Ihrem Mann zu sagen habe.› Und dann hat er lange mit uns beiden gesprochen. Wir konnten ihn sonstwas fragen. Er hat alles ganz ehrlich beantwortet. Das hat mir sehr viel gegeben. Er strahlt auch soviel Wärme aus.»

Es ist also beim Patienten neben dem Gefühl, daß sich der Arzt um ihn bemüht, die erlebte Ehrlichkeit, die Vertrauen schafft. Diese gewünschte Ehrlichkeit bezieht sich vor allem auf Fragen nach der Diagnose und Prognose. Hierbei muß der Arzt sehr feinfühlig vorgehen. – Arzt in einer Fernsehdokumentation: «Krankheiten lösen in den Menschen oft Angst aus. Wenn ich ihnen gegenübertrete, empfinde ich diese Angst. Ich versuche im Gespräch beim Patienten herauszufinden: Wie kann ich ihm etwas sagen? Was möchte er eigentlich wissen? Wenn dann so die

Reaktion des Traurigseins kommt, wenn ich ihm gesagt habe: ‹Es ist etwas, was mit Krebs zu tun hat›, dann frage ich mich: Bist du jetzt zu weit gegangen? Hättest du es vielleicht anders ausdrücken können? Diese Unsicherheit dabei: Was kann ich dem anderen zumuten?» [22]

Vor einem ähnlichen Problem stand eine Ärztin, die an einer unserer Gesprächsgruppen teilnahm, als der Krebspatient Carsten den anderen seine Selbstbehandlung mit Petroleum empfahl: «Ich kam nun durch seine Erzählung in einen Konflikt: Sollte ich ihm einfach als Mensch zuhören und ihn dadurch gefühlsmäßig entlasten, seine Versuche der Selbsthilfe bejahen? Zunächst tat ich es. Er fand es gut, in der Gruppe erzählen zu können, daß er dieses Mittel nahm, obwohl er wußte, daß Ärzte solche Behandlung ablehnen. Schließlich fühlte ich mich aber doch verpflichtet, ihn über die Gefahren des Petroleums aufzuklären. Dadurch habe ich ihm eventuell den Glauben an seine Heilung durch Petroleum genommen. Ich fürchte, so etwas ist dann passiert, und es tut mir im nachhinein leid. – Es ist sehr schwer für mich, mit dem Problem umzugehen, ob ich mit meinem medizinischen Wissen einem Menschen den Glauben an seine Heilung nehmen darf.» Carsten ist wenige Wochen nach diesem Gruppengespräch an seinem Bronchialkrebs gestorben. Ich denke, es war wegen der anderen Krebspatienten in der Gruppe wichtig, auf die Gefährdung des Petroleums hinzuweisen. Es wäre für Carsten und für die anderen Teilnehmer eine große Hilfe gewesen, wenn die Ärztin ihre Gefühle in das Gespräch hätte einbringen können, zum Beispiel mit folgenden Worten: ‹Ich bin hin- und her gerissen zwischen verschiedenen Meinungen und Gefühlen. Ich höre dir gern zu und sehe, daß du große Hoffnung in diese Selbstbehandlung setzt. Ich möchte dir diese Hoffnung nicht nehmen. Auf der anderen Seite bin ich sehr traurig, weil ich durch meine Kenntnisse weiß, daß Petroleum sehr schädigend sein kann. Ich habe lange geschwankt, dir das zu sagen, aber so sind meine Gefühle.›

Die meisten Patienten sind den Ärzten dankbar, wenn sie ih-

nen die Wahrheit sagen und ihre Gefühle, zum Beispiel die Traurigkeit und Enttäuschung beim Mitteilen der Diagnose, nicht
verbergen.

Der folgende Ausschnitt aus einem Gruppengespräch zeigt eine solche positive Reaktion einer Patientin auf die Ehrlichkeit
ihres Arztes.

Doris: «Mir hat immer ein ganz sachliches und ehrliches Gespräch mit dem Arzt geholfen. Auch wenn er mir gesagt hat:
‹Man muß damit rechnen, daß der Krebs streut.› Und manchmal
hatte ich das Gefühl, daß es auch den betreffenden Ärzten leid
getan hat, daß sie richtig mitgelitten haben.»

Ärztin: «Man ist natürlich auch enttäuscht, wenn man soviel
einsetzt und dann ...»

Doris: «Ja, eben, diese Enttäuschung, die man *zusammen* erlebt – weil ich wirklich nicht das Gefühl hab: Da ist der Arzt,
und da ist der Patient. Ich hatte von einem bestimmten Zeitpunkt an das Gefühl, man geht zusammen, und die Enttäuschung war auf beiden Seiten gleich groß.»

Herbert: «Also, das war für mich auch zeitweise eine große
Hilfe, wenn ich sehen konnte: Da ist ein Arzt, und ich kann ihm
so schweigend vom Gesicht ablesen, daß er jetzt eben mit mir
traurig und enttäuscht ist. Das ist viel wert. Das findet man wirklich nur noch selten.»

Ein Gespräch mit Schwerkranken, etwa über den Tod, scheint
nicht nur für Angehörige und Freunde, sondern auch für den
beruflichen Helfer schwierig zu sein. Ein Arzt schreibt mir: «In
meiner medizinischen Ausbildung habe ich nicht gelernt, auf die
Probleme dieser Patienten einzugehen. Im Gegenteil! Erfahrene
Ärzte, Chefs und Oberärzte wiesen mich immer wieder darauf
hin, es sei für den Patienten nicht gut, wenn er über seine Krankheit aufgeklärt wird. Ich habe in den ersten Jahren meiner medizinischen Tätigkeit diesen Standpunkt fast kritiklos übernommen und habe nur mit den Angehörigen über die Schwere der
Erkrankung gesprochen, den Patienten aber ausweichend geantwortet. Ich gewann jedoch dabei den Eindruck, Patienten woll-

ten über ihre Krankheit sprechen. Aber nur selten wurde ich direkt gefragt. In solchen Fällen antwortete ich ausweichend, meist mit der Unwahrheit.»

Der Wunsch nach einem ehrlichen Gespräch anstelle von Beschwichtigungen geht auch aus der Aussage von Christians Mutter hervor: «Bei einem Rezidiv (Rückfall) ist mit dem Tod des Kindes zu rechnen. Im Krankenhaus wird das aber immer wieder abgestritten. Da wird gesagt: ‹Es gibt noch eine Chance. Das wollen wir noch heilen.› Ich habe durchschaut, daß das möglicherweise nicht der Fall ist. Ich möchte viel mehr über Tod und Sterben reden, weil ich mich ja damit auseinandersetzen muß.»

Häufig bleibt es der privaten Initiative einzelner überlassen, den Wunsch der Patienten nach einem Gespräch zu erfüllen. Eine Krankenschwesternschülerin berichtet: «Neulich habe ich mein erstes richtiges Gespräch über den Tod und das Sterben mit einer krebskranken Patientin geführt. Sie wollte mit mir sprechen, weil es ihr dämmerte, daß sie nicht mehr lange leben wird. Ich glaube, daß es ein gutes Gespräch war.»

Die bekannte Ärztin und Autorin Elisabeth Kübler-Ross sagte in ihrem Rundfunk-Vortrag *Dem Kranken die Wahrheit sagen?*»: «Wenn ich wirklich akzeptieren kann, daß mein Leben limitiert ist, daß wir alle ein begrenztes Leben haben, dann macht das unser Leben viel wertvoller. Und dann will ich meinen Kranken doch sagen: ‹Sie können in dieser Zeit, die Sie noch leben, intensiver leben.› Je früher ich das machen kann, desto intensiver leben die Menschen. Vielleicht ist das eine Philosophie des Lebens, nicht ein Wegnehmen der Hoffnung.» [23]

Achtung und Fürsorglichkeit des Helfers

«Meistens haben wir Schwestern ja nicht viel Zeit, aber für ein liebevolles Wort nehme ich sie mir.»   In Gesprächen mit Krebspatienten kommt immer wieder ihr Hilferuf nach mehr

Menschlichkeit ihrer beruflichen Helfer zum Ausdruck. Viele Erkrankte wünschen sich in erster Linie einen Arzt, der fähig ist, mitzufühlen. Erst wenn diese Voraussetzung erfüllt ist, werden seine beruflichen Fähigkeiten für sie bedeutsam. «Das Wissen, das ein Mensch sich erarbeitet hat, nehme ich nie so wichtig wie den Menschen selbst.»

Patienten sind viel eher bereit, unterschiedliche Prognosen ihrer Ärzte und schwierige Behandlungen zu erdulden, wenn die Helfer sich ihnen gegenüber menschlich verhalten: «Ich kann auch diesen schrecklichen Strahlenbunker ertragen, wenn mir da unten bloß ein Mensch begegnet – irgendeiner, der mich menschlich anspricht, der mich nicht als Patient oder Objekt nimmt, sondern in mir den Menschen sieht, der Angst hat, Zweifel hat, viele Fragen hat. Das braucht kein Arzt zu sein, das kann auch irgendeine Krankenschwester oder ein Pfleger oder auch irgendeiner von der Technik sein. Die Hauptsache: Ein Mensch. Dann ist alles leichter zu ertragen.» – «Ich war vollkommen aufgelöst nach der Chefvisite und habe geheult. Zum Glück hat mich dann eine Schwester getröstet. Ich kam mir bei der Chefvisite vor wie ein Stück Vieh: Jeder hat mich begrapscht und betastet.»

«Ich will in einer Welt leben, in der die Menschen nur menschlich sind, ohne jeden anderen Titel als diesen», schreibt Pablo Neruda in seinem Buch *«Ich bekenne, ich habe gelebt»*. [33] Warum lassen wir uns als akademische Helfer von hilfesuchenden Menschen mit «Frau Professor» oder «Herr Doktor» anreden? Warum errichten wir diese Mauer zwischen uns und dem anderen, anstatt die persönliche Beziehung von Mensch zu Mensch als das Wichtigste anzusehen?

Ich selbst empfinde mich in meinem Beruf nicht als psychologischer Experte, sondern als Helfer, der gemeinsam mit dem Hilfesuchenden die für ihn gesundmachenden Bedingungen herauszufinden sucht. Ich erlebe mich im Dienste des Hilfesuchenden, gleichsam als sein Diener. Ich verstehe auch den Beruf des Arztes, der Krankenschwester, des Pflegers und andere helfende Berufe als Dienstleistung für andere.

Als Entschuldigung für die fehlende Menschlichkeit im Krankenhaus wird häufig vorgebracht, daß sich in der modernen Medizin die Technik zwischen Arzt und Patienten schiebe. Ich denke, das Problem liegt nicht in der neuen Technik, sondern in der Art und Weise, wie sie durch den beruflichen Helfer eingesetzt wird, und in dem Ausmaß, in dem sich der Helfer durch sie entmenschlichen läßt. Heilende zwischenmenschliche Beziehungen können trotz Technik bestehen, wenn die Helfer sich nicht mit ihrer Aufmerksamkeit in der Technik verlieren. «Wir waren auf der Station 11. Das nannte sich Endstation. Das war es wirklich. Aber wir hatten ein paar menschliche Schwestern – so ältere. Die kämpften immer gegen die Technik. Die eine ist später weggegangen. Sie hat gesagt: ‹Ich ertrage das nicht. Ich gehe daran zugrunde.›»

Natürlich gibt es berufliche Helfer, die die von den Patienten gewünschte Mitmenschlichkeit leben. Die Freundin einer Krebspatientin berichtet: «Die Schwester im Krankenhaus, sie war wirklich freundlich. Ich sprach sie darauf an, und sie sagte: ‹Naja, meistens haben wir Schwestern nicht viel Zeit, aber für ein liebevolles Wort nehme ich sie mir.»

Wichtig ist, daß sich der Patient nicht «als Nummer behandelt» fühlt. Ist der Helfer ihm gegenüber offen, bringt er ihm Wärme und Achtung entgegen, so spürt der Hilfesuchende, daß Lebensenergien in ihm freigesetzt werden: «Von Dr. U. komme ich immer aufgemöbelt zurück. Der andere Arzt, der hat mich immer so runtergezogen. Für den war ich ein Fall aus seinen medizinischen Lehrbüchern.» In seinem Buch *«Der Arzt in uns selbst»* schreibt Norman Cousins: «Ich hatte unglaubliches Glück ..., von einem Arzt betreut zu werden, der wußte, daß seine wichtigste Aufgabe darin bestand, den Lebenswillen des Patienten so tatkräftig wie möglich zu unterstützen und all die natürlichen Ressourcen des Körpers und des Geistes zur Bekämpfung der Krankheit zu mobilisieren ... Und ich habe den Verdacht ..., er war der Meinung, daß mein eigenes totales Engagement eine große Rolle bei meiner Genesung spielte.» [3]

Mehr noch als Erwachsene fühlen sich Kinder im Krankenhaus hilflos und den Verhältnissen ausgeliefert. Eltern müssen in
dieser Situation alle Möglichkeiten ausschöpfen, ihnen beizustehen und die menschliche Zuwendung zu geben, die sie dann
dringend benötigen. Der folgende Brief zeigt die Probleme einer
Mutter aus der Hamburger Selbsthilfegruppe von Eltern krebskranker Kinder auf, die sich mit ihrem Kind ins Krankenhaus
einweisen ließ:

«Liebe Schwester! Ich möchte mich bei Ihnen nochmals für
die gute Betreuung bedanken. Ich werde das Gefühl nicht los,
daß wir uns bei der Pflege meines Kindes als Konkurrentinnen
fühlten. Heute meine ich, daß wir uns gut hätten ergänzen können, doch aus Unsicherheit haben wir oft nicht gewagt, miteinander zu sprechen. Ich spürte ständig, daß ich eigentlich ganz
unerwünscht war. Ich befand mich im Zwiespalt mit mir selbst:
Einerseits hatte ich die Hoffnung, daß mit Ihrer Hilfe mein Kind
gesunden könnte, andererseits war ich davon überzeugt, daß
meine Gegenwart für die Gesundung meines Kindes genauso
wichtig war. Oft hatte ich das Gefühl, daß Sie es ungern sahen,
wenn ich bestimmte Dinge für mein Kind tat. Ich kann mir heute
vorstellen, daß eine gute Zusammenarbeit zwischen Müttern
und Schwestern möglich sein könnte, wenn es beide wagen würden, mehr aufeinander zu- und weniger nebeneinander herzuge-
hen ... Ich wäre gern bereit gewesen, auch unangenehme Arbeiten zu verrichten, während Sie vielleicht Freude daran gehabt
hätten, sich auch einmal spielend mit den Kindern zu beschäftigen ... Bei aller liebevollen Zuwendung, die Sie, wie ich es selbst
erlebte, ständig allen Kindern zukommen ließen, ist es Ihnen
aufgrund des Schichtdienstes nicht möglich, jedes Kind täglich
zu sehen. Fast alle Kinder aber, die ins Krankenhaus kommen,
sind an eine ständige Zuwendung und Bindung durch und an die
Mutter gewöhnt, diese ist für sie lebenswichtig ... Darum war's
mein Anliegen, meinem Kind neben den vielen Belastungen
durch Krankheit, Schmerz und Angst wenigstens die Beziehung
zur Mutter zu erhalten.»

«Ich nehme meine Patienten auch manchmal in den Arm. Es ist sehr wichtig, daß sie sich wohl fühlen bei mir.» Das sind die Worte von Sofia, einer indischen Ärztin, die in Hamburg praktiziert. Sie fährt fort: «Ich behandle meine Patienten wie Gäste. Sie nehmen auch meine Hände. Es ist schön. Sie sind mir dankbar dafür.»

Und eine Freundin schrieb mir: «Ich bin in einer indischen Klinik als Patientin gewesen. Dort bin ich viel gestreichelt und berührt worden.»

Was hindert uns als berufliche Helfer, Hilfesuchende zu berühren und ihnen körperliche Nähe zu geben? Ist es die Scheu, mißverstanden zu werden, weitere Erwartungen zu wecken und nicht einlösen zu können? Oder sind wir einfach zuwenig daran gewöhnt, Menschen zu berühren, zu streicheln, um sie zu beruhigen? Glauben wir nicht an die Heilwirkung derartiger Körperkontakte, weil wir sie zuwenig an uns selbst erfahren haben? Für mich war es immer eine wohltuende Erfahrung, wenn mir eine Schwester während der ärztlichen Behandlung die Hand auflegte. Selbst die Schwerkranken auf der Intensivstation, die nicht mehr auf ihre Umwelt zu reagieren scheinen, brauchen körperliche Zuwendung. «Manche Schwester kommt rein und kümmert sich nur um die Apparate», berichtet die Tochter einer im Koma liegenden Frau. «Andere haben meine Mutter noch gestreichelt und liebevoll zu ihr gesprochen.» Eine Krebspatientin, Anfang dreißig, erzählt wenige Wochen vor ihrem Tod: «Eine Krankenschwester war so nett und herzlich. Sie nahm meinen Arm und streichelte ihn. Sie sagte: ‹Wie geht es Ihnen denn heute?› Und dann hielt sie meine Hand. Das war so tröstlich alles. Manchmal denke ich, ich stelle mich viel zu sehr an. Aber was soll ich machen. Manchmal bin ich so verzweifelt.›»

Ärzte, die sich in ihrer beruflichen Tätigkeit nicht auf das Ausstellen von Rezepten und das Bedienen von Apparaturen reduzieren lassen, spüren das Bedürfnis Leidender, berührt zu werden, und die tröstende und heilsame Wirkung, die von einer solchen Berührung ausgeht: «Als die schwerkranke Patientin zu

mir sagte: ‹Ich mag nicht mehr›, da fühlte ich mich ziemlich hilflos, konnte wenig sagen. Ich ergriff ihre Hand und gab ihr zu
erkennen, daß ich sie gut verstehen konnte.»

*«Ich habe erlebt, wie hilfreich es ist, wenn ein Arzt einen als voll-
wertigen Menschen annimmt.»*　Patienten, die auf dem Wege
der Besserung sind, wollen selber die Verantwortung für ihre
Gesundung übernehmen und stellen dem Arzt häufig unbequeme Fragen. Sie möchten «ernstgenommen werden», suchen in
dem Arzt einen Gesprächspartner.

Ich glaube, daß Ärzte auch von ihren Patienten lernen können. Doch zumeist wehren sie sich, wenn Patienten ihnen in Fragen der Behandlung Anregungen geben. Sie reagieren auf Patien-
tenvorschläge mit zurückweisenden Bemerkungen wie
«Quatsch!», «Alles Unsinn!» Diese Erfahrung habe ich selbst
häufig gemacht. Dabei kann es ein wesentlicher Beitrag zur Gesundung eines Patienten sein, wenn der Arzt ihn als gleichbe-
rechtigten Partner akzeptiert und mitentscheiden läßt. «Ich habe
erlebt, wie hilfreich es ist, wenn ein Arzt einen als vollwertigen
Menschen annimmt.» – «Der Hauptbeitrag, den mein Arzt zur
Eindämmung und möglicherweise zur Überwindung meiner
Krankheit geleistet hat, bestand darin, daß er mich in dem Glauben bestärkte, bei dem ganzen Unternehmen ein gleichberech-
tigter und respektierter Partner zu sein.» [3]

Auf die Gefühle des Erkrankten eingehen

*«Ich habe einen Arzt, der sich gut in die Lage der Patienten rein-
fühlen kann.»*　Der oberste Grundsatz in der Medizin – «Füge
dem Patienten keinen Schaden zu» – sollte sich nicht nur auf das
Körperliche, sondern genauso auf das Seelische beziehen. Seelische und geistige Vorgänge spielen beim körperlichen Heilungsprozeß eine wichtige Rolle. Jeder reagiert mit seinem Körper

und mit seiner Seele in individueller, einzigartiger Weise auf seine Krankheit. Ein Arzt, der in seinem Patienten nicht nur den medizinisch-diagnostischen Fall sieht, sondern einen Menschen, in dem seelische und körperliche Vorgänge ineinandergreifen, kann viel zur Heilung eines Kranken beitragen. Dazu gehört, daß er dem seelischen Befinden genauso große Beachtung schenkt wie der Diagnose und dem körperlichen Wohlergehen. Mich hat die Erfahrung einer Ärztin sehr beeindruckt, die berichtete, daß eine Patientin ihren nahen Tod fühlte, obgleich alle diagnostischen Befunde in Ordnung waren: «Ich habe immer und immer wieder versucht, ihr zu erklären, daß da nichts ist. Aber damit bin ich nicht gelandet. Sie fühlte sich stets schlecht, obgleich sie gesund zu sein schien. Sie ist dann sehr bald gestorben. Ich glaube jetzt: Was Patienten fühlen, ist oft bedeutungsvoller als das, was wir diagnostizieren.»

Wenn ein Arzt zu einer solchen Einstellung gelangt ist, wird es ihm leichterfallen, über die modernen technisch-medizinischen Diagnose- und Therapiemöglichkeiten hinaus Eingang in die seelische Erlebniswelt des Patienten zu finden und herauszuspüren, was er fühlt, was er ihm durch seinen Gesichtsausdruck, seine Körperhaltung, seine Gefühle und Worte mitteilen will: Hat er Schmerzen? Quälen ihn Ängste? Steht er unter inneren Spannungen? Will der berufliche Helfer dem Erkrankten als ganzen Menschen begegnen, will er die Erkrankung und die Situation des Patienten ganzheitlich begreifen, so muß er sich fragen: Wie fühlt sich der Erkrankte körperlich *und* seelisch?

Der Hilfsbedürftige sehnt sich danach, in dieser Weise gehört und verstanden zu werden. Häufig werden dadurch heilende Kräfte in ihm freigesetzt: Er fühlt sich entspannter und wohler mit sich selbst, kann sich wieder in positiverer Weise sehen und liebevoller mit sich umgehen.

Die an den Gesprächsgruppen teilnehmenden Ärzte wurden immer fähiger, dem Patienten zuzuhören, und es war eine positive Erfahrung für sie: «Das finde ich für mich als Arzt gut, daß ich dem Patienten wirklich so zuzuhören gelernt habe.»

Für die an den Gruppen teilnehmenden Patienten waren die verständnisvollen Ärzte eine bedeutsame Erfahrung: «Mich hat ganz doll überrascht, daß Marlise und Hansjürgen sich Zeit nehmen und auch zuhören.» – «Hansjürgen und Marlise waren so mitfühlend und auch bemüht, uns beizustehen.»

Einige Patienten berichten auch von positiven Erfahrungen mit ihren beruflichen Helfern außerhalb der Gruppe: «Ich habe einen Arzt, der kann sich sehr gut in die Lage seiner Patienten reinfühlen.» Die meisten Krebspatienten aber spürten schmerzlich den Unterschied zu ihren behandelnden Ärzten außerhalb der Gruppe. «Da ist wieder die gleiche Situation, da hat sich nichts verändert, man hört mir nicht richtig zu.»

Viele Ärzte und Pflegekräfte scheinen derzeit erst in geringem Maße fähig zu sein, ihren Patienten ruhig zuzuhören und auf ihre mitgeteilten Gefühle einzugehen. Bei einer Untersuchung des Verhaltens von Krankenpflegekräften gegenüber Psychiatriepatienten stellten wir fest: «Die meisten Pflegekräfte gehen nicht auf die Gefühle ein, die in den Äußerungen der Patienten enthalten sind. Sie sprechen nur äußere Umstände an. Nur wenige waren fähig, in deutlich einfühlend-verstehender Weise auf die Patienten-Äußerungen einzugehen.» [10]

Noch ein Gedanke scheint mir wichtig: Ich habe häufig erlebt, daß Helfer rasch bereit sind, Hilfesuchende, die sich ihnen seelisch öffnen, zu beschwichtigen: «Sie brauchen doch keine Angst zu haben.» – «Nun weinen Sie doch nicht.» Andere neigen dazu, Menschen mit einer ihnen fremdartig erscheinenden Erlebniswelt in ein psychiatrisches Krankheitsbild, zum Beispiel «depressiv», einzuordnen und sie für seelisch krank zu erklären. Es ist leider nur allzuoft üblich, Reaktionen von anderen, die einem selbst fremd sind, abzuwerten, zu verurteilen. Bei allen diesen Einstellungen bewerten Helfer den Hilfesuchenden von einem äußeren Standpunkt aus, messen ihn an ihren eigenen persönlichen Maßstäben, anstatt den Ort der Bewertung bei dem Hilfesuchenden selbst zu lassen und ihm trotz seiner andersartigen Erlebnisweise als einmalige Person zu sehen und ihn achtungsvoll zu behandeln.

«Mein Arzt spürt meine Angst, auch ohne daß ich ihm was sage.» In schweren Augenblicken meiner Krankheit überkam mich manchmal das Gefühl, daß sie mich seelisch von gesunden Menschen isoliert, daß sie Barrieren zwischen uns errichtet. Von solchen Gefühlen berichteten auch die Patienten in unseren Gesprächsgruppen. Sie erlebten daher die «Solidarität», die «gemeinsame Erfahrung der Krankheit» in der Gruppe als Ermutigung und Entlastung. Vielleicht finden Helfer leichter Zugang zur Erlebniswelt eines Schwererkrankten, wenn sie sich an Augenblicke ihres Lebens erinnern, in denen sie selbst eine Krankheit oder Depression hatten. Daher fällt es mir schwer, zu verstehen, warum Ärzte so häufig ihre eigene Krankheit vor dem Patienten verheimlichen. Sie nehmen sich damit die Möglichkeit der gemeinsamen seelischen Erfahrung. Krebspatientin: «Mir hat es sehr gutgetan, als eine Krankenschwester von ihrer eigenen Brustamputation und der Nachbehandlung sprach. Ich spürte, daß sie meine Sorgen teilen konnte.» – «Mein Arzt spürt meine Angst, auch ohne daß ich ihm was sage. Er hat mir viele Hilfestellungen gegeben. Und das hat mir gutgetan.»

Für manche engagierte Helfer liegt in einer solchen intensiven Einfühlung allerdings die Gefahr, sich in der Erlebniswelt von Hilfesuchenden zu verlieren. Hansjürgen: «Wenn ich bei einem Menschen Angst spüre, ängstigt mich dies auch – wenn ich mit ihm auf einer Ebene bin, dann kann ich mich da nicht heraushalten. Ich kann es höchstens, wenn ich so als Fachmann auftrete, von oben herab rede, rein informativ. Aber wenn ich auf seiner Ebene bin, dann empfinde ich seine Angst für mich mit, und das macht es mir schwer, einem Patienten zu sagen: ‹Du hast Krebs.› Das macht es mir noch schwerer, zu sagen: ‹Du wirst sterben.›» [22]

Carl Rogers, der Begründer der personenzentrierten Gesprächspsychotherapie [37, 38, 40], beschreibt die Schwierigkei-

ten für den Helfer, den Hilfesuchenden einfühlend zu verstehen:
«Mit einem anderen Menschen in dieser Weise zusammen zu
sein, bedeutet, daß der Helfer in dieser Zeit die Sichtweisen und
Werthaltungen, an die er sich selbst hält, beiseite legt, um ohne
Vorurteil die Erlebniswelt des anderen zu betreten. In gewissem
Sinne heißt dies, daß der Helfer sein Selbst zurückstellt. Und
dies kann nur jemand, der in sich stabil genug ist, um zu wissen,
daß er sich selbst nicht verlieren wird in der Erlebniswelt des
anderen, die sich als fremd oder bizarr herausstellen kann, und
daß er ohne Schwierigkeiten in seine eigene Welt zurückkehren
kann, wann er will.» [39]

Diese Stabilität müssen viele Helfer erst in einem langen, oft
schmerzhaften Lernprozeß erwerben.

Hilfreiche Aktivitäten für den Erkrankten

*«Bei dieser Patientin wußte ich: Ich muß darüber hinaus etwas
für sie tun.»*   Helfer, die gelernt haben, den Patienten anteilnehmend, einfühlend und ehrlich zu begegnen, sind in vielfältiger
Weise aktiv um sie bemüht, stellen sich ihnen mit ihrer ganzen
Kraft zur Verfügung. Diese Helfer – Ärzte, Schwestern, Pfleger
– handeln gleichsam wie ein Freund des Patienten, indem sie für
ihn hilfreiche Bedingungen schaffen, die es ihm erleichtern, mit
der Krankheit zu leben.

Diese Bemühungen und Aktivitäten für den Patienten sind
nicht «aufopfernd», sondern stehen im Einklang mit den Bedürfnissen der Helfer. Sie lernen, ihre Hilfsangebote mit ihren
Möglichkeiten an Kraft und Zeit, die ihnen zur Verfügung steht,
in Übereinstimmung zu bringen. Eine siebenundsechzigjährige,
an Krebs erkrankte Rentnerin berichtet: «Im Krankenhaus kam
einmal die Woche der zuständige Arzt und hat zu uns – wir waren im Saal zu acht Leuten – gesagt: ‹Meine Damen, jetzt hab ich
genug Zeit für Sie. Jetzt können Sie all Ihre persönlichen Proble-

me und Fragen mit mir besprechen. Ich möchte Ihnen das jetzt in Ruhe erklären.› Da hat auch jede einzelne von uns die Worte gefunden. Und das hat uns ganz wunderbar gefallen, weil das so eine Verbindung gegeben hat zum Arzt, wie man es eigentlich möchte.»

Die Aktivitäten eines Helfers sind meist einfallsreich, kreativ und hilfreich, wenn sie seine individuelle Antwort auf seine Frage sind: Was kann ich noch für den Erkrankten tun? Die förderliche Aktivität für den Patienten ist nicht gleichzusetzen mit einem Handeln um jeden Preis. Ich denke, in der medizinischen Behandlung werden manchmal durch übereilte Eingriffe oder therapeutische Maßnahmen Leiden geschaffen, die das Befinden der Patienten kaum verbessern, ja häufig sogar verschlechtern. Manchem Patienten können medizinische Behandlungen erspart bleiben, die der Arzt, wenn er ehrlich ist, als sehr wenig aussichtsreich betrachtet und eigentlich mehr zur Beruhigung für sich und den Patienten durchführt. So könnte er es dem Erkrankten ermöglichen, seine für ihn so notwendige Würde zu bewahren. Es ist also bedeutsam in der medizinischen Therapie, angemessene lindernde Maßnahmen zu ergreifen, um dem Krebspatienten längerfristig Erleichterung zu verschaffen. Dazu gehören auch Handlungen, die die Gefühlswelt des Patienten berücksichtigen. Eine leicht realisierbare Hilfe ist es, als Arzt verständlich zu dem Erkrankten zu sprechen. «Bei der Chefvisite schmeißt er lateinische Namen dahin, die man doch nicht versteht. Und dann ist Ende.» Selbst so einfache Handlungen wie das Ablegen des weißen Kittels bei Gesprächen können bereits das Arzt-Patient-Verhältnis entkrampfen und eine Vertrauensbasis schaffen. «Im weißen Kittel, davor hat man ja unwahrscheinlich Respekt. Mir fehlen dann oft die Worte. Ich weiß dann gar nicht, was ich darauf sagen soll. Da bin ich lieber ruhig.»

Die indische Ärztin Sofia empfängt ihre Patienten «wie Gäste». Es muß für einen Patienten ein schönes Gefühl sein, wie ein willkommener Gast von dem Arzt empfangen zu werden. Was hin-

dert uns als berufliche Helfer daran, Hilfesuchende wie Gäste zu
begrüßen, Freude über ihr Kommen zu zeigen?

Die folgenden Äußerungen zeigen, wie positiv Erkrankte auf
die Bemühungen von Helfern um eine vertrauensvollere, per-
sönlichere Beziehung reagieren: «Der Professor H. hat mich
persönlich am Sonntag angerufen. Wir waren grad beim Mittag-
essen. Mir ist fast der Löffel runtergefallen. Ich wußte: Wenn H.
anruft, ist was los. Er rief mich an, weil er mich vorwarnen wollte, daß es vielleicht wieder Krebs ist. – Ein anderes Mal hatte ich
eine Infektion und habe auf der Station angefragt, ob ich die Tabletten weiternehmen soll. Und da hat der Doktor H. sofort
abends zurückgerufen und gefragt, wie es mir ginge. Ich kann
ihn auch jederzeit privat anrufen. Das finde ich wirklich gut. Ich
glaube, das macht er bei jeder Patientin. Ich werde also wirklich
gut betreut von ihm.» Eine siebzigjährige Krebspatientin:
«Während der Punktion erzählte mir die Schwester von einem
eigenen Erlebnis. Damit hat sie mir sehr geholfen, über den
Schmerz hinwegzukommen und über die ganze Situation.» Eine
Siebenundzwanzigjährige: «Die Schwester hat mir dabei geholfen, die Brust nach der Operation anzuschauen. Wenn ich sie
heute noch sehe, dann fragt sie noch immer, wie es mir geht. Sie
hat mir geholfen, über meinen eigenen Schatten zu springen.»

Auch die Psychologischen Helfer unserer Gesprächsgruppen
spürten häufig, daß sie für die Erkrankten mehr tun wollten, als
nur während der Gruppengespräche für sie dazusein. «Die Menschen in den Gruppen haben mich bewegt. Bei der Hella wußte
ich: Ich muß darüber hinaus etwas für sie tun.» So haben sie
außerhalb der Gespräche viel mit den Gruppenteilnehmern telefoniert, haben ihnen geschrieben, sie zu Hause oder im Krankenhaus besucht oder an den Ausflügen der Gruppen teilgenommen.

Ebenso haben mir Patienten von Ärzten berichtet, die sich
über ihre Arbeitszeit hinaus um sie kümmerten: «Ich habe mich
nicht von den Ärzten im Stich gelassen gefühlt, als man feststell-
te, daß ich Krebs habe. Der Professor, der mich behandelte, hat
sogar seinen Urlaub zurückgestellt, weil ich so schnell operiert

werden mußte. Er hat mich jeden Tag besucht, obwohl er gar nicht im Krankenhaus arbeitete.» Die Ärztin Sofia besucht viele ihrer Patienten zu Hause: «Neunzig Prozent der Krankheiten meiner Patienten sind seelisch mitbedingt. Ich gehe gern in die Wohnung meiner Patienten. Es ist wichtig, zu sehen, wie sie leben. Ihre Einrichtung ist manchmal erschreckend steril, ohne Liebe und Wärme. Wie sollen sie da seelisch ausgeglichen sein? Ich denke, daher kommt diese seelische Unruhe bei den Patienten – und auch weil zu Hause nicht alles stimmt.»

Auch Krankengymnastinnen und Beschäftigungstherapeuten, die eine wichtige Rolle im Leben vieler Erkrankter spielen, haben die Möglichkeit, ihnen durch Anteilnahme und Zuwendung die Situation erträglicher zu machen: «Meine Krankengymnastin hat mir von Anfang an Mut gemacht, daß ich meinen Arm wieder voll bewegen kann. Und sie hat recht gehabt.»

Alle diese Äußerungen zeigen, wie wichtig es ist, daß die medizinischen Helfer an die Heilung des Patienten glauben. Ihre innere Einstellung teilt sich dem Kranken ohne Worte mit und vermehrt seine Kräfte.

«Ich bin jetzt eher als zu Beginn meiner Ausbildung in der Lage, die Patienten über ihre Krankheit aufzuklären.» Viele Patienten erleben sich als völlig uninformiert und deshalb weitgehend hilflos gegenüber Fragen und Entscheidungen, die die medizinische Behandlung und insbesondere die Operation betreffen. «Mir wurde von keinem Arzt gesagt, was da nun eigentlich gemacht wird. Man kriegt einen Zettel und unterschreibt – und dann geht's los. Ich hab das erlebt, als ob ich mein eigenes Todesurteil unterschreibe.»

Die Informationen erhalten die Patienten oftmals nicht von ihren behandelnden Ärzten. Sie sind dann gezwungen, sich die gewünschten Auskünfte über Dritte – Angehörige, Pflegepersonen, Mitpatienten – oder aus Büchern zu beschaffen. Häufig stauen sich dadurch im Patienten Gefühle der Unzufriedenheit an. Sie empfinden, daß sie nicht für voll genommen werden.

Dieses Gefühl wirkt sich auf ihr sowieso schon vermindertes Selbstwertgefühl sehr ungünstig aus: «Da hat sich doch so vieles angestaut, was man während der Behandlung runtergeschluckt hat – dieses Gefühl: Ich werde gar nicht als mündiger Mensch behandelt, sondern als jemand, der irgendwie schwächlich ist.» Der Patient beginnt mißtrauisch zu werden.

Anders ist es, wenn der Patient gut informiert wird und Fragen stellen kann – so wie es mir beim letzten Knochenszintigramm ergangen ist. Diese Untersuchung war schon zweimal bei mir durchgeführt worden. Ich wußte also, was geschehen würde. Jetzt, beim drittenmal, erklärte mir eine Assistentin in sehr freundlicher und eingehender Weise den genauen Verlauf. Sie ermunterte mich immer wieder, Fragen zu stellen – Fragen, die ich gern schon beim erstenmal an die Ärzte gerichtet hätte. Doch diese kümmerten sich damals nur um das Funktionieren des Apparates. Gerade vor Untersuchungen und Behandlungen, bei denen unpersönliche, bedrohlich erscheinende Apparate eingesetzt werden, ist eine sorgfältige seelische Vorbereitung notwendig. Durch eine hinreichende Aufklärung können ganz unnötige Ängste vermieden werden. Außerdem sind informierte Patienten geduldiger. Sie zeigen mehr Verständnis, daß manches weh tut, erholen sich häufig sogar schneller von Eingriffen, weil das Verstehen der Behandlung sie vor unbegründeten Belastungen, Aufregungen und Sorgen bewahrt und so die Gesundung fördert.

Deshalb ist es wichtig, daß sich Helfer, Ärzte, Pflegekräfte und technisches Personal klarmachen, daß die Heilung des Patienten gefördert werden kann, wenn dieser informiert ist und die medizinische Behandlung nicht voller Angst, Ungewißheit und Hilflosigkeit über sich ergehen lassen muß. Dabei sollten die Helfer berücksichtigen, daß ein Patient, der nicht fragt, häufig nur nicht wagt, Fragen zu stellen. Bietet sich der Helfer dem Patienten in aufrichtiger, warmherziger und einfühlsamer Weise mit Informationen an, so wird der Patient aktiver an seiner Heilung mitarbeiten: «Als ich bestrahlt wurde, habe ich dem Arzt gesagt: ‹Sie müssen mir erklären, warum Sie das alles machen.› Da hat er sich viel Zeit genommen und mir alles erklärt. Das hat es mir erleichtert, zur Bestrahlung zu gehen.»

Es gibt manche Ärzte, die die Wünsche ihrer Patienten nach Informationen erfüllen. «Wenn ich insgesamt meine Einstellung bedenke», sagte mir ein Arzt im Gespräch, «so bin ich jetzt eher als zu Beginn meiner Ausbildung in der Lage, die Patienten über ihre Krankheit aufzuklären. Doch meine ich, daß Aufklärung um jeden Preis nicht der richtige Weg ist. Es scheint mir wichtig, die Signale des Patienten richtig zu deuten und sich zunächst zu fragen, welche Antwort für ihn hilfreich ist. Die ‹Wahrheit› läßt sich dabei in verschieden deutliche Worte kleiden. In jedem Fall erscheint es mir unerläßlich, dem Patienten die Hoffnung auf das Überleben zu belassen; ich denke, in Krisenzeiten brauchen sie einen ‹Strohhalm›, an den sie sich klammern können. Bei vielen meiner Kollegen beobachtete ich meine frühere Haltung, Patienten nicht über die Krankheit aufzuklären – oder nur, wenn es für die Behandlung notwendig ist. Diese Haltung zeigt meiner Meinung nach das Unvermögen vieler Ärzte, auf die Bedürfnisse des Patienten einzugehen.»

Diese Aussage macht es mir verständlicher, warum Ärzte häufig bestimmte Informationen zurückhalten. Ihr Schweigen ist oft nicht Bequemlichkeit oder Überheblichkeit, sondern «das Unvermögen, auf die Bedürfnisse des Patienten einzugehen» und mit ihm über schwerwiegende diagnostische Befunde zu reden. Vielleicht fürchten Ärzte auch, zugeben zu müssen, daß sie die derzeit in der Krebsbehandlung noch herrschende Unwissenheit mit dem Patienten teilen müssen. Doch gibt es auch Ärzte, die bereit sind, die Grenzen ihrer therapeutischen Möglichkeiten einzugestehen: «Die Frage ist schwer zu entscheiden: Ist es sinnvoll oder unter Umständen sogar schädlich, die Knoten zu entfernen.» – «Ich sag meinen Patienten: Ich bin kein Heilender, sondern nur ein Vermittler. Ich allein kann sie nicht heilen.»

Durch ein solches ehrliches Eingeständnis überträgt der Arzt mir als Patienten Mitverantwortung für meine Heilung. Ich fühle mich angeregt, nach Hilfsquellen in mir zu suchen. Mir wird bewußt, daß ich mich selbst unterstützen und für mich sorgen muß. Ich fühle mich als Partner des Arztes, bin ihm nicht mehr hilflos ausgeliefert.

Der Patient sehnt sich danach, in seinem Arzt einem Menschen zu begegnen. Meine Ärztin zum Beispiel versuchte nicht, ihre Gefühle zu verbergen, als sie mir das Ergebnis einer Kontrolluntersuchung mitteilte. Statt eines routinemäßigen «Es ist alles in Ordnung» sagte sie zu mir: «Ich bin wirklich erleichtert, daß keine Auffälligkeiten in Ihrem Szintigramm und den Röntgenaufnahmen festzustellen sind. Ich war sehr besorgt, als Dr. C. mir erzählte, daß Sie wieder zwei Knoten haben.» Anschließend führten wir folgendes Gespräch:

Ärztin: «Meine Erfahrung ist, daß Frauen, die sich mit ihrer Krankheit auseinandersetzen, länger leben – tatsächlich länger leben. Aber das kostet viel, viel Kraft.»

Anne-Marie: «Vielleicht nicht unbedingt länger leben, aber sicherlich intensiver, und das ist auf eine Art ja auch länger.»

Ärztin: «Nein – ich meine wirklich länger leben!»

Und am Schluß unseres Gespräches sagte sie: «Ich wünsche Ihnen viel Kraft.»

Von diesen Kontrolluntersuchungen bin ich nicht ermüdet wie sonst, sondern eher angeregt und zuversichtlich nach Hause gegangen.

Es ist wichtig, daß der Arzt den Patienten offen und einfühlsam über seine Krankheit und die voraussichtlichen Folgen informiert. Hierzu ist ein Gespräch notwendig, bei dem sich der Arzt Zeit nimmt und bei dem er die Möglichkeiten, Risiken, Fehler und Ungewißheiten der Krankheit und ihres Verlaufes mit dem Patienten bespricht.

«Jeder Arzt, der Krebs behandelt, sollte für Patienten und Angehörige verständliche Informationsblätter über den Krebs und die Behandlungsarten, über Gesprächsgruppen sowie Kontaktadressen ehemaliger Patienten bereithalten.» Diese Meinung hat sich Reinhard aufgrund seiner Erfahrung mit meiner Krankheit

gebildet. In seiner Psychotherapeutischen Beratungsstelle können Hilfesuchende telefonisch Merkblätter anfordern und sich informieren, welche verschiedenen Möglichkeiten der Psychotherapie angeboten werden und wie hoch die Kosten sind. Sie erhalten auch Kontaktadressen ehemaliger Klienten, die sich freiwillig zu Informationsgesprächen zur Verfügung gestellt haben.

Ähnliche Informationsblätter sollte es in Krankenhäusern geben. Man könnte die Erkrankten auf diese Weise über die verschiedenen Behandlungsmöglichkeiten aufklären, man könnte ihnen mitteilen, wie ehemalige Patienten darauf reagiert haben. Mir hätte ein solches Merkblatt am Anfang meiner Erkrankung sehr geholfen. Denn ich wußte sehr wenig über die Krebserkrankung, ihren Verlauf, was getan werden kann und wie sie sich weiter entwickeln würde. Eine Krebspatientin sagt in einem Gruppengespräch: «Ich habe im Krankenhaus einen Zettel vermißt mit Informationen darüber, was Strahlen sind und was sie bewirken. Von den Folgen haben sehr viele Patienten sehr vage, sehr verschwommene, sehr bedenkliche und gefährliche Vorstellungen. Darin müßte auch stehen, was man während und nach der Bestrahlung beachten muß.» Hansjürgen, der Arzt in der Gruppe, hat Bedenken: «Bei mir wehrt sich was gegen die schriftlichen Informationen. Ob das der richtige Weg ist? Ihr habt Abstand gewonnen und habt euch zu einem großen Teil mit der Krebserkrankung auseinandergesetzt. Ich stelle mir vor, ein Patient soll sich damit auseinandersetzen, der nicht ganz aufgeklärt ist. Es könnte ihn zusätzlich belasten. – Dagegen, wenn ihr als Ehemalige da seid und mit dem Kranken sprecht, das wäre eine wirkliche Hilfe. Auch kann der Kranke sich mit euch identifizieren, und ihr seid ihm auch ein Beispiel, daß es wieder aufwärts geht.» [22]

Sicherlich ist es für einen Erkrankten eine große Hilfe, wenn ehemalige Patienten ihm vor oder unmittelbar nach der Operation beziehungsweise Behandlung mit Informationen und Anteilnahme zur Verfügung stehen. Doch halte ich es für wichtig, daß dem Patienten darüber hinaus schriftliche Informationen angeboten werden. Auch für den Arzt würden sie eine erhebliche Entlastung sein. Er müßte nicht jedem Patienten alles von neuem erklären und könnte – ein weiterer großer Vorteil – die Zeit und Kraft nutzen, um auf die noch offenen Fragen des Patienten, insbesondere auf seine gefühlsmäßigen Einstellungen, einzugehen.

Gibt es denn ehemalige Patienten, die bereit sind, sich den Fragen anderer zu stellen? Krebspatientin in einem Gruppengespräch im Fernsehen: «Wir wären bereit, wenn wir die Kraft haben, Patienten Informationen zu geben. Und ich glaube auch, daß es jemandem guttut, Besuch von einem Patienten zu bekommen, der eine ähnliche Krankheitserfahrung durchgemacht hat und etwa sagt, wie das mit der Wiedereingliederung in den Arbeitsprozeß ist, und so ganz praktische Erfahrungen weitergibt und vor allem ihm vermittelt, daß das Leben weitergeht.» [22]

Es gibt auch schon einige Ärzte, die ihren Patienten Kontakte zu ehemaligen Krebspatienten ermöglichen. Sie wissen, daß ein direkter Erfahrungsaustausch von Patient zu Patient den Erkrankten weiterhelfen kann.

Die Mutter der siebzehnjährigen, an Krebs erkrankten Eva berichtet: «Mein Mann war so verzweifelt über Evas Diagnose. Er saß nur da und war gar nicht mehr ansprechbar. Ihm liefen die Tränen runter. Das hatte ich schon hinter mir. Ich hab dann unsere Ärztin angerufen. Sie sagte: ‹Ich habe eine Patientin, die hat mit achtzehn das gleiche wie Ihre Tochter gehabt. Die ist jetzt zweiunddreißig Jahre alt. Sie ist auch bestrahlt worden. Wenn Sie wollen, stelle ich den Kontakt zwischen ihnen her.› Sie spürte, wie verzweifelt ich war. Und ich hab dann zu ihr gesagt: ‹Wenn ich könnte, jetzt durchs Telefon, ich würde Sie in den Arm nehmen und drücken.›»

«Wir Ärzte müßten mehr mit den Patienten sprechen.» Die meisten Ärzte wünschen sich, daß ihre Patienten Vertrauen zu ihnen haben. Doch eine solche Beziehung kann man nicht her-

beireden. «Vertrauen kann ich doch erst haben, wenn ich den Arzt ein Stück menschlich kenne», sagt ein Krebspatient. «Und was ich da gesehen habe, das war eher so, daß ich sie als menschlich unterentwickelt empfunden habe.»

Viele Patienten fassen Vertrauen zu ihrem Arzt, wenn sie spüren, daß er Zeit für sie hat. «Der Dr. R. ist ganz toll. Sehr aufrichtig und menschlich. Er ist immer zu Gesprächen bereit. Er quatscht nicht, er schwätzt nicht, aber wenn ich sage: ‹Kann ich Sie sprechen?›, dann nimmt er sich die Zeit für mich. Auch wenn ich eine halbe Stunde bei ihm sitze, das ist ihm egal.»

Ärzte selber sehen die Wichtigkeit von Gesprächen. «Wir Ärzte müßten mehr mit Patienten sprechen. Das wäre bestimmt sehr gut.» Einige Ärzte widerlegen die Standardentschuldigung vieler Kollegen – «Wir haben keine Zeit für Gespräche mit dem Patienten» –, indem sie sich die Zeit *nehmen*. «Ich denke, es ist nicht nur eine Zeitfrage», antwortet mir ein Arzt auf meine Frage nach dem Grund für die mangelnde Gesprächsbereitschaft vieler seiner Kollegen. «Wir Ärzte müssen lernen, von unserem hohen Roß herunterzusteigen und uns auf eine Stufe mit dem Patienten zu stellen. Dieses Argument ‹Keine Zeit› kann ich für mich nicht akzeptieren, auch wenn ich nur eine begrenzte Zeit für jeden zur Verfügung habe. Das versteht jeder Patient, wenn ich sage: ‹Ich möchte noch kurz mit Ihnen sprechen. Es kann nicht lange sein.› Das akzeptiert jeder, das habe ich noch nie anders erlebt. Die Patienten sind dankbar, daß ich mir die Zeit genommen habe, manchmal nur wenige Minuten. Und ich bin eigentlich immer wieder überrascht, wie dankbar sie dafür sind.»

Manche Ärzte oder Schwestern im Krankenhaus, die häufig und länger mit ihren Patienten sprechen, scheinen sich auch der Kritik ihrer Kollegen auszusetzen. Einer der Ärzte, der an unseren Gesprächsgruppen teilnahm und Ausbilder für künftige Pflegekräfte ist, berichtete mir: «Die Zeit, mich zum Patienten zu setzen, nehme ich mir. Und ich merke ja bei mir selbst: Wenn ich einem Patienten auf einer menschlichen, nicht ärztlichen

Ebene begegne, habe ich auch selber etwas davon. Ich gehe mit dem Gefühl nach Hause, einem Menschen ein wenig geholfen zu haben. Das versuche ich auch im Unterricht mit künftigen Schwestern und Pflegern zu vermitteln: ‹Es ist auch für euch schön, das zu erleben.› Sie entgegnen mir dann manchmal, daß sie von der Oberschwester oder anderen hören: ‹Sprich nicht mit den Patienten, wisch lieber Staub!› Oder sie sagen: ‹Du schließt dich von uns aus, wenn wir Kaffee trinken. Es ist nicht unsere Aufgabe, länger mit dem Patienten zu sprechen. Dazu haben wir gar keine Zeit! Du willst wohl was Besseres sein!› Dann versuche ich, meinen Schülern im Unterricht klarzumachen: ‹Was bedeutet es für euch, wenn ihr das Gefühl habt: Ich fühle mich gut, wenn ich jemandem geholfen habe?›»

Die indische Ärztin Sofia hat ihre eigene Art, Gespräche mit Patienten zu führen: «Ich rege meine Patienten an, mit ihrem Krebs zu verhandeln, etwa zu ihm zu sagen: ‹Tu mir bitte nicht weh. Ich tu dir auch nicht weh.› Und dabei sollen die Patienten die Krebsstelle ein bißchen streicheln. Ich streichle auch meinen ganzen Körper. Ich spreche auch mit ihm: ‹Schön, daß du da bist.› Zu jedem Körperteil sage ich: ‹Ich bin dankbar, daß ihr mir helft, meine ganzen Lebensaufgaben zu erledigen.› – So sage ich auch zu meinen Patienten, daß sie ihren ganzen Körper streicheln und ihm danken sollen.»

Manchem werden diese Äußerungen fremd erscheinen. Ich weiß jedoch von einigen Therapeuten, daß Streicheln, liebevolle Zuwendung und Sprechen zu erkrankten Körperteilen dem Patienten Entspannung und Verminderung der Schmerzen bringen und Heilungsvorgänge fördern können.

«Ich finde, solche Gesprächsgruppen im Krankenhaus sind sehr geeignet. Mit einer Gruppe werden zehn Patienten menschlich unterstützt. Sie fühlen sich dann auch nicht so allein.» Das ist die Erfahrung einer der beiden Ärztinnen, die an unseren Gesprächsgruppen im Krankenhaus teilnahmen. Von der anderen Ärztin, der Chefärztin der Strahlenstation, weiß ich, daß sie ei-

nen Urlaubstag geopfert hat, um bei einem ganztägigen Gruppengespräch dabeisein zu können.

Es war nicht einfach, diese Gruppengespräche im Krankenhaus stattfinden zu lassen. Einer der Ärzte erinnert sich, daß zunächst «erhebliche Vorbehalte» geäußert wurden: «Da kommen die Psychologen und mischen sich sozusagen in die Arzt-Patienten-Beziehung ein. – Das hat sich jetzt weitgehend geändert. Hier im Haus hat es keine Probleme gegeben. Ich habe kaum negative Äußerungen gehört. Die mich angesprochen haben, zeigten zunehmend Vertrauen. Nur ein einziges Mal sagte mir ein Kollege: ‹Das ist ja alles Quatsch! Wir können das besser. Bloß nicht jemand dabeihaben, der die Beziehung noch kaputtmacht.› Ich glaube nicht, daß das auf die Dauer ein entscheidendes Problem sein wird – einfach, weil es so gut gelaufen ist mit den Gruppen, so daß da ein ganz positives Echo gekommen ist.»

Dieser Arzt bemühte sich nach Ende der dreimonatigen Gruppengespräche im Rahmen unseres Forschungsprojektes darum, daß im Krankenhaus weitere Gesprächsgruppen angeboten wurden: «Wir sollten diese Möglichkeit auch anderen Patienten geben.» Und Monate später: «Inzwischen haben wir von unserer Behörde die Genehmigung erhalten, neue Gesprächsgruppen in unserem Haus einzurichten. Wir beziehen jetzt auch ehemalige Patienten mit ein. Das halte ich für sehr wichtig – und auch Einzelgespräche denen anzubieten, die es möchten. Meine Vorstellung ist, daß man ehemalige Patienten hat, denen man sagen kann: ‹Hör mal, da ist Frau Soundso, kannst du nicht mal zu ihr gehen?› Und wenn wir merken, da sind Patienten, die möchten intensiver weitermachen, versuchen wir, diese Patienten über die Beratungsstelle des Psychologischen Instituts in andere Gruppen hineinzuführen oder Einzelgespräche anzubieten. Eine Patientin aus der Gruppe sagte zu mir: ‹Ich habe mit meinem Arzt über die Gruppe gesprochen. Er will jetzt in seiner Praxis für Patienten, die Krebs haben, eine Gesprächsgruppe anbieten. Und der hat mich dann gefragt, ob ich da mitmachen

will.› Das zeigt doch, daß auch außenstehende Ärzte aufgeschlossen sind.»

Ich hoffe, es wird zukünftig mehr Psychologen in Krankenhäusern geben, die den Patienten in Gesprächen als hilfreiche
Partner zur Seite stehen. Eine junge Frau mit Magenkrebs: «Was
mir fehlt hier im Krankenhaus, ist ein Psychologe, der mal wirklich Zeit für ein Gespräch mit mir hätte.» Christians Mutter:
«Ich finde, daß die Ärzte besser psychologisch geschult werden
müßten. Meine Erfahrung aus der Kinderklinik ist, daß alles
Menschliche auf die Psychologen abgeschoben wird. Da nützt
doch die Arbeit der Psychologen nichts, wenn der Arzt es letztlich wieder kaputtmacht mit seiner sturen Tour. Im Grunde genommen müßten die Hand in Hand mit den Eltern Diskussions-
abende veranstalten, damit das Arzt-Psychologen-Eltern-Ver-
hältnis gut funktioniert, damit sie wirklich zueinander Vertrau-
en haben.»

*«Auf die Atmosphäre für meine Patienten im Wartezimmer
kommt es mir an.»*   Das ehrliche, warmherzige und einfühlsame Bemühen der beruflichen Helfer um ihre Patienten schließt
auch die Gestaltung der äußeren Atmosphäre ein. Ist das
Krankenhaus – das Haus für den Kranken –, das Wartezimmer – das Zimmer zum Warten für den Erkrankten – und der
Behandlungsraum – der Raum zum Behandeln des Erkrankten
– so eingerichtet, daß der Patient sich als willkommener Gast
fühlt?

Versetzen wir uns in die Lage des Hilfesuchenden: Häufig
kommt er in großer Not zum Helfer, ist tief verzweifelt, manchmal am Ende seiner Kräfte. Was würden wir uns an seiner Stelle
wünschen? Doch sicherlich eine persönliche, warme Atmosphäre, die unsere Ängste nicht durch Sterilität, Ungemütlichkeit
und Unwohnlichkeit steigert. Ist es verwunderlich, wenn die
meisten Menschen nur «mit Grauen» an das Krankenhaus denken? Krebspatientin: «Ich habe mich dabei erwischt, daß ich jahrelang einen großen Bogen um das Krankenhaus gemacht habe,

ich hatte so eine Abneigung gegen dieses Haus.» – «Es hat immer nur geheißen: ‹Wie geht es Ihnen jetzt?› Das Seelische war da natürlich ausgenommen. Ich dachte schon daran, einen großen Zettel vorne beim Pförtner anzubringen: ‹Bitte hier erst mal die Seele abgeben.›» – «Es hat meiner kleinen Tochter auch seelisch geschadet, daß sie mit einem Jahr ins Krankenhaus mußte. Sie mußte an den Tropf. Dazu wurde sie angeschnallt. Die Trennung von uns muß ihr unwahrscheinlich geschadet haben. Damals gab es auch noch keine Mutter-Mitaufnahme, und ich durfte sie nur zweimal in der Woche kurz sehen. Als ich sie wieder mit nach Hause bekam, zeigte sie keinerlei Reaktionen. Ich habe acht Wochen gebraucht, bis sie mich wieder angenommen hat. Oft saß sie im Bett und machte stundenlang diese Schaukelbewegung. Das hat sich noch ein Jahr hingezogen. Als sie mit dreieinhalb Jahren bei der ersten Krebsoperation im Krankenhaus lag, hat sie eine Woche lang nicht mit mir gesprochen.»

Diese Aussagen erschüttern mich: das Unbehagen der Frau, wenn sie an das Krankenhaus denkt, das Gefühl, die Seele beim Pförtner abgeben zu müssen, das Verstummen des kleinen Mädchens.

Ich denke, es gehört gar nicht soviel dazu, Krankenhäuser und Arztpraxen wohnlich zu gestalten: Einige ansprechende Poster, Bilder oder Sprüche können die Öde der kahlen Wände auflockern; sanfte Musik im Behandlungs- und Wartezimmer vermittelt dem Patienten den Eindruck, daß in diesen Räumen Menschen arbeiten, die auch für sein seelisches Wohl sorgen; Weck-, Essens- und Waschzeiten werden dem häuslichen Rhythmus der Patienten stärker angeglichen; tägliche Besuche werden ermöglicht; heitere Filme und Bücher werden gezielt angeboten, um die schmerzstillende Wirkung «echten zwerchfellerschütternden Lachens» für die Patienten zu nutzen und ihnen ein paar Stunden Fröhlichkeit und Schmerzfreiheit zu ermöglichen – eine Methode, die Norman Cousins für seine eigene Heilung erfolgreich einsetzte. [3]

Vieles hat sich in den letzten Jahren in den Krankenhäusern

positiv verändert. Das Leben ist mehr «hereingeholt» worden:
Die Mitaufnahme von Müttern auf Kinderstationen, Wochenendurlaub für Patienten, mehr Telefone in den Krankenzimmern, mehr Plätze zum Sitzen im Grünen, mehr Möglichkeiten
zum Spazierengehen, mehr Wohnlichkeit in einigen Krankenzimmern.

«Meine Freundin lag mit Leukämie in einer Londoner Klinik
in einem großen Saal mit über vierundzwanzig Betten. Als sie
mir das schrieb, war ich erst sehr schockiert. Aber sie fühlte sich
dort wohl. Als ich sie besuchte, na ja, da kam ich in diesen gro
ßen Saal hinein. Der war erst mal unterteilt in vier mal sechs
Betten. Dann konnte man um jedes Bett einen bunten Vorhang
herumziehen. Wenn der eine Besuch bekam, konnte eben der
Vorhang vorgezogen werden. In einem Drei-Bett-Zimmer konzentriert sich immer alles auf den einen Besucher, wenn nur einer
da ist. So konnten wir uns ungestört unterhalten. Auch bei Visiten oder Untersuchungen wird immer der Vorhang vorgezogen.
Überhaupt war es da sehr gemütlich: An jedem Bett stand zum
Beispiel ein Bücherregal mit Büchern. Alles war so mehr wohnlicher.»

Nicht die Größe der Krankenzimmer scheint entscheidend zu
sein, sondern das Ausmaß, in dem das Bedürfnis des Patienten
nach Wohnlichkeit und Intimität berücksichtigt wird. Ich habe
oft über die Möglichkeit nachgedacht, das unmittelbare Leben
außerhalb des Krankenhauses durch Video-Kameras und Fernsehgeräte in das Krankenzimmer «hereinzuholen». Technisch
wäre es kein Problem, auf diese Weise die Wände des Krankenhauses zu sprengen und den Patienten, die manchmal monatelang im Krankenzimmer liegen müssen, Kontakte mit der Au
ßenwelt zu ermöglichen. Es hat mich sehr beeindruckt, wie
glücklich meine krebskranke Tante das Leben und Treiben auf
«ihrer» Straße vom Fenster aus miterlebte.

Ärzte, die sich in die Welt des Patienten einfühlen, die die
seelischen Belastungen, denen er ausgesetzt ist, miterleben und
seine gefühlsmäßigen Bedürfnisse nachempfinden, verhalten

sich dem Erkrankten gegenüber anders als «Technokraten» und «Experten», die im Patienten ein «Objekt», einen «Fall» sehen. Manchmal denke ich, daß ein Arzt sich gelegentlich selbst einmal für ein, zwei Stunden in seinem Wartezimmer aufhalten und dort auf harten Stühlen, bei ungenügender Beleuchtung zum Lesen und fehlender Behaglichkeit in verbrauchter Luft ausharren sollte, bis endlich sein Name aufgerufen wird. Dann würde er sicher schnell erkennen, daß er mit sehr einfachen Mitteln die Atmosphäre verbessern könnte.

«Wenn ich bei meinem Arzt fertig bin mit der Untersuchung», berichtet eine Patientin, «gibt es eine schöne Tasse Tee und ein Hörnchen. Als mein Mann mal zu ihm hin mußte, da haben sie ihm das Hörnchen und einen Tannenzweig für mich mitgegeben. – Mir sind die Tränen gekommen. Dieses kleine Hörnchen war mir ein Geschenk, diese Kleinigkeit, sie ist so wichtig für mich.» – Sofia: «Auf die Atmosphäre für meine Patienten im Wartezimmer kommt es mir an.» – «Wenn ich meine Patienten empfange, dann nehme ich zur Begrüßung ihre Hände in meine Hände. Das ist sehr schön für uns beide. Sie brauchen Wärme, nicht nur mein medizinisches Wissen. Bei Gesprächen biete ich ihnen eine Tasse Tee an. Es ist mehr als nur eine Geste: Der Patient ist mein Gast. – Ich versuche, mich in die Patienten hineinzufühlen, bin ihnen innerlich zugewandt. Ich nehme die Patienten, wie sie sind. Ich lasse ihnen ihre Würde. Jeder Mensch ist anders. Wenn es sein muß, dann ändere ich mich. Ich stelle mich ganz schnell auf jeden Patienten ein, auch auf jede Situation. Ich erwarte nicht, daß sich mein Partner, also der kranke Mensch, umstellt. Kranke haben nicht die Kraft, sich so schnell umzustellen, aber ich kann es.»

Bietet der Arzt dem Patienten ein wohnliches Wartezimmer, so wird dieser ihm entspannter und weniger verängstigt entgegentreten.

Es sind noch viele weitere förderliche Aktivitäten von beruflichen Helfern denkbar. Ärzte, Schwestern und Pfleger, die patientenzentriert denken und fühlen, werden viele kreative

Möglichkeiten entdecken, wie sie dem Erkrankten Erleichterung verschaffen können. Sie werden ihm zum Beispiel längere Wartezeiten, etwa vor einer Behandlung oder auf der Bahre vor dem Operationssaal, ersparen. Vor allem werden sie sich darum bemühen, ihre Mitarbeiter und Kollegen zu respektieren, einfühlsam auf sie einzugehen und ehrlich zu ihnen zu sein. Im folgenden Gespräch mit Sofia wird deutlich, daß sich eine offene, harmonische Arbeitsbeziehung der Helfer untereinander auch positiv auf die Patienten auswirkt: «Meine Mitarbeiterin und ich, wir sprechen uns manchmal mit ‹Liebling› oder ‹Schätzchen› an. Sie sagt auch ‹Liebling› zu mir, obwohl ich ihre Chefin bin. Wir sagen nie ein böses Wort zueinander. Und die Patienten, die das hören, die sagen: ‹Wie schön das ist, ich möchte auch gern mal Liebling sein.›»

Anne-Marie: «Du findest es also sehr wichtig, daß du mit deinen Mitarbeitern in großer Harmonie lebst.»

Sofia: «Richtig. Es ist sehr wichtig. Für die Patienten und für die Umgebung. Die Patienten spüren das, wenn sie reinkommen. Sie sagen: ‹Wie schön ist es hier.›»

Anne-Marie: «Die Patienten fühlen, daß alles so ausgeglichen ist.»

Sofia: «Ja, keine Hetze, kein Getriebe.»

Anne-Marie: «Sie spüren: Hier ist Ruhe und kein Abgefertigtwerden. Die Patienten sind deine Gäste, du möchtest es ihnen behaglich machen.»

Sich als Helfer weiterentwickeln

«Je mehr ich mich als Arzt mit mir selbst beschäftige, desto eher kann ich auf die Patienten eingehen.» Für berufliche Helfer – Ärzte, Krankenschwestern, Pfleger, Psychologen –, die gegenüber Hilfesuchenden nicht «wie Automaten funktionieren», sondern in eine lebendige, hilfreiche Beziehung zu ihnen treten

wollen, ist es wichtig, sich selber menschlich weiterzuentwikkeln. Der Weg zum anderen führt über die eigene Person, über die Entwicklung des eigenen Ichs: sich selbst akzeptieren lernen, um andere akzeptieren zu können; sich selbst lieben lernen, um andere lieben zu können; sich selbst verstehen lernen, um andere verstehen zu können; lernen, sich selbst gegenüber ehrlich zu sein, um anderen ehrlich begegnen zu können.

Ich habe mit Hansjürgen, dem Arzt aus unserer Gesprächsgruppe, über seine eigene «menschliche Fortbildung» durch Gesprächsgruppen und Psychodrama gesprochen.

Hansjürgen: «Ich mache das für mich, und gleichzeitig gibt es mir die Möglichkeit, es später anzuwenden. Wichtiger ist aber, es für mich zu machen. Es ist ja klar: Je mehr ich mich mit mir selbst beschäftige, desto eher kann ich auf die Patienten eingehen. Ja, das habe ich erfahren, daß sich meine Möglichkeiten verbessert haben.»

Anne-Marie: «Sie fühlen sich nicht mehr so hilflos, wenn Sie mit Patienten sprechen? Sie erfahren, daß Sie den Patienten auch etwas geben können?»

Hansjürgen: «Ja, früher hatte ich zuviel Angst, um mich auf ein Gespräch mit Patienten einzulassen, weil ich nie wußte: Was kommt auf mich zu? Kannst du überhaupt helfen? Laß dich lieber nicht darauf ein. Seitdem ich an mir gemerkt habe, daß da viele Dinge sind, die ich in mir nachklingen lassen kann, kann ich es besser tun.»

Es gibt viele Möglichkeiten, sich seinem inneren Werdegang zuzuwenden: Meditation, entspannte Visualisierung der Ängste und Schwierigkeiten, Einzel- oder Gruppengespräche und zahlreiche andere Formen der Selbstöffnung und Selbstauseinandersetzung. Jeder, der danach sucht, wird den ihm angemessenen Weg zu sich selbst finden. «Ich hatte über Jahre Räume in mir verschlossen gehalten, jetzt spüre ich, wie eine Tür sich nach der anderen in mir öffnet und alles wieder lebendig wird.»

Eine sehr gute Möglichkeit für berufliche Helfer, sich persönlich weiterzuentwickeln, sind personenzentrierte Gesprächs-

gruppen. [48] An unseren Gruppen mit Krebspatienten und Angehörigen nahmen auch jeweils ein oder zwei Ärzte teil. Im folgenden gebe ich einige Äußerungen wieder, die zeigen, welche
Erfahrungen sie dabei gemacht haben: «Wenn die Patienten über
ihre negativen Arzt-Erfahrungen berichteten, das fand ich sehr
wichtig. Da können wir Ärzte in solchen Gruppen natürlich eine
Menge dazulernen. Die meisten Ärzte sind wirklich gutmütig
und bemüht. Es ist einfach ihre Unwissenheit, dieses Auf-der-
anderen-Seite-Stehen und Rezepte-Geben. Dadurch wird man in
eine recht hohe Position gehoben. Das tut einem nicht gut.» –
«Das für mich Wichtigste war, eine Atmosphäre zu finden, in der
ich Patienten gegenüber offen sein kann, auch über mich selbst
sprechen konnte.» – «In der Gruppe fand ich besonders gut, daß
ich nicht nur als ‹Arzt-Maschine›, das heißt als jemand, der als
Arzt funktionieren muß, angesprochen war, sondern vor allem
auch als Mensch mit meinen eigenen Gefühlen. Ich war nicht
mehr der Fachmann, sondern war beteiligt, gehörte mit dazu.» –
«Ich habe gespürt, daß es mir leichterfällt, über meine eigenen
Ängste, die in mir aufsteigen, vom Sterben oder Tod in einer
Gruppe zu sprechen als mit einem einzelnen Patienten. Es war
eine Atmosphäre der Solidarität und des gegenseitigen Getragen-
seins in der Gruppe. Und wenn solche Ängste bei den Patienten
hochkommen, noch stärker als bei mir, der ich gesund bin, können sie von der Gruppe aufgefangen werden. Es war so ein Klima
der Hilfsbereitschaft, des gegenseitigen Verstehens und Stützens.
Und das machte es mir leichter, auch über mich selbst nachzu-
denken.»

Menschen, die fähig sind, in derartigen Gesprächsgruppen offen über ihre für sie bedeutsamen Erlebnisse und Probleme zu
sprechen und sich gefühlsmäßig damit auseinanderzusetzen,
machen gewöhnlich eine Vielzahl neuer Erfahrungen mit ihren
Mitmenschen – so auch die an den Gruppen teilnehmenden Ärzte: «Es war für mich eine neue Erfahrung, daß die Patienten frei
über ihre Krankheit sprechen konnten.» – «Ich gewann den Eindruck, daß die Patienten von einer plötzlichen ungeklärten To-

desahnung befallen werden, daß diese Ahnung aber für sie einen realen Hintergrund hat und nicht so leicht wie von uns Gesunden verdrängt oder verarbeitet werden kann.» – «Einige Patienten berichteten, daß sie ihre Diagnose erst durch heimliches Öffnen der Arztbriefe erfahren hätten. Dies bestätigte meinen Eindruck, daß viele Patienten zumindest ein aufklärendes Gespräch wollen, damit sie sich mit ihrer Krankheit auseinandersetzen können. Das zeigte mir, daß in dieser Hinsicht noch sehr viel von uns Ärzten getan werden kann.»

Diese Aussagen verdeutlichen, was Matthias in einer unserer Gesprächsgruppen erfahren hat: «... daß der Informationsfluß aus den Gruppen zurück an die Ärzte geht, damit sie hören: Was haben Krebspatienten eigentlich für Bedürfnisse? Sie können sich dann vielleicht besser auf ihre Patienten einstellen.»

Auch die Psychologen, die als Gruppenhelfer die Krebspatienten und Angehörigen betreut haben, berichten über bedeutsame Erfahrungen: «Ich habe durch diese Gruppe gelernt, mehr für mich zu tun. Meine Belastungen habe ich in manchem reduziert. In mancher Entscheidung habe ich an die Gruppe gedacht und gesagt: ‹Schluß, jetzt tue ich etwas für mich.›» – «Es sind Gedanken wie: ‹Irgendwann wirst du auch sterben.› Vorher war es für mich eine mehr abstrakte Vorstellung. Ich denke, wenn mir morgen etwas Überraschendes passiert, diese Gruppe hat mich auf das Ende vorbereitet.» – «Meine Angst vor der Krankheit ist geringer geworden. Am Anfang hatte ich mir alles so plastisch vorgestellt – einen Hautkrebs oder einen Lungenkrebs. Ich habe am Anfang nur die Krankheit bei den Menschen gesehen. Das ist jetzt eigentlich nicht mehr so. Es ist für mich nicht mehr eine Begegnung mit der Krankheit. Es ist jeder einzelne für mich eine Persönlichkeit geworden. Die Krankheit steht für mich nicht mehr so im Vordergrund, sondern der Mensch ist mir mit seinen persönlichen Problemen nahegerückt.»

Hier sprechen die Psychologischen Helfer eine entscheidende neue Erfahrung an: Die Krankheit des einzelnen rückt in den

Hintergrund. Der ganze Mensch mit seinen individuellen seelischen Vorgängen wird wichtig.

Durch solche Lernprozesse in Gruppen könnte es Ärzten möglich werden, von ihren Patienten nicht mehr als «der Magenkrebs von Zimmer 7» zu sprechen, sondern den Menschen in ihren Patienten wahrzunehmen und zu berücksichtigen.

Sehr beeindruckt haben mich die Folgerungen, die einer der Ärzte aus seinen Gruppenerfahrungen zieht: «Mehr Gruppengespräche zwischen Krankenhaus-Angestellten und Patienten würden das Klima im Krankenhaus sehr verbessern. Und wir, die wir dort arbeiten, würden uns viel wohler fühlen, wenn wir auch innerlich unseren ‹Schutzkittel› abtun – unsere Maske, die uns mit durch unsere Funktionen aufgesetzt wird. Sonst können wir sie nachher nicht mehr loswerden oder bemerken sie eines Tages gar nicht mehr, weil wir uns so an sie gewöhnt haben, daß wir ohne sie nicht mehr leben können.»

Humane Öffentlichkeit

Prominente
sprechen über ihre Krebserkrankung

«Ich bin schon lange krank. Es ist Brustkrebs. Ich will anderen Frauen helfen, deshalb spreche ich darüber!» Daß sich viele Krebspatienten als «Außenseiter», «Abgestempelte» und «Aussätzige» erleben ist zu einem Teil durch die panische Angst vor dieser Erkrankung bedingt, die vielfach in Presse, Rundfunk und Fernsehen erzeugt wird. Allein die Formulierung, durch Vorsorge könne man den Krebs «besiegen», kann Betroffene als Verlierer ins Abseits stellen.

Eine wichtige Kraftquelle für die Betroffenen können Erkrankte sein, die in den Medien zu Wort kommen – Krebspatienten, die sich mit ihrer Krankheit und deren Folgen auseinandergesetzt und dieses Stadium ihres Lebens für ihre Weiterentwicklung genutzt haben.

Warum sind in Deutschland so wenige Prominente bereit, öffentlich über ihre Krebserkrankung zu sprechen?

Krebspatientin: «Es heißt immer, jeder Dritte oder Vierte hat Krebs; wenn ich mich umsehe, finde ich nicht so viele. Jede siebte Frau hat Brustkrebs. Ich frage mich: Wo sind sie alle? Die verstecken sich wohl alle. Die meisten geben wohl einfach nicht zu, daß sie Krebs haben. Sie belügen sich eigentlich selbst.»

Eine der wenigen prominenten Frauen in Deutschland, die öffentlich ihre Krebserkrankung zugegeben haben, ist die Schauspielerin und Sängerin Hildegard Knef. In ihrem Buch *«Das Urteil»* setzt sie sich in der Rolle der Patientin mit der Frage auseinander, wem sie von ihrer Brustamputation erzählen soll. «Die Frage: ‹Wie ernst ist es?› Die Patientin erwägt Lügen,

denkt: Wem schulde ich Wahrheit? Denkt: Keinem. Fährt fort:
Wem sage ich sie dennoch?» [18]

Fünf Jahre nach ihrer ersten Brustkrebsoperation bekennt die
bekannte schwedische Schauspielerin Ingrid Bergmann vor der
Presse: «Bisher habe ich gegen den Krebs still gekämpft. Ich bin
schon lange krank. Es ist Brustkrebs. Ich will anderen Frauen
helfen, deshalb spreche ich jetzt darüber.» [42] Nach ihrer
Brustamputation schreibt sie: «Wenn ich eine jüngere Frau gewesen wäre, hätte ich sicherlich mehr gelitten.» [1] – «Es war
weniger schlimm, als ich befürchtet hatte. Alle meine Kinder
waren bei mir.» [15]

Ich denke, daß solche ehrlichen Äußerungen Prominenter bei
vielen die Angst vor dem Krebs vermindern können. Dieses Ziel
hat sich Ingrid Bergmann ganz bewußt gesetzt: «Ich will anderen
Frauen helfen.»

Helfen wollte auch der an Lungenkrebs verstorbene französi-
schen Politiker Norbert Segan, indem er in einer Fernsehsendung alle Raucher warnte: «Sie töten sich und begehen Selbstmord.» Er selbst war seit seinem sechzehnten Lebensjahr Raucher. Obgleich ihm ein Lungenflügel entfernt wurde, hatte er
seine Arbeit in vollem Umfang wieder aufgenommen. Seine Lebenseinstellung war, wie er selber sagte: «Das Leben ist nicht wie
ein Schicksalsschlag zu Ende, wenn man sein Unglück auf sich
zu nehmen weiß.» [51]

Von den Krebserkrankungen der meisten Prominenten hört
die Öffentlichkeit erst kurz vor oder nach ihrem Tod. Die Betroffenen und auch ihre Angehörigen halten ihre Krankheit ge-
heim, wagen nicht, ihren Fernsehzuschauern oder Lesern mitzuteilen, daß sie – der berühmte Showmaster, die bekannte
Fernsehreporterin oder Autorin – an Krebs erkrankt sind beziehungsweise waren. Der Öffentlichkeit wird dies häufig vorenthalten oder entstellt dargeboten: Etwa eine verschleppte Lun-
genentzündung wird als Grund für einen Klinikaufenthalt vor-
geschoben. Krebspatientin: «Sie hatte denselben Krebs wie ich,
ein Melanom. Wir trafen uns öfter mal bei den Kontrolluntersu-

chungen und hatten manch gutes Gespräch miteinander. Ich wußte, wenn ich ihre Artikel in der Zeitung las: Sie hat sie unter Schmerzen im Krankenbett verfaßt. Aber niemals hat sie etwas über sich selbst und ihre Erkrankung geschrieben. Sie ist dann gestorben. Ihr Tod hat mich sehr erschüttert, weil ich ja dieselbe Krankheit habe.»

Im Fernsehfilm *«Aufs Sterben freu ich mich»* ergibt sich zwischen Tytte Botfeldt, der bekannten dänischen Leiterin für Adoptionsfragen der Hilfsorganisation Terre des Hommes, und dem Interviewpartner folgendes Gespräch:

Tytte: «Ich ärgere mich auch nicht, daß ich ein ‹Krebsstar› geworden bin. Ich hab soviel daraus bekommen. Es hat mir gut genützt.»

Interviewpartner: «Haben Sie das Gefühl, daß Sie durch Ihren Freimut, mit dem Sie darüber reden, anderen helfen können?»

Tytte: «Ich sag in diesen Tagen, daß ich mich schäme, daß ich nicht schon lange hier von Krebs öffentlich gesprochen habe. Wenn es soviel für so viele Menschen bedeutet, hätte ich es doch früher tun sollen.»

Interviewpartner: «Sie würden nichts dagegen haben, zum Beispiel vor einer Kamera zu sterben?»

Tytte: «Nein. Wir haben eben gestern überlegt – falls ich während dieser Aufnahmen sterben sollte –, ob Sie dann den Mut hätten, an meinen Körper zu kommen und zu sagen: ‹Jetzt ist sie tot.› Meine Töchter glauben: Nein, das geht nicht in Deutschland. – Würden Sie?»

Interviewpartner: «Wir werden sehen.» [49]

Von Joan Robinson, einer an Krebs erkrankten Amerikanerin, ist der Krankheitsverlauf und ihr Sterben in dem Fernsehfilm *«A Woman's Story»* (Die Geschichte einer Frau) dokumentiert worden. Als die Ärzte ihr die Hoffnungslosigkeit ihrer Krebserkrankung mitteilten, veranlaßte sie ihre Freundin, eine Filmproduzentin, einen Dokumentarfilm zu drehen. Dieser Film zeigt Joan während ihrer sechs Operationen, der Kobaltbestrahlung und der Chemo-Therapie, in Gesprächen mit Ärzten sowie im Zusammensein mit ihrem Mann. Millionen Amerikaner erlebten in einem zweieinhalbstündigen Film den Verlauf von Joans Krankheit und ihr Sterben. Sie konnten sehen, wie der Atem unregelmäßig wurde und schließlich aussetzte. Joans Freundin, Mary Feldhouse-Weber, mußte über vier Jahre lang eine Fernsehanstalt suchen, die bereit war, diesen Film zu zeigen. Mary über ihre Arbeit mit Joan: «Die schwerste Aufgabe, die ich je übernommen habe. Ich habe oft geweint.» [7]

Ich wünsche mir sehr, daß Joans Hoffnung in Erfüllung geht: «Ich habe das Gefühl, daß ich vielleicht anderen Menschen, die in meiner Situation sind, helfen werde.»

Die Bevölkerung ehrlich informieren

«Das Hauptziel ist nicht, das Leben zu verlängern, sondern es zu verbessern.» Immer wieder wird den Krebspatienten und ihren Angehörigen von sogenannten Experten suggeriert, es gehe in der Krebsheilung voran, die Chancen, geheilt zu werden, würden immer besser – und nur allzugern glauben die Betroffenen diesen Prognosen.

Aber zunehmend melden sich in der Öffentlichkeit auch andere Stimmen. Immer mehr Bücher erscheinen, in denen manche «Erfolge» der Medizin als Scheinerfolge aufgedeckt werden. Hier werden Untersuchungsergebnisse und Berichte zitiert, die zeigen: «Trotz aller Bemühungen um frühzeitige Diagnostik und gezielte Therapie hat sich die Heilquote seit 25 Jahren praktisch nicht verbessert.» – «Bis zum 60. Lebensjahr ist die Krebssterblichkeit für beide Geschlechter seit 100 Jahren ‹praktisch unverändert›.» Krebs ist also «weniger Schuld als Schicksal». Auch die gängigen Behandlungsmethoden werden in den Büchern in Frage gestellt: «Der Verzicht auf verstümmelnde Operationen, hochdosierte Strahlentherapie und Zytostatika (Krebszellgifte) verlängert häufig nicht nur die Lebenserwartung. Die Kranken fühlen sich auch ‹wohler, sind in ihrer Arbeitsfähigkeit weniger beeinträchtigt und haben keine Ausfallerscheinungen›.» Der Leser erfährt, daß die Mediziner bis heute noch nicht genau wissen, was Krebs eigentlich ist, und «daß ein Gramm Tumorgewebe bereits mehr als eine Million bösartiger Zellen enthält». [12] Mich haben diese offenen Informationen – vor allem das Buch der beiden indischen Ärzte Kothari und Mehta, *«Ist Krebs eine Krankheit?»* [20], zu einer sehr realistischen Einstellung gegenüber meiner eigenen Krebstherapie veranlaßt. Wie kann ich sicher erwarten, daß die Zellgifte der Chemo-Therapie die Millionen oder Milliarden Krebszellen in meinem Körper dauerhaft vernichten? Die ein halbes Jahr nach Ende der Chemo-Therapie in meinem Körper festgestellten Krebsknoten bestätigten meine Zweifel. Ich beschloß, meinen Körper nicht mehr durch eine aggressive und nicht deutlich als erfolgreich ausgewiesene Therapie zu schädigen, solange nicht unüberwindliche Schmerzen auftreten. Den Ärzten erklärte ich, daß ich mir meine Lebensqualität erhalten wolle, die mir wichtiger sei als eine mögliche Lebensverlängerung ohne wirklichen Lebenswert. – Ich wünsche mir sehr, daß mehr Experten der Medizin sich öffentlich für die wichtigste Grundhaltung des Arztes einsetzen: «Vor allem keinen Schaden anrichten».

Wichtig ist, daß die Öffentlichkeit ehrlich über die Tatsache aufgeklärt wird, daß Krebserkrankungen bei den einzelnen sehr unterschiedlich verlaufen – je nach Person und Art der Erkrankung – und daß der Krebs häufig schon viele Jahre, teilweise Jahrzehnte im Körper existiert, bevor er festgestellt wird. Die Entdeckung braucht für den Betroffenen kein plötzliches Ende seiner Lebensfreuden zu bedeuten. Es gibt meist noch einen Spielraum, in dem das Leben trotz Krankheit mit einem gewissen Ausmaß an Freude gelebt werden kann. Zu viele Patienten erlauben ihrer Krankheit, ihre Lebensqualität stärker zu zerstören als notwendig.

Realistische, offene Informationen in Presse, Rundfunk und
Fernsehen, die ohne Drohungen und Angsterzeugung auskom-
men, würden die Angst der Menschen vor Krebs nicht verstärken, sondern vermindern. Manche Ärzte vertreten auch in der
Öffentlichkeit schon die Auffassung, die Christiaan Barnard,
der bekannte Herzchirurg, so ausdrückt: «Man sollte sich nicht
auf die Frage konzentrieren, wie lange die Menschen nach der
Operation leben. Die Frage muß lauten: Haben die Patienten
durch die Operation eine Verbesserung ihrer Lebensqualität erreicht. Für mich als Arzt ist das Hauptziel nicht, das Leben zu
verlängern, sondern es zu verbessern.» [19]

Initiativen von Bürgern und Staat

*«Wenn jeder in seinem Freundes- und Bekanntenkreis etwas
machen würde, dann hätten wir letztlich die Welt ein Stück
geändert.»* «In der Bundesrepublik werden Patienten operiert und dann rausgeschickt, und sie stehen meist allein da, so
wie wir. Das ist ein Skandal!» sagt der dreiundfünfzigjährige,
inzwischen an Bronchialkrebs verstorbene Carsten in unserer
Gesprächsrunde. «Wir mit unserer Krebserkrankung bilden
einen Kreis. Und von außen kommt überhaupt nichts in den
Kreis. Es gibt so wenige ausgebildete Kräfte, die zu den krebserkrankten Leuten hinfahren und sie dann auffangen, weil die
Probleme so vielseitig sind: familiär, finanziell, geschäftlich
und und.»
   Die Notsituation, die Carsten beschreibt, besteht noch für
viele Krebspatienten, doch sind inzwischen viele Initiativen von
Bürgern und vom Staat entwickelt worden, um diesen Menschen
und ihren Angehörigen zu helfen. So gibt es in einigen Städten
Gesprächsgruppen für Krebspatienten, die auch Bewegungsthe-
rapie, Hatha-Yoga, Schwimmen und Entspannungsübungen sowie gemeinsame Freizeitgestaltung und Vorträge über Krebs-

nachsorge anbieten. Interessengemeinschaften, Krebskontaktstellen werden gegründet, um Betroffene zusammenzuführen und ihnen zu vermitteln: «Man kann sich wohl fühlen, man kann leben, obwohl man Krebs hat.»

Viele Krebspatienten werden auch selber aktiv: Sie berichten in Zeitschriften, in Radio- und Fernsehsendungen, wie sie ihre Krankheit bewältigen. Die Menschen erfahren, daß «Krebs» ein Thema ist, über das man offen sprechen kann und das nicht von vornherein mit einem tiefgreifenden Schock verbunden sein muß. Nach all den Jahren, in denen die Angst vor dieser «heimtückischen Krankheit» auch im Rahmen der Vorsorge geschürt wurde, ist diese Erfahrung für Betroffene und Nichtbetroffene heilsam und entspannend.

Auch bieten immer mehr Erkrankte einzelnen Patienten Hilfe an. Eine «Ehemalige» kümmert sich zum Beispiel mit Unterstützung eines Klinikarztes um Betroffene, indem sie ihnen einen Brief zuleitet mit folgenden Worten: «Wenn Ihnen eine Brustamputation bevorsteht oder Sie sich einer solchen bereits unterziehen mußten, wenn Sie deswegen Fragen oder Probleme haben und Sie gern mit einer Schicksalsgefährtin sprechen würden, die dasselbe durchgemacht und überwunden hat, wenden Sie sich telefonisch, brieflich oder anonym an die untenstehende Adresse.»

Leider stoßen derartige Initiativen häufig noch auf Schwierigkeiten, die vermeidbar wären. Als die Krebspatienten unserer Gesprächsgruppen Räume für ihre Selbsthilfegruppen suchten, «gab es unheimliche Schwierigkeiten. Es war für uns so enttäuschend, daß Kirchen und Verbände alle nur Lippenbekenntnisse machen, aber letztendlich war ihnen dann ein Kochkurs wichtiger als eine Gruppe krebserkrankter Menschen.»

Auch die Fortsetzung der von uns ins Leben gerufenen Krebspatienten-Gesprächsgruppen in einem Hamburger Krankenhaus war erst ein halbes Jahr nach Antragstellung möglich. Als Grund für diese Verzögerung wurden «verwaltungstechnische Regelungen» angegeben. Jetzt besteht diese Gesprächsgruppe seit vielen Monaten. «Die Patienten können natürlich auch nach ihrer Entlassung weiter kommen», berichtet der Initiator dieser Gruppe, einer der Ärzte, die an unseren Gesprächsgruppen mit Krebspatienten teilgenommen hatten. «Es sind drei bis vier Klinikärzte und der Krankenhaus-Seelsorger dabei. Wir machen es so: Wir haben an die Stationsärzte weitergegeben, daß jeden Dienstagabend Gesprächsgruppe ist. Und wer das Angebot annehmen will, kommt eben zu uns hoch. Und manche kommen eben auch, wenn sie schon entlassen sind. Es ist aber nur für Patienten dieses Krankenhauses möglich. Wir können das nicht so ohne weiteres erweitern. Wir bekommen da Schwierigkeiten mit dem Verwaltungsdienst. Wir finden, diese Gesprächsgruppen sind eine gute Sache, und denken, daß es den Patienten hilft, die da kommen.»

Als eine hilfreiche Initiative hat sich das Angebot der privaten Telefongesellschaften in den USA erwiesen, krebserkrankten Kindern im ganzen Land kostenfreie Telefongespräche miteinander zu ermöglichen. Ein Schüler, der einen Bericht über diese Einrichtung im deutschen Fernsehen sah, erzählte mir begeistert: «‹Du brauchst keine Angst zu haben – so schlimm ist das nicht›; solche Sachen hat der eine Junge zu dem anderen gesagt, damit er wirklich Mut bekommt, sich darauf vorzubereiten. Das fand ich ganz toll. Diese Kinder, die haben sich noch nie gesehen, die kennen sich nur durch den Apparat und reden schon wie alte Freunde, weil sie sich öfters mal anrufen.»

Ein weiteres Beispiel für helfende Initiativen sind Eltern-Selbsthilfegruppen. Es haben sich bereits viele Eltern krebserkrankter Kinder in der Bundesrepublik Deutschland zu solchen Interessengemeinschaften zusammengeschlossen. Ein von ihnen gegründetes Aktionskomitee, «Kind im Krankenhaus», soll die Situation von Eltern und Kindern durch Verteilen bebilderter Informationshefte, zum Beispiel *Der kleine Patient im Krankenhaus»*, verbessern. Durch Autoaufkleber mit Slogans wie «Mütter sind die beste Medizin» wollen sie auf die Bedürfnisse des Kindes im Krankenhaus aufmerksam machen. Die

Mutter der an Krebs verstorbenen vierjährigen Sabine berichtet: «Einige Leute kommen mit Argumenten wie ‹Wir können die Welt doch nicht ändern›. Aber ich sag mir dann: Das stimmt nicht. Ich kann sie in meinem unmittelbaren Umkreis ändern. Wenn jeder in seinem Freundes- und Bekanntenkreis etwas machen würde, dann hätten wir letztlich die Welt ein Stück geändert.»

Positive Auswirkungen humaner Öffentlichkeitsarbeit auf Nichtbetroffene

«Selbst wenn es bösartig wäre, ich glaube, nach der Sendung könnte ich mich damit abfinden.»   Als mein Aufsatz *«Körpersignale nicht überhören»*, in dem ich auch von meiner eigenen Krebserkrankung berichtete, in einer Hamburger Tageszeitung [46] erschien, riefen mich Krebspatienten an und sagten mir, daß ihnen dieser Artikel «sehr geholfen» habe. Sie fühlten sich nun «nicht mehr so allein, wußten, daß ihr Problem langsam ein öffentliches Thema zu werden beginnt.

Auch nach meinem Vortrag über das Forschungsprojekt «Gesprächsgruppen mit Krebspatienten und Angehörigen», das ich auf dem Berliner Kongreß für Klinische Psychologie und Psychotherapie vor etwa sechshundert Zuhörern gehalten hatte, erreichte mich eine Vielzahl beeindruckender Briefe. Unter anderem schrieb mir eine ehemalige Krankenschwester: «Ich habe gerade Ihren Vortrag über personenzentrierte Hilfe für Krebsbetroffene gehört. Ich hätte Ihnen gern gesagt, wie ermutigend ich es fand, daß Sie von sich selbst gesprochen haben. Es hat mich sehr gefreut, daß bei Ihnen die Menschen nicht hinter den Zahlen der Statistiken versinken, sondern daß sie mit Anteilnahme von den Menschen in der Gruppe sprachen.» Einige Wochen später, im Juli 1980, habe ich über dasselbe Forschungsprojekt auf dem Internationalen Kongreß für Psychologie in Leipzig gesprochen. Viele klinische Psychologen der DDR fühlten sich durch die Ergebnisse angeregt, in Zukunft ähnliche Patientengruppen durchzuführen.

Mir sind öffentliche Vorträge und Publikationen über dieses Forschungsprojekt wichtig, um berufliche und nichtberufliche Helfer anzuregen, Krebspatienten ähnliche psychologische Hilfsangebote zu ermöglichen.

Nach der Fernsehsendung «Die Sprechstunde», in der zwei an Krebs erkrankte Frauen und ich über unsere Krebserfahrung gesprochen hatten [4], rief eine Zuschauerin bei mir an: «Die Sendung hat mich sehr berührt. Ich weiß nicht, ob mich das selbst irgendwann mal betreffen wird. Ich glaube, ich könnte mich jetzt eher damit abfinden, wenn ich meine Brust verlieren würde.»

Anne-Marie: «Die Sendung hat Ihnen Mut gemacht?!»

Zuschauerin: «Ja, das würde ich schon sagen. Ich habe auch schon daran gedacht, daß es für mich so kommen könnte, daß ich vielleicht aufwache und eine Brust weniger habe. Damit habe ich mich nun auseinandergesetzt. Ich muß sagen, da hat mir die Sendung sehr geholfen, weil ich ja so lange nicht mehr beim Arzt war und deswegen immer Angst davor habe.»

Anne-Marie: «Ist Ihnen die Angst etwas genommen worden?»

Zuschauerin: «Ja, die ist mir genommen worden. Ich hab mir diese Woche vorgenommen, zum Arzt zu gehen. Und ich werde auch gehen. Ich habe einfach bis jetzt Angst vor der Diagnose gehabt.»

Anne-Marie: «Haben Sie jetzt ein wenig mehr Zuversicht, daß Sie damit fertig werden können?»

Zuschauerin: «Ja. Egal, was dabei rauskommt – ich gehe. Ich habe auf beiden Seiten solche Knoten in der Brust. Fünf Jahre bin ich nicht mehr beim Arzt gewesen. Selbst wenn es bösartig wäre, ich glaube, jetzt nach der Sendung könnte ich mich damit abfinden. Das ist mir schon klargeworden. Eine Brust zu verlieren macht für mich nicht den Wert meiner Persönlichkeit aus.

Es gibt andere Werte, die mir wichtiger sind als die körperlichen Äußerlichkeiten. Was Sie drei in der Sendung geäußert haben, das hat mich sehr berührt. Ich mache mir noch sehr viele Gedanken darüber.»

Es war für mich beeindruckend, welche Wirkung unser Gespräch in der Fernsehsendung auf diese Zuschauerin gehabt hat: Es hat ihr den entscheidenden Anstoß gegeben, selbstverantwortlich für ihre Gesundheit zu sorgen und klare Entscheidungen zu treffen.

Sterben, eine Zeit der Selbstentwicklung

In diesem Kapitel zeige ich, wie einige Menschen ihre Sterbezeit als Zeit der Selbstauseinandersetzung, der Selbstfindung und des seelischen Reifens erleben.

Dies mag manche Leser zunächst befremden, weil für sie der Gedanke an Sterben und Tod etwas Angsterregendes, Schmerzliches und Unfaßbares ist. Sie werden sich vielleicht gefühlsmäßig gegen die geschilderten positiven Erfahrungen wehren. Für mich jedoch sind diese Erfahrungen sehr bedeutsam, und ich denke, sie werden es auch für andere sein. Denn wir können daraus lernen, welche bereichernden Erlebnisse auch in dieser Grenzsituation des Sterbens möglich sind.

Den Tod in sein Leben einbeziehen

«*Wenn ich die Möglichkeit hätte, Tod und Sterben menschlicher zu erleben, dann hätte ich sicher nicht solche Angst davor.*» Mir scheint, daß wir uns in unserem Leben auf nichts so wenig vorbereiten wie auf unser Sterben. Dabei ist der Tod das Sicherste, was in unserem Leben eintreten wird.

Die meisten von uns haben Angst vor dem Sterben und vor dem Tod. Ein Achtunddreißigjähriger: «Daß es wirklich zu Ende ist und ich soviel noch nicht gemacht habe, was ich gern machen würde, daß ich das alles gar nicht mehr schaffe – diese Angst habe ich, wenn ich über den Tod nachdenke. Aber ich verdränge es auch immer, wenn so was aufkommt, möglichst schnell.» Andere ängstigt «die Ungewißheit, was danach kommt».

Die Angst vor dem Tod und die Angst vor dem Sprechen über den Tod werden durch den in unserer Kultur üblichen Umgang mit Sterbenden gefördert und verstärkt. «Wenn ich die Möglichkeit hätte, Tod und Sterben menschlicher zu erleben, dann hätte ich sicher nicht solche Angst davor.» Diese Worte eines Schwerkranken enthalten eine leise Anklage, die uns alle betrifft. Arzt: «Das ist eine gewisse Überforderung für uns. Der Sterbende wird zu uns ins Krankenhaus gebracht. Damit ist er der Anonymität überlassen, kommt vielleicht in ein Badezimmer, wird weggeschoben. Andere Patienten dürfen das nicht mitkriegen. Die Visitendauer ist bei den Sterbenden besonders kurz. Wenn sie klingeln, dauert es länger, bis Schwestern hingehen. All das, meine ich, ist Ausdruck dafür, daß wir nicht auf die Begleitung Sterbender vorbereitet sind.» Diese Erfahrungen bestätigten mir auch Pflegepersonen: «Neulich waren elf Patienten zu versorgen», erzählte meine Tochter Angelika, die auf einer Intensivstation arbeitet. «Wir waren zu fünft. Da hieß es: ‹Nimm du noch den elften dazu. Die Frau stirbt sowieso heute nacht. Die kannst du noch eben mitversorgen.› Ich meine, es müßte doch gerade umgekehrt sein. Der Sterbende braucht doch unsere besondere Zuwendung, den kann ich doch nicht eben so nebenbei versorgen. Er hat doch die letzten Stunden seines Lebens vor sich. Da braucht er doch die Nähe eines anderen. Aber hier im Krankenhaus schieben sie die Sterbenden ab: Der macht uns nicht mehr sehr viel Arbeit. Der rührt sich ja kaum noch. Irgendwie ist da was verkehrt dran.» – Pfleger: «Oft bekam ich Schwierigkeiten mit meinen Vorgesetzten, die mich aufforderten, mich nicht allzu intensiv mit den Sterbenden zu beschäftigen und die Zeit lieber für die Pflege ‹aussichtsreicher› Patienten zu verwenden.»

Ich denke, wir sollten uns daran erinnern, daß wir nicht immer so unmenschlich mit Sterbenden umgegangen sind. «Ich

glaube, früher gehörten die Leute auch noch so lange dazu, bis
sie die Augen geschlossen hatten, und wurden nicht einfach in
eine Klinik gesteckt, wo keiner wirklich etwas mit ihnen zu tun
haben will.» – «Wenn bei uns im Dorf jemand starb, war das
traurig für alle. Der Tote blieb so lange im Haus, bis er zum
Friedhof kam.» – «Früher hab ich meinen Vater oft auf Kranken-
besuchen begleitet. Einmal blieb ich allein bei einem alten, sterbenden Mann. Da machte er noch einmal seine Augen auf. Da
war alles da. Da war noch mehr da, als er ist. Das war schön. Das
war eins meiner tiefsten Erlebnisse in meinem Leben: mitzuerle-
ben, wie ein Mensch sterben kann – mit soviel Würde und Na-
türlichkeit.»

Ich hoffe, wir werden uns wieder mehr auf die Bedürfnisse
sterbender Menschen besinnen. Im Grunde brauchen wir uns
nur zu fragen, welche Hilfe wir selbst uns in unseren letzten
Tagen und Stunden wünschen. Eine Zwanzigjährige: «Wenn ich
im Sterben liege, möchte ich jemanden bei mir haben – nur einen,
der so bei mir ist, daß ich nicht so allein bin.»

*«Plötzlich sehe ich, wie mein Körper zum Fenster hinausschwebt.
Vor mir nichts als Licht, wunderbares Licht.»* Ich glaube, daß
viele Menschen bereits todesähnliche Erfahrungen gemacht haben. Meist sprechen sie jedoch mit niemandem darüber. Ein
Dreiundfünfzigjähriger berichtet: «Ich lag mit einer schweren
Angina im Krankenhaus. Ich fühlte mich sehr schwach. Plötzlich sehe ich, wie mein Körper zum Fenster des Krankenhauses
hinausschwebt. Vor mir nichts als Licht – wunderschönes Licht.
Dann sackte mein Körper plötzlich ab, schwebte durch das Fenster wieder herein, und ich lag im Bett. Neben mir stand der Arzt
und sprach mit mir. Ich war sehr verwundert, eigentlich enttäuscht, denn ich wollte in dem Licht bleiben.» – Einundvierzig-
jährige: «Ich war damals in einer Phase tiefer Erschöpfung, völlig kraftlos. Ich sah ein Licht, ein ganz tolles Licht. Ich ging aus
meinem Körper zu diesem Licht hin wie durch einen Trichter,
durch einen Tunnel. Als ich in das Licht eingetaucht bin, habe

ich mich plötzlich so wohl gefühlt in dieser Wärme und in diesem Frieden. Ich wollte dableiben. Da entstand plötzlich ein Kampf. Irgend etwas hat mich zurückgedrängt, aber ich wollte immer mehr in das Licht hineintauchen. Dann bin ich plötzlich ganz knallhart aus diesem Licht wieder raus. Das war sehr schlimm. Ich war erschöpft, aber schmerzfrei. Und von da an habe ich plötzlich Kräfte in mir gespürt. Danach konnte ich mehr zu mir selbst stehen und in mein Leben Ordnung bringen. Damals wurde mir bewußt: Ich muß nicht in mein altes Leben zurückkehren. Ich kann da etwas verändern. Und von da an fing mein neues Leben an.»

Manche Menschen machen todesähnliche Erfahrungen nach Operationen. Eine Krebspatientin aus unseren Gesprächsgruppen berichtete mir: «Ich bin einmal nach einer Operation sehr sehr weit weggetreten. Ich bin morgens operiert worden und spät in der Nacht darauf erst wieder zu mir gekommen. Und da war mir unheimlich leicht. Ich hab gedacht: Also, wenn das der Tod ist, dann brauchst du keine Angst zu haben. Und ich war richtig böse, daß sie mich im Krankenhaus wieder zurückgeholt haben. Ich hab gedacht: Wie können sie so was machen! Hätten sie dich doch sterben lassen. Mir hat diese Erfahrung eine ganze Menge Angst vorm Sterben genommen.»

Gemeinsam ist diesen Berichten über außerkörperliche Erfahrungen, daß sie von einem tiefen Wohlbehagen, von Frieden und innerer Ruhe begleitet sind. Die Betroffenen erleben keinerlei Furcht oder Panik.

In seinem Buch «*Leben nach dem Tod*» berichtet Raymond A. Moody, welche Erfahrungen Menschen, die als klinisch tot galten und dann doch wiederbelebt und befragt werden konnten, während der Zeit ihres scheinbaren Todes gemacht hatten. [31] Sie erinnerten sich an einen Zustand des Schwebens, an unvorstellbare Lichterscheinungen. Manche glaubten, verstorbenen Verwandten oder Freunden begegnet zu sein. Viele dieser Patienten berichteten, daß sich ihr Leben noch einmal wie ein Film vor ihnen «abgespult» habe.

Die Bedeutung dieser todesähnlichen Erfahrung von Menschen sehe ich vor allem darin, daß uns die Angst vor dem Sterben genommen wird und daß wir uns mit dem Gedanken an eine mögliche Existenz nach dem Tod vertraut machen können. Diese außerkörperlichen Erfahrungen legen die Möglichkeit nahe, daß irgend etwas vom Menschen weiterlebt, wenn sein Körper stirbt. Auch im Traum machen wir Erfahrungen, daß wir fliegen, feste Gegenstände durchdringen, in einer anderen Zeit leben oder uns an einem ganz anderen Ort aufhalten, gleichsam losgelöst von unserem Körper. So erlebt jeder von uns Zustände, in denen sich das Bewußtsein von den Begrenzungen des Körpers zu befreien scheint. Manche nennen den Schlaf den «kleinen Tod», so auch Jane Roberts in dem Buch *«Gespräche mit Seth»* [36]. Es befaßt sich unter anderem mit der Vorstellung, daß wir mit allen Verhältnissen, die wir nach dem Tod vorfinden werden, bereits vertraut sind.

«Mir ist in dem Seminar klargeworden, daß ich mich gefühlsmäßig mehr mit dem Tod auseinandersetzen muß, um die Angst davor zu verlieren.» Um uns mit der Situation des Sterbens vertrauter zu machen und weniger Angst davor zu haben, brauchen wir nicht darauf zu warten, bis wir selbst jenen Grenzbereich zwischen Leben und Tod erfahren. Es gibt Möglichkeiten, durch die wir uns gezielt in derartige Situationen erlebnismäßig hineinbegeben können. Dabei erfahren wir möglicherweise, daß wir unser diesseitiges Leben ganz unnötig mit düsteren Vorstellungen vom Sterben überschatten.

Eine Möglichkeit, vor dem Sterben Erfahrungen mit dem Sterben zu machen, hat das Ehepaar Simonton in den USA entwickelt. Ich selbst habe vor einem Jahr in Kalifornien an einem Seminar von Stephanie Simonton teilgenommen. Sie wies uns an, uns in entspanntem Zustand unser Sterben und unseren Tod bildlich vorzustellen und dann miteinander darüber zu sprechen. Weil ich an mir selber und anderen erfahren habe, wie bedeutsam diese Visualisierungsübung sein kann, möchte ich den nachfolgenden Text der Simontons wiedergeben [43]. Diese Übung sollte allerdings nur in einer hilfreichen Gruppe mit der Möglichkeit einer anschließenden Aussprache durchgeführt werden.

Anleitung zum Visualisieren von Sterben und Tod

Um Ihnen bei der Klärung Ihrer Gedanken über den Tod und das Sterben zu helfen, haben wir eine Visualisierungsübung entwickelt. Es ist eigentlich mehr ein gelenkter Wachtraum. Die Übung soll Sie anregen, Ihr Verständnis von Ihrem Leben und seinem Ende zu erweitern. Dabei sollen Sie nicht Ihren Tod «einstudieren», sondern «Rückschau» auf Ihr Leben halten, wobei Sie auch jetzt noch wichtige Ziele entdecken, die Sie noch zu erreichen vermögen. Bei diesem Tun können Sie den Entschluß fassen, auf alte Einstellungen und Meinungen zu verzichten und bestimmte Persönlichkeitszüge absterben zu lassen, aus denen neue Meinungen und neue Empfindungen und Reaktionsweisen hervorgehen.

Diese Übung soll Ihnen helfen, sich darüber klarzuwerden, ob Sie eine bestimmte Vorstellung haben, wie Sie sterben und wie Ihre Angehörigen und Freunde auf Ihren Tod reagieren werden. Schließlich können Sie Ihre Ansicht darüber klären, was mit Ihrem Bewußtsein geschieht, wenn Sie sterben.

o Lasse dich in einem ruhigen Zimmer in einem bequemen Stuhl nieder und beginne mit der Entspannungsübung, damit du dich vollkommen lockerst [vgl. S. 102 ff].

o Fühlst du dich entspannt, dann stelle dir bildlich vor, wie dein Arzt dir mitteilt, daß du sterben mußt. Versetze dich in die Empfindungen und Gedanken, mit denen du auf diese Information reagieren würdest. Wohin gehst du dann? Mit wem wirst du darüber sprechen? Was wirst du sagen?

Nimm dir Zeit, dir diese Szene ganz genau vorzustellen.

o Nun stelle dir bildlich vor, wie du dem Tod entgegengehst. Welche Verschlimmerung in deiner Krankheit auch eintreten mag, versetze dich in sie hinein. Stelle dir ganz genau die einzelnen Stadien des Sterbens vor. Rufe dir ins Bewußtsein, was du alles verlierst, wenn du stirbst.

Gestatte dir, dich einige Minuten diesen Empfindungen hinzugeben und in dich hineinzuhorchen.

o Sieh die Menschen um dich stehen, während du auf dem Totenbett liegst. Stelle dir vor, wie sie auf deinen Tod reagieren. Was sagen sie und was empfinden sie? Nimm dir reichlich Zeit, um zu sehen, was da vorgeht. Stelle dir den Augenblick deines Todes vor.

o Wohne deinem eigenen Begräbnis oder Gedenkgottesdienst bei. Welche Personen triffst du da an? Was sagen sie? Was empfinden sie? Nimm dir wiederum reichlich Zeit.

o Sieh dich selbst tot auf der Bahre. Was geschieht mit deinem Bewußtsein? Wohin auch immer sich dein Bewußtsein nach deiner Meinung nach dem Tod begeben mag, laß es dorthin entschwinden. Verweile dort einige Minuten ganz still und empfinde das.

o Dann laß dein Bewußtsein ins Universum hinaus, bis es in die Gegenwart dessen gelangt, was du für den Ursprung des Universums hältst.

Blicke angesichts dieser Gegenwart auf dein Leben zurück, in allen Einzelheiten. Laß dir Zeit dabei. Was hast du getan, was du gut findest?

Was hättest du anders machen sollen? Welche feindseligen Gefühle hast du empfunden und hegst sie noch immer? (Versuche in jedem Fall, dein Leben an dir vorüberziehen zu lassen, unabhängig davon, was nach deinem Tod deiner Meinung nach mit deinem Bewußtsein geschieht.)

o Du hast nun Gelegenheit, in einem neuen Körper zur Erde zurückzukehren und dir einen neuen Lebensplan aufzustellen. Würdest du dir die gleichen Eltern aussuchen oder lieber andere? Welche Eigenschaften sollten sie haben? Wünschst du dir Brüder und Schwestern? Dieselben?

Was für eine Lebensaufgabe wünschst du dir? Welche Leistung hältst du in deinem neuen Leben für wesentlich? Was wird dir in deinem neuen Leben wichtig sein? Überlege dir deine neuen Pläne sehr sorgfältig.

o Halte dir vor Augen, daß dein Leben ein fortgesetzter Prozeß von Tod und Wiedergeburt ist. Jedesmal wenn du deine Meinungen und Empfindungen änderst, durchlebst du einen Prozeß des Sterbens und der Wiedergeburt. Nachdem du dies geistig erfahren hast, bist du dir bewußt, daß dein ganzes Leben nichts anderes als Tod und Wiedergeburt war.

o Kehre nun langsam und friedvoll in die Gegenwart zurück, zu neuem Bewußtsein erwacht.

Die folgenden Erfahrungsberichte stammen aus dem Seminar, an dem ich teilnahm:

«Ich lag im Krankenhaus. Ich war etwa zehn Jahre älter. Ich spürte: Das war das Ende. Ich sah mein ganzes Leben wie ein Bild vor mir. Ich war traurig, als ich auf mein Leben schaute. Was mich so gefühlsmäßig überkam war, daß ich mich selber sah, mein Leben. Sonst habe ich immer nur das Leben anderer gesehen. Ich hatte keine Ziele mehr. Ich fühlte: Mein Leben ist vollendet. Ich wollte auch nicht mehr ins Leben zurück. – Ich sah meine Kinder. Sie waren groß und konnten ihr Leben selbständig bestehen. Und auch bei meiner Frau hatte ich das Gefühl: Ich kann gehen. Wir haben lange genug zusammengelebt.»

– «Ich fühlte mich gut, nicht traurig. Ich war eher ganz leicht. Ich sah ein helles Licht. Es war eigentlich mehr ein weites, warmes Lichtfeld. Ich fühlte mich durchsichtig, ohne feste Abgrenzung nach außen, ohne Körper, einfach nur fühlend, schwebend. Daseiend. Ich existierte ohne Verbindung dorthin, woher ich kam. Ich spürte auch keine traurigen Gedanken meiner Angehörigen, die sie mir nachschickten. Ich war wohl mit ihrer Erlaubnis gegangen, sie hatten mich freigegeben. Ich fühlte mich ganz frei.»

Wir haben diese Visualisierungsübung über Sterben und Tod auch unseren Studenten angeboten. Sie haben ähnliche Erfahrungen wie die Teilnehmer des Simonton-Seminars gemacht. Einige berichten von religiösen Erlebnissen: «Ich habe erlebt, daß das Ich, also meine Seele, zu Gott geht, ein Teil Gottes wird.» Die Vorstellung des eigenen Sterbens und Todes kann auch bewirken, daß Menschen ihr Leben neu überdenken, anders sehen: «Mir ist klargeworden, daß das Sterben ein Bestandteil unseres ganzen Seins ist, und dieser Gedanke nimmt mir den Schrecken davor.» – «Mir ist in dem Seminar klargeworden, daß ich mich gefühlsmäßig mehr mit dem Tod auseinandersetzen muß, um die Angst davor zu verlieren. Und ich möchte die Zeit nutzen und nicht mehr an mir vorbeistreichen lassen.» – «Ich habe gemerkt, daß ich den Willen habe zu leben und noch nicht sterben will. Ich will jetzt mehr darauf achten, daß ich mich gesund erhalte.»

Manche junge Menschen werden durch den Tod ihrer Großeltern oder eines von ihnen geliebten Tieres mit dem Sterben konfrontiert. In Amerika sind Unterrichtshilfen entwickelt worden, die Schülern behutsam die Möglichkeit geben, sich mit dem Thema Sterben und Tod auseinanderzusetzen: Die Schüler schreiben ihre eigenen Erfahrungen nieder, malen Bilder, machen Gedichte, sehen Filme – zum Beispiel über das Sterben eines an Leukämie erkrankten Jungen. Sie führen auch Gespräche mit alten oder an Krebs erkrankten Menschen, die an der Schwelle des Todes stehen. [45]

Die Schule kann jungen Menschen so durchaus Möglichkeiten anbieten, ihre Angst vor dem Sterben und auch vor dem Leben auszusprechen und zu klären. Sie werden ihr Leben bewußter leben, mit klareren Vorstellungen für den Sinn, den sie ihm geben wollen. Sie werden vielleicht am Ende ihres Lebens nicht von Reue und Schuldgefühlen gequält sein – wie der amerikanische Schüler, der vorschlägt, folgenden Spruch auf seinen Grabstein zu schreiben: «Ich wünschte, ich hätte mehr lieben und weniger hassen können.» [45] Die Beschäftigung mit dem Sterben und mit dem «Leben nach dem Tod» ist nicht als eine Flucht in eine andere Welt gedacht. Im Gegenteil: Wer sich mit diesen Fragen offen auseinandergesetzt hat, wird bewußter leben und seinem Dasein eine klarere Perspektive zu geben versuchen. So wird die Beschäftigung mit dem Tod zu einer Erweiterung des Bewußtseins.

Dem Tod entgegenleben

«Sterben gehört zum Leben, es ist ja ein Teil davon.» Wenn wir uns auch die Qualität unserer Geburt und unsere Familie offensichtlich nicht aussuchen können, so könnten doch viele von uns Einfluß auf die seelische Qualität ihres Sterbens nehmen. Wir können unser Sterben als einen Höhepunkt «eines erfüllten Lebens oder nur als Ende einer Anzahl von Jahren, die in dieser Welt hingebracht worden sind» [34], erleben. Viele Menschen entfalten während der Zeit ihres Sterbens ungeahnte seelische Kräfte und gewinnen durch die Auseinandersetzung mit ihrer Situation tiefe Einsichten. Sie erwachen aus ihrem erstarrten Lebenszustand und wachsen in ein Stadium des inneren Reifens und der seelischen Lebendigkeit hinein. Sie spüren, daß der Tod ihr «Ureigenstes» ist – das Privateste, was sie erleben können, etwas, das ihnen keiner geben, aber auch keiner nehmen kann. Sie machen die Erfahrung, daß sie die seelische Qualität ihres

Sterbens beeinflussen können. Diese Menschen erleben den Tod nicht als «dunkle Ungewißheit».

Tytte, wenige Wochen vor ihrem Tod: «Aber warum davor Angst haben? Es kann etwas sehr Schönes sein.» [49] – Einundachtzigjähriger: «Für mich ist der Tod ein Schlafen. Natürlich muß ich dazu bereit sein, einzuschlafen.» – Zweiundzwanzigjähriger: «Mein Tod ist so etwas wie ein Hafen, ein Schoß, eine Hand, in die ich mich schmiege, wenn meine Kraft zu leben erlöschen will.» – Dreiundvierzigjährige: «Ich bin ein Teil von etwas anderem, und meine Seele fliegt dort zu dem anderen hin.» – Neunundsiebzigjährige: «Die Vorstellung vom Tod ist so verkehrt. Sterben gehört zum Leben, es ist ja ein Teil davon. Wenn bei der Geburt viele helfende Hände da sind, dann müßte das beim Sterben eigentlich genauso sein.»

Was geschieht nach dem Tod? – Die Antworten auf diese Frage sind vielfältig: «Nach meiner Ansicht ist der Tod das völlige Ende, nach dem nichts mehr kommt.» – «Ich glaube nicht an ein Weiterleben oder so etwas. Ich bin da Realist. Für mich ist das Leben dann eben vorbei.»

Andere glauben nicht daran, daß mit dem Tod das Leben «vorbei» ist. Die achtzigjährige Magda: «Für mich ist der Tod wie ein Tor, durch das man geht. Aber man geht weiter, von einem Leben ins andere. Ich nenne es Verwandlung, eine Verwandlung auf eine geistige Ebene, die ganz sicherlich über der irdischen liegt. Unser Leben reicht auch heute schon in diese Ebene hinein. Es gibt nichts Totes, nichts, was mir nichts zu sagen hat, und nichts, was nicht ein Stück von mir selbst ist. Auch der Tod ist nicht tot. Alles lebt und bewegt sich. Alles ist in Veränderung. Dieser ewige Wechsel ist das Leben. Das zeigt schon die Natur. Dieser Kreislauf, der immer wiederkehrt. Die Tulpe, die im vorigen Jahr genauso aussah, ist dieselbe Tulpe und doch eine andere. Sie kommt aus derselben Wurzel. Warum soll das beim Menschen anders sein? Wir sind ein Teil der großen Natur.»

Die Krebspatientin Luise schreibt zwei Monate vor ihrem

Tod: «Ich habe auch nie Angst vor dem Sterben gehabt, denn ich
wußte, ich würde nach Hause kommen, und insofern war der
Tod ein freundliches, wenn auch nicht schlicht mit dem Verstand zu erfassendes Geschehen. Ich begann, mich auf das zu
freuen, was mir bevorstand, denn ich glaube fest daran, daß jeden von uns das ewige Leben erwartet.» [24]

So vielfältig die Gedanken dieser Menschen über ihr Sterben
auch sein mögen, so liegt doch allen eine gemeinsame Haltung
zugrunde – das Annehmen des Todes: «Ich kann erst jetzt spüren, wie unnötig das Wehren und das Nein ist, wie hart es mich
gemacht hat.» Und eine Krebspatientin sagt wenige Wochen vor
ihrem Tod in einem Fernsehfilm: «Ich weiß, daß ich kurz davor
stehe. Wie lange mir das Leben noch gegönnt ist, weiß ich nicht:
Wochen, Monate? Es ist auch nicht mehr wichtig, weil ich jetzt
bereit bin zu sterben.» [14]

*«Der Körper will nicht mehr. Das Herz ist müde. Da sage ich
mir: Ich muß meine Vorbereitungen treffen.»* Die Ahnung
oder das Wissen, daß der Tod nahe ist, veranlaßt viele Menschen, ganz konkrete Vorbereitungen zu treffen. Sie versuchen,
für sich offene Fragen wie: «Was machst du, wenn ...? Was geschieht, wenn ...?» zu beantworten.

Jeder bereitet sich auf seine Art auf den Tod vor. Viele ordnen
ihre persönlichen Angelegenheiten und stoßen dabei auf alte Briefe, Fotos, Erinnerungsstücke. Sie äußern häufig den Wunsch, daß
diese persönlichen Zeugnisse und Gegenstände in die Hände von
Freunden und Angehörigen gelangen, die den Erinnerungswert
weiterleben lassen. Magda: «Ich bin jetzt achtzig und merke, der
Körper will nicht mehr, das Herz ist müde. Da sage ich mir: Ich
muß meine Vorbereitungen treffen. Ich bin beruhigt, daß ich das
alles noch selber ordnen kann. Es füllt sich in einem langen Leben
viel an. Ich sage mir: Jetzt will ich erst mal was weggeben an
andere, die es noch brauchen können. Denn es sind Sachen, die
ihren Sinn haben. Nachher fällt es in Hände von Menschen, die
diesen Sinn nicht sehen. Das ist mir zu schade.»

Sehr beeindruckt hat mich das Verhalten der fünfunddreißig-
jährigen Hella aus unserer Gesprächsgruppe, die bewußt zum
Sterben ins Krankenhaus ging. Als sie spürte, wie ihre körperlichen Kräfte zu schwinden begannen, traf sie, teilweise mit Unterstützung anderer Gruppenmitglieder, ihre Vorkehrungen,
um sich aus dem Leben zurückzuziehen: Sie löste ihre kleine
Wohnung, in der sie allein lebte, auf, verschenkte ihren persönlichen Besitz, traf mit einem Beerdigungsunternehmen Vereinbarungen über das von ihr gewünschte anonyme Begräbnis und
ging mit nur wenigen Habseligkeiten ins Krankenhaus. Sie wußte, daß der Tod schnell kommen konnte. Sie hatte sich innerlich
von dieser Welt verabschiedet und war bereit zu sterben: «Ich
habe jetzt vieles abgeschlossen. Ich weiß, daß ich hier nicht mehr
rauskomme. Dem hänge ich nun auch wirklich nicht mehr nach.
Seitdem ich hier liege, ist auch kein Gefühl von Traurigkeit in
mir aufgekommen. Ich weiß jetzt, daß es praktisch ohne mich
läuft. Das ist mir klar bewußt, damit kann ich gut umgehen. Ich
habe nicht den Wunsch: Ach, du möchtest jetzt auch mal mitmachen können. Das ist alles gewesen. Ich habe keine negativen
Gefühle und auch keine besonderen Wünsche. Das habe ich
eben schon vorher alles durchlebt.»

Viele sorgende Gedanken von Sterbenden gelten auch ihren
engsten Angehörigen: «Mein Kampf ging darum, daß ich mir
bewußt bin, welchen Kummer, welche Leere ich hinterlasse –
für den Mann, für die zwei verhältnismäßig jungen Kinder.
Fünfzehn und siebzehn ist ein Alter, in dem man die Mutter
doch noch sehr nötig hat. Aber wenn man dann sterben muß,
muß der Mann eine Menge lernen. Außerdem sage ich ihm, daß
er sich ausweinen soll, wenn ihm die Tränen kommen. ‹Ja›, sagt
er dann, ‹aber wenn ich dann weine, mache ich dir Kummer.› Ich
sage zu ihm: ‹Du machst mir damit keinen Kummer. Denn jedes
Stück Kummer jetzt macht es dir später leichter.›» [14]

Nicht jeder Sterbende lebt in einer so fröhlichen und hilfreichen Familie wie Tytte: «Sie nehmen es ganz ruhig. Mein
Mann schimpft ein bißchen und sagt, ich habe so viele Verspre-

chen gegeben in diesem Leben und nicht gehalten. Ich hab auch
versprochen, daß ich länger leben wollte und ihm helfen, wenn er
stirbt. Und das werde ich also auch nicht einhalten, dieses Versprechen. Aber er sagt es im Spaß. Wir machen damit viel Spaß
hier. Ich bin neunundfünfzig Jahre alt. Es ist nicht etwas furchtbar
Unnormales. Und die Mädchen, die haben sich total darauf eingestellt und sind sehr dankbar, daß es so kommt, wie es kommt, also
langsam. Alle gewöhnen sich daran. Auch die Enkelkinder. Für
sie ist es kein Problem, kein Erschrecken.» [49]

Jeder sorgt auf seine Art in der ihm verbleibenden Zeit für
seine Angehörigen. Christel, die wenige Wochen vor ihrer Diagnose gemeinsam mit ihrem Mann an einer Gesprächsgruppe für
Ehepaare teilgenommen hatte, rief wenige Wochen vor ihrem
Tod von der Klinik aus alle Gruppenmitglieder an und bat sie:
«Kümmert euch um Heinz.» Auch in dem folgenden Auszug aus
einem Gespräch über ihren letzten Wochenendurlaub vom
Krankenhaus kommt Christels Fürsorge für ihren Mann deutlich zum Ausdruck: «Als Heinz mich abholte vom Krankenhaus, sind wir noch mal um die Alster gefahren. Da waren so
viele Segelboote. Die Sonne schien so schön. Aber trotzdem so
im Hintergrund weiß ich: Es ist anders. Weil ich weiß, daß es mit
mir nicht anders mehr wird. Weil ich die Tatsachen kenne. Es ist
anders. Dieses Selbstverständliche ist nicht mehr, daß ich jederzeit raus kann. Aber ich empfand dieses Wochenende als sehr
schön. Und wir haben uns noch sehr viele Fotoalben angeguckt,
wie wir früher waren, wie wir Reisen gemacht haben. Heinz, der
war zum Teil so erschüttert manchmal. Er hat so geweint. Er hat
gesagt: ‹Das kann doch alles nicht wahr sein.› – Er wollte mir
noch was vorlesen, aber war dann eingeschlafen. Ich habe ihn
beobachtet im Schlaf: Er konnte so richtig schön schlafen. Er hat
mir gesagt: Er konnte zum erstenmal wieder ruhig schlafen. Die
letzten drei Wochen, wo ich im Krankenhaus war, konnte er
nicht ruhig schlafen.»

«Ich fühle mich innerlich heil, obwohl ich äußerlich todkrank bin.» Menschen, die bereit sind zu sterben, erleben ihre körperlichen Schmerzen in einer anderen Qualität als Menschen, die sich dem Sterben bis zum letzten Augenblick widersetzen. Sie lassen sich von ihren Schmerzen nicht so aufzehren, sondern machen in ihren schmerzfreieren Augenblicken Erfahrungen, die sie bereichern, «seelisch aufrüsten». Hella, wenige Wochen vor ihrem Tod: «Im Augenblick machen mir natürlich meine körperlichen Schmerzen und Beschwerden, die sich manchmal bis zur Unerträglichkeit steigern, sehr zu schaffen. Sie kosten mich viel Kraft. Aber ich denke, da muß ich eben noch durch. Es ist nicht einfach, es ist kein seidenweicher Übergang vom Leben zum Tod. Ich muß jeden Tag, wo die Schmerzen noch auszuhalten sind, etwas Schönes erleben.»

Menschen, die sich nicht gegen ihren nahen Tod wehren, lassen auch die Schmerzen zu, leben sie. «Ich sag dann: Halte aus, was auch immer geschieht! Aber ich merke dann auch meine Stärke: Ich kann aushalten. Ich kann dann ganz ruhig in mich gehen. Ich klammere mich dann nicht ans Leben. Ich habe einfach alles losgelassen. Und dann zieht wieder Ruhe in mich ein. Und der Gedanke: Du brauchst dich um nichts zu sorgen.»

Wie unter Schmerzen können wir uns auch beim Sterben verkrampfen oder entspannen. Wir können einen Panzer gegen unsere Empfindungen und gegen die Außenwelt bilden und uns dadurch einengen. Wir haben aber auch die Möglichkeit, uns der Erfahrung zu öffnen, Gefühle der Freude und der Dankbarkeit über die Linderung der Schmerzen bewußt zu erleben und sie als Erweiterung unserer Erlebniswelt zu begreifen: «Hella hat nie gesagt, daß sie Angst vor Schmerzen hat», erinnert sich der Arzt Hansjürgen. «Sie hat das selbst ausbalanciert. Es gab eine Situation, da sagte die Stationsschwester zu mir: ‹Sie läßt sich so wenige Schmerzmittel geben. Versuchen Sie doch mal, ihr zuzureden.› Hella sagte dann zu mir: ‹Weißt du, ich muß das selbst herausfinden. Wenn die Schmerzen so schlimm werden, daß ich nichts mehr erleben kann, dann laß ich mir etwas geben. Aber wenn ich es so gerade aushalten kann, dann möchte ich ohne diese Schmerzmittel leben.› Bei Hella war vorher nicht die Angst: Ich muß leiden. Sie hat sich gar nicht so gequält, wie es die Schwestern erlebten.»

Hella wollte noch «sie selbst sein», wollte sich nicht durch Schmerzmittel von sich selbst entfernen. Sie wollte «leben», «erleben», solange sie die Schmerzen «so gerade aushalten» konnte. Sie spürte, daß ihr das Zulassen des Schmerzes Kraft gab: «Seitdem die Angst und der Widerstand weg sind, habe ich viel Energie. Das spüre ich sehr dankbar. Das ist sehr schön, daß da wirklich noch ein Stück Energie freigeworden ist, die ich nutzen kann.»

Elisabeth Kübler-Ross berichtet über die Möglichkeit, den Patienten in einer Sterbeklinik die schmerzstillenden Mittel zur freien Wahl ans Bett zu stellen. Zur Überraschung der Ärzte und Schwestern gingen die Patienten sehr viel sparsamer mit den Mitteln um, als sie erwartet und für nötig gehalten hätten. Diesen Patienten ist die Gelegenheit gegeben worden, in sich hineinzuhören und selbstverantwortlich zu entscheiden, ob sie ihre Schmerzen noch aushalten konnten. Sie brauchten keine Energien darauf zu verwenden, einem medizinischen Helfer ihre Schmerzen unter Beweis zu stellen, um ein Schmerzmittel bewilligt zu bekommen. Sie standen nur sich selbst gegenüber, konnten herausspüren, wieviel Schmerz für sie ertragbar war, und sich darin erfahren.

Die zunehmende körperliche Hinfälligkeit von Sterbenden konfrontiert sie mit ihrer eigenen Hilflosigkeit. Hella: «Ich werde in allem zunehmend hilfloser, sehe, daß ich immer mehr auf die Schwestern angewiesen bin. Das verliert aber nach und nach auch wieder an Bedeutung.» Hansjürgen erinnert sich: «Hella hatte so die innere Haltung: Solange es nur irgend geht, will ich's allein schaffen. Aber wenn ich's nicht mehr kann, dann nehme ich auch eure Hilfe an. Sie sagte: ‹Jetzt kann ich immer weniger. Heute kann ich das noch, aber bald kann ich das auch nicht mehr. Macht ihr es für mich.›»

Es ist für den Betroffenen ein wichtiger Lernschritt und für seine Pfleger eine Erleichterung, wenn er seine zunehmende Hilflosigkeit akzeptieren und die notwendig werdende pflegerische Hilfe ohne Schuldgefühle mit zunehmender Selbstverständlichkeit annehmen kann. «Das Annehmen von Hilfe ohne falschen Stolz», erkennt die Ehefrau eines Sterbenden, «ist das letzte Geschenk, das der Sterbende den Lebenden machen kann.» [26]

Sehr beeindruckt hat mich die Haltung einer schwer erkrankten, über sechzig Jahre alten Frau aus meiner Nachbarschaft. Ihr Mann hatte es durchgesetzt, daß sie das Krankenhaus verlassen und zu Hause sterben konnte. Da er berufstätig war, mußte tagsüber eine Pflegerin für die Frau sorgen. Abends und am Wochenende übernahm der Mann die Pflege seiner Frau. Nach ihrem Tod führte ich ein Gespräch mit ihm und seiner ältesten Tochter.

Tochter: «Man hatte nie das Gefühl, daß meine Mutter bewußt leidet. Sie hat nie über ihren Rücken geklagt. Und das waren wirklich Beschwerden mit diesem Korsett, das bis obenhin ging, sie drückte und ihr weh tat. Sie konnte nur noch liegen. Sie hat sich nie darüber beklagt. Und sie hat das immerhin zweieinhalb Jahre getragen. Sie hat es einfach akzeptiert.»

Anne-Marie: «Sie hat akzeptiert, daß sie hilflos ist und Hilfe annehmen muß?!»

Ehemann und Tochter gleichzeitig: «Ja, so ist das.»

Ehemann: «Das hat es auch mir erleichtert, das ist gar keine Frage.»

Tochter: «Und sie hat ja auch gar nicht mehr lesen können. Das trat nach der Chemo-Therapie auf. Aber sie hat nicht geklagt. Wenn sie bei Kräften war, war sie heiter und vergnügt. Wir haben hier manche Stunden gesessen und geklönt. Sie lag dann hier bei uns im Wohnzimmer. Manchmal schlief sie auch zwischendurch ein. Wenn sie dann aufwachte, meldete sie sich wieder und sagte: ‹Ich bin auch noch da› – aber nicht klagend, sondern eigentlich nur zu unserer Information.»

Manche Menschen bleiben trotz schwerer Schädigung ihres Körpers innerlich unversehrt. Hella: «Ich erlebe sehr schmerzlich und bewußt diese körperliche Zerstörung, diesen Verfall. Das kann ich nicht aufhalten. Aber trotzdem habe ich in mir einen Bezirk, der fühlt sich heil an. Ich würde sogar sagen: Er ist immer heiler geworden. Ich fühle mich innerlich heil, obwohl ich äußerlich todkrank bin.»

«Ich weiß, daß das das Allerwichtigste ist, dieses Nur-noch-sich-selbst-Leben.» Woher nehmen manche Sterbende ihre innere Gelassenheit? Wie kommt es, daß sie im Sterben erwachen, daß sie bewußter und gefühlsmäßig reicher werden? Ich glaube, einige von ihnen haben ihr Leben bis zur letzten Minute mit Bewußtheit gelebt. Sie haben auch im Sterben erlebnisbereichernde Erfahrungen gemacht.

«Es stellt sich heraus, daß die einzige Vorbereitung auf den Tod das Leben im gegenwärtigen Moment ist», schreibt der amerikanische Psychologe Ram Dass. [35] Mich hat dieser Gedanke überzeugt: Wenn ich immer den gegenwärtigen Augenblick lebe und mich darin erfahre, daß ich ihn bestehe, bleibt kein Raum und keine Zeit mehr für die auf die Zukunft gerichtete Angst vor dem Tod. Hella, zwei Wochen vor ihrem Tod: «Ich lebe jetzt den Augenblick. Was noch kommt, weiß ich nicht. Aber ich muß es ja auch nicht wissen.» – Sterbende: «Der Augenblick gehörte mir. Ich saß in meinem Rollstuhl allein. Es war ein Augenblick, den ich selbst mit Sinn erfüllen konnte.» [34] Diese Menschen leben bewußt in der Gegenwart voller Vertrauen ihrem Tod entgegen. Sie füllen ihre Sterbezeit mit Sinn, erfahren ihr Sterben als intensives Leben.

Sterbende Menschen erkennen häufig klar, was für sie bedeutsam und was belanglose Äußerlichkeit ist. Sie sind nicht mehr durch die vielen «Scheinwichtigkeiten» von ihrem Selbst entfremdet. Viele sind fähig, mehr auf ihre inneren Vorgänge zu achten, sind frei und offen für eine Begegnung mit sich selbst. Hella: «Wir entwickeln uns, und der Schwerpunkt verlagert

sich. Wir stellen einiges von unserem Selbst mehr in den Vordergrund, was früher unwichtig war. Oder umgekehrt: Über manches, was früher wichtig war, da kann ich heute nur noch ein
bißchen lächeln.»

Im Verlauf dieser Entwicklung beginnt der Sterbende zu spüren: Ich bin – ich muß nicht in bestimmter Weise sein oder etwas
Bestimmtes haben wollen. «Alles, was ich besitze, bin ich.» –
Hella erinnert sich: «Man muß sich viel Zeit für sich selbst nehmen und dann still werden und sich wirklich innerlich darauf
vorbereiten. Ich weiß, daß das das allerwichtigste ist, dieses
Nur-noch-sich-selbst-Leben. Manchmal kam ich an Tiefpunkte, wo ich dachte: Also, das scheint zu schwer zu sein, um es zu
überwinden. Früher vor meiner Krankheit war so eine Weiterentwicklung einfach nicht möglich. Ich mußte einige Hindernis-
se aus dem Wege räumen, sonst wäre ich nicht weitergekommen.
Deswegen mußte ich mir einen Teil von dem, was mir völlig
unbewußt war, bewußt machen. Das ist oft nicht angenehm gewesen. Aber ich habe die Hoffnung nie aufgegeben, immer wei-
tergemacht. Ich würde sagen, daß mir direkt keiner dabei geholfen hat, aber indirekt sehr viele. – Eine Art Selbstklärung hat mir
am meisten geholfen, dahin zu kommen, wo ich jetzt bin. Ich
habe versucht, die Zusammenhänge zu finden, warum das und
jenes in meiner Vergangenheit so gelaufen ist. Das hat mir eben
die Annahme des Schicksals, also meiner selbst, sehr erleichtert.
Der Hauptprozeß war eben: Mich selbst so voll zu akzeptieren
und anzunehmen, wie ich wirklich bin. Ich bestehe ja nicht nur
aus Teilen, die einem erfreulich erscheinen – wie man so gern
sein möchte. Dann wäre ich ja kein vollständiger Mensch. Die
anderen Gefühle, die Schattenanteile, sind auch ein Bestandteil
von mir. Und wenn ich sie ganz persönlich in einer aktuellen
Situation so nehme, wie sie sind, hat es mir wieder Mut gemacht.
So konnte ich mich Stückchen für Stückchen erweitern. Ich
mußte auch lernen, Niederlagen einfach einzustecken und sie als
solche hinzunehmen. Das gehört dazu, sonst sind wir anderen
gegenüber nicht tolerant. Ich habe erkannt, daß ich in Wirklich-

keit so bin, wie ich eigentlich gar nicht sein wollte. Für mich war das ein Weg, mir selbst näher zu kommen. Es ist vielleicht nicht jedermanns Weg. Ich habe ganz schön lange für diesen Prozeß der Auseinandersetzung gebraucht. Aber ich habe ihn auch genutzt. Jetzt bin ich mit mir ganz eins, versöhnt und kann ja zu allem sagen.»

Hellas innere Wandlungen haben ihr ermöglicht, in einer inneren Harmonie mit sich selbst zu sterben. Da war kein Hadern, keine Bitterkeit mehr, sondern Einklang und Würde.

Die Qualität des Sterbens richtet sich nicht nach der Dauer der Krankheitszeit, sondern nach der Art und Weise, wie man diese Zeit für sich lebt. Diese Menschen spüren, daß für sie «etwas Wichtigeres, Schöneres» ansteht. Hella: «Wenn ich zurückschaue und hätte die Diagnose nicht, mein Leben wäre leerer. Und wenn ich die Wahl hätte zwischen einem Leben, das so weitergegangen wäre, und dem Leben, das ich jetzt lebe mit der schweren Krankheit, würde ich mich für dieses jetzt entscheiden. Der Preis meines Todes ist mir dafür nicht zu hoch.»

Auch mein Leben ist durch die Krankheit reicher an innerem Erleben geworden. Mich bedrückt die Frage: Warum brauchen die meisten Menschen die äußere Erschütterung, um nach innen zu finden? Warum setzen wir uns nicht schon vorher mit unserem Tod auseinander und geben uns dadurch die Möglichkeit, intensiver zu leben?

Hella: «Es ist utopisch, aber ich stelle mir einmal vor, ich würde unerwartet plötzlich kerngesund sein. Dann, meine ich, hätte ich auch gleichzeitig mit den auf den Tod vorbereitenden Erfahrungen das neue Leben ebensogut vorbereitet. Ich spür in mir das Potential, daß ich manches könnte, was mir früher unmöglich war. Das hat sich gleichermaßen mitentwickelt. Das ist das Paradoxe mit dem Kranksein und dem Sich-innerlich-heil-Fühlen, mit dem Leben und dem Tod. Das ist relativ, von welcher Seite aus du es betrachtest.»

«Ich verbinde mit der Zukunft jetzt etwas anderes – so etwas wie Von-Gott-geführt-Sein.» Manche Kranke finden angesichts ihrer schweren Krankheit und der Todesnähe zum Glauben an Gott. Luise schrieb in ihren letzten Wochen an Elisabeth Kübler-Ross: «Freunde, die mich unmittelbar nach meinem Krankenhausaufenthalt besuchten, hatten damals den Eindruck, daß ich gegen Gott und gegen meinen eigenen Glauben revoltierte. Ich tobte und wütete gegen mein Schicksal. Aber dann dachte ich über alles nach, was Sie zu mir gesagt hatten, und auf einmal erkannte ich, daß ich zum Frieden mit Gott gefunden hatte.» [24]

Auch mein schwer erkrankter Schulfreund Gerhard setzt sich in einem Gespräch mit mir mit seinem jetzigen Leben und seiner Beziehung zu Gott auseinander: «Wenn ich mich bemühe, spüre ich, daß ich Gott erreiche. Wir sind uns begegnet. Ich spüre dann in meiner Schwachheit die Kraft, die mir gegeben ist. Es kommt mir nicht mehr auf die Anerkennung anderer Menschen an. Es ist jetzt mehr so dieses Gefühl in mir: Gott ist dabei, seine Kraft wirkt in mir, sein Segen. Das ist so ein tiefes Gefühl – eine Verbindung – eine neue ‹Anerkennung›. Sie läuft über Gott. Es ist nicht Anerkennung, sondern eher ein Geschenk, das ich aus seiner Hand bekomme.»

Anne-Marie: «Vielleicht ist es diese Schwäche, die dir im Augenblick geschenkt wird.»

Gerhard: «Ja, ich habe sie nicht nur bekommen, damit ich mich mit ihr auseinandersetze, sondern als eine Sinngebung. Und letztlich – ich wage es gar nicht auszusprechen – macht sie mich auch frei: Ich muß nicht immer ganz viel tun. Ich muß nicht immer den nächsten Schritt bewältigen auf der Stufe nach oben. Damit entferne ich mich ja sehr oft auch von Menschen. Und jetzt ist es wirklich so, meine Beziehung zu Menschen ist echter, tiefer und ernster. Natürlich auch stiller. Ich verbinde mit Zukunft jetzt zunehmend etwas anderes: So etwas wie ein Von-Gott-geführt-Sein.»

Auch die sechsundvierzigjährige Silke wurde mit ihren religiösen Vorstellungen konfrontiert: «Ich habe früher gelernt: Rufe Gott nicht an, wenn du etwas willst, sondern danke ihm, wenn es dir gutgeht. Dann spür ihn in dir. Und so fühle ich mich ihm fern, wenn ich so wahnsinnig verzweifelt bin, wie letztes Wochenende. Dann ist da ja nichts mehr, was ich Gott geben kann. Aber dann habe ich gedacht: ‹Gott, ich kann dir mein Lachen, meine Freude nicht geben, aber ich kann dir meine Traurigkeit und meine Tränen geben.› So habe ich einen neuen Zugang zu Gott gefunden. Mir geht es zwar schlecht, und ich habe viele Schmerzen, aber ich fühle mich doch getragen, nicht preisgegeben. Da ist doch irgendwo Gott in mir, der mich hält. Ich habe auch die innere Gewißheit: Tod ist ein Übergang, nicht ein Ende. Ein Neubeginn. Das ist ein ganz wesentlicher Trost für mich.»

Den Sterbenden begleiten

«Eine der tiefsten Erfahrungen, die jeder von uns für sein seelisches Wachstum machen kann, besteht darin, sich dem Prozeß des Sterbens zu stellen.» Ein beruflicher Helfer oder Angehöriger, der für einen Sterbenden sorgt, wird sehr bald erkennen, daß seine Arbeit auch eine Arbeit an sich selbst bedeutet. An seinen Reaktionen wird er merken, welches Verhältnis er zum Tod hat, wieweit er sich mit der Tatsache seines eigenen Sterbens auseinandergesetzt hat. Manche verweigern geradezu einem Todkranken ein Gespräch über sein Sterben. Krebspatientin: «Er wehrt es ab, daß ich sterben könnte. Das verdrängt er total. Das mag er nicht hören. Darüber kann ich nicht mit ihm sprechen. Ich habe keine Angst, aber ich möchte, daß er meinen Tod in seine Zukunftsplanung mit einbezieht.»

Zumeist ist es die Angst vor dem eigenen Tod oder das Selbstmitleid, weil er allein zurückbleiben wird, die den Helfer hindern, den Sterbenden in seine seelische Welt zu begleiten. «Ich möchte Sibylle nahe sein, aber gleichzeitig ist in mir Angst, ein Erschrecken, auch so eine Fluchtreaktion. Ich möchte fliehen, möchte in dem Moment an einem Ort sein, wo viel Sonne ist, wo Gesundheit ist. Ja, ich habe Angst. In anderen Momenten kann ich aber auch Sibylle ganz liebevoll in den Arm nehmen. Und das ist ein ganz echtes Bedürfnis in mir.»

Fluchtreaktionen und zärtliche Hinwendung – beide Empfindungen sind sehr stark in dem Freund dieser Sterbenden vorhanden. Indem er über seine widerstreitenden Gefühle spricht, lernt er sie zu klären. Wenn sich Menschen offen mit ihren schwer in Einklang zu bringenden Gefühlen auseinandersetzen und sie zu akzeptieren lernen, wird es ihnen möglich, einen todkranken Menschen zu verstehen und ihm dabei zu helfen, den jeweils gegenwärtigen Augenblick bewußt und angstfrei zu leben und ihm einen Sinn zu geben. Bettina, deren Verlobter innerhalb weniger Wochen an Krebs starb: «Mir wurde plötzlich klar: Sterben ist nicht eine Sache des Alters. Man müßte jeden Tag so leben, daß man sagen könnte: Wenn ich heute sterben würde, dann möchte ich nichts nachholen müssen. Der Tod ist in dem Sinne als ein großes Ausrufezeichen zu verstehen.»

Ram Dass, der viele Sterbende begleitet hat, schreibt: «Jeder Sterbende, mit dem ich Zeit verbrachte, hat mir wahrscheinlich mehr geholfen, als ich ihm helfen konnte. Ich sehe, daß eine der tiefsten Erfahrungen, die jeder von uns für sein seelisches Wachstum machen kann, darin besteht, sich dem Prozeß des Sterbens zu stellen – ob nun bei seinem eigenen Tod oder bei dem Tod eines anderen. Heute setzen sich viele Leute mit mir in Verbindung und fragen: ‹Könnte ich jemanden betreuen, der stirbt?›» [35]

Beeindruckt haben mich die Worte von Schwester Patricia, die in einem Hospiz für Sterbende arbeitet: «Es gibt nichts Besseres, nichts Wichtigeres und Lohnenderes, als Menschen zu helfen, friedlich und leicht zu sterben. Natürlich macht es mich schon sehr traurig, wenn sie sterben. Aber wenn einige Menschen ohne die Qualen, die sie sonst üblicherweise erdulden, aus diesem Leben gegangen sind, dann weiß man, daß man ein bißchen dabei mitgeholfen hat. So balanciert eine Erfahrung die andere aus. Tatsache ist: Ich lebe jede Minute davon. Es ist keine Selbstaufopferung für mich. Ich bekomme mehr, viel mehr, als ich gebe. Einem Patienten, den man liebt, kann man mehr geben. Menschen, die wissen, daß sie sterben, halten gewöhnlich nichts zurück. Wenn sie frei über sich selbst gesprochen haben, über ihre Familie, ihre Schmerzen und das Glück, das sie erlebt haben, dann hat man einen Freund gewonnen, einen richtigen Freund. Und wieviel richtige Freunde hat man in seinem Leben?» [55]

Den Eltern todkranker Kinder fällt es natürlich besonders schwer, das Sterben ihrer Tochter oder ihres Sohnes zu akzeptieren. Sie durchleben Angst, Verzweiflung, Trauer, manchmal Bitterkeit und Aggressionen. «Was ich unbedingt wissen mußte, war gerade dies: daß die Zukunft für Jamy nichts Schweres bringen würde», sagt Jamys Mutter. Sie holte ihre fünfjährige Tochter zum Sterben nach Hause. «Auch wurde mir bewußt, wie sehr ich selbst diese Zeit mit Jamy zu Hause brauchte. Denn diese Wochen halfen mir, ganz und gar zu akzeptieren, daß Jamy sterben mußte.» [24]

«Ich will, daß die Leute mich so weit respektieren, daß sie mir die Wahrheit sagen. Und wenn ich jetzt sterben muß, möchte ich es wissen.» Dies sind die Worte der fünfundzwanzigjährigen Jane, die im Sterben liegt. Sie fühlt sich nicht hinreichend ernstgenommen, wenn man ihr nicht die Wahrheit sagt. Sie fühlt sich dadurch verletzt und reagiert eher aggressiv: «Wenn ich wie eine Furie gegenüber Menschen handle, ist es, weil ich eigentlich weinen möchte.» [55]

Viele von uns werden sich in den nachfolgenden Äußerungen von Menschen gegenüber einem Todkranken wiedererkennen. Angehöriger: «Ich beobachtete die Reihenfolge von Menschen, die in das Zimmer meiner Mutter hineingingen – die Ärzte, die Schwestern, meine Verwandten, mein Vater – alle mit einer bravourösen Ausstrahlung: ‹Du siehst heute viel besser aus!› – ‹Hast du deine Suppe gegessen?› – ‹Du wirst in einigen Tagen wieder auf den Beinen sein.› – ‹Der Doktor sagt, es gibt eine neue Medizin.› Und dann gingen sie in den Korridor hinaus und sagten: ‹Sie wird diese Woche nicht mehr überleben!›» [35]

Häufig unterschätzen wir die Fähigkeit Sterbender, sich mit ihrem Tod auseinanderzusetzen, ihn zu akzeptieren, sich innerlich auf ihn vorzubereiten. Belügen wir Sterbende, so bringen wir sie um die Chance, ihr Sterben offen zu leben. «Ich hätte es ihm sofort sagen sollen», schreibt eine Ehefrau nach dem Tod ihres Mannes. «Wenn er es nicht hätte glauben wollen, was vielleicht der Fall gewesen wäre, hätte er eine Möglichkeit gefunden, es nicht zu beachten. Aber er hätte gewußt, daß sein Vertrauen zu mir ungebrochen bleiben konnte, und es hätte mir Monate der Qual und emotionalen Trennung von ihm erspart. Was berechtigt uns dazu, sie ihm vorzuenthalten? Es ist schließlich *sein* Tod und nicht der unsere.» [26] Bettina: «Anfangs war ich davon überzeugt, daß mein Verlobter es wissen müßte, einfach weil wir uns nie etwas vorgemacht haben, uns nie angeschwindelt oder belogen haben. Aber der Professor war strikt dagegen. Er sagte: ‹Reißen Sie sich zusammen! Nehmen Sie ein paar Beruhigungstabletten!› Ich empfand es in dieser tiefen Beziehung, in der wir gelebt haben, als so unwahrscheinlich irre, daß jetzt in diesem endgültigen aller Stadien diese Heuchelei gelebt werden mußte. Ich habe es nachträglich bereut, weil ich glaube, daß wir uns um etwas ganz Wesentliches betrogen haben.» Wen wollte dieser Arzt schonen: den Kranken, die Angehörigen oder vielleicht nur sich selbst?

Es wird immer häufiger offen zugegeben, daß berufliche Helfer, Ärzte, Krankenschwestern oder Pfleger, unzureichend für den Umgang mit Sterbenden ausgebildet werden. Wie schwer es für den Arzt ist, einem Sterbenden die Wahrheit zu sagen, verdeutlicht der nachfolgende Arztbericht: «Ich gehe allein zu der Patientin, setze mich auf ihr Bett und frage, was sie über ihre Krankheit weiß. Die Patientin berichtet sachlich, daß sie nach der Blasenoperation ‹vorsichtshalber› Kobalt-Bestrahlungen bekommen habe. Die behandelnden Ärzte hätten gesagt, der Befund sei gutartig. Auf meine Frage, wann man bestrahlen würde, antwortet sie: ‹Bei Krebs.› Ob sie daran gedacht habe, daß sie selber Krebs habe? Sie antwortet: ‹Nein, es ging ja auch sieben Jahre gut.›» Der Arzt beschreibt dann sehr offen seine eigenen Gefühle: «Ich weiß nicht weiter. Ich frage mich: Was will die Patientin hören?» Nachdem er die Patientin nach ihrem persönlichen Leben gefragt hat, kommt sie auf ihr Alter zu sprechen. Sie ist siebenundachtzig. Im Gespräch tritt eine Pause ein, in der sich der Arzt «ziemlich hilflos» fühlt. Dann ergibt sich folgender Dialog:

Arzt: «Haben Sie in Ihrem Alter schon an das Sterben gedacht?»

Patientin: «Ja, ich möchte am liebsten einschlafen.»

Arzt: «Haben Sie keine Angst?»

Patientin: «Nein, wenn ich einschlafen kann, nicht.»

Der Arzt berichtet dann: «Ich weiß wieder nicht weiter. Soll ich ihr sagen, daß sie Krebs hat? – Die Patientin berichtet von ihren Schmerzen bei der Einlieferung tags zuvor. Irgendwie sage ich ihr, daß wir gegen die Schmerzen etwas tun können, ihr aber sonst nicht mehr helfen können. Die Patientin fragt, ob man bei der damaligen Operation schon Krebs festgestellt habe. Ich schaue sie an und nicke deutlich. Die Patientin versteht. Nach einigen Minuten sagt sie: ‹Meine Bekannten, die alles regeln, sind auf Urlaub. Es sind noch ein paar Geschäfte zu erledigen, und ich muß auch meine Miete noch bezahlen. Aber das hat ja noch ein paar Tage Zeit.› Ich nicke mit dem Kopf – entgegen meiner Überzeugung. Die Patientin spricht auch davon, daß ihre Beerdigung in aller Stille erfolgen soll. Ich erkläre ihr, daß wir sie auf eine andere Station verlegen müssen und daß ich am Nachmittag vorbeikäme. Ich verspreche ihr – weil sie den Wunsch hat –, daß sie etwas zu essen bekommt, was medizinisch gesehen verkehrt ist. Ich lege meine Hand längere Zeit auf die ihre. Wir schweigen. Wir scheinen uns verstanden zu haben. Ich frage sie: ‹Kann ich etwas für Sie tun?› – ‹Nein.› Wir verabschieden uns.»

Ich spüre in diesem Bericht deutlich das Bemühen des Arztes, der Patientin nahezukommen, abzuwägen, was sie verkraften kann, und seinen Wunsch, ihr gegenüber ehrlich zu sein, sie nicht zu belügen.

Auch sterbende Kinder haben ein Recht auf die Ehrlichkeit von Angehörigen oder beruflichen Helfern. Krankenschwester: «Kinder haben viel weniger Angst vor dem Tod als Erwachsene. Sie stehen dem Tod näher als wir.» Damit die Beziehung zwischen Eltern und Kindern offen, lebendig und spontan miteinander gelebt werden kann, ist es wichtig, daß sie sich gegenseitig ihre Gefühle zeigen – Gefühle der Trauer, der Sorge, der Angst, aber auch der Freude, der Erleichterung und inneren Gelassenheit. Mutter: «Wir haben zusammen geweint, als ich ihm erzählte, was mir der Doktor über seine schwere Krankheit gesagt hat. Aber irgendwann haben wir aufgehört, und dann war uns plötzlich leichter ums Herz. Wir haben dann ein Spielchen zusammen gemacht und uns jeder eine schöne Geschichte erzählt.»

«Sie pflegt und betreut mich mit Liebe und Hingabe. Ich merke ihr keinen Widerwillen an, wenn ich sie manchmal so oft brauche. Das ist ein Geschenk für einen Menschen, der sterben wird.» Diese Worte Hellas über eine Schwester im Krankenhaus zeigen, in welch hohem Maß Achtung und Zuwendung für Sterbende eine heilsame Erfahrung bedeuten. Sie mildern den seelischen Schmerz, der Sterbende überkommt, wenn sie von ihrem Leben Abschied nehmen, loslassen.

Entgegen einer verbreiteten Auffassung erreicht häufig auch bewußtlose Kranke die liebevolle Zuwendung anderer. Angehörige sitzen oft stundenlang am Bett eines Bewußtlosen und warten auf sein Erwachen, versuchen, «über seine geschlossenen Augen in Kontakt mit ihm zu kommen». Mutter zu einer Schwester auf der Intensivstation: «Denken Sie, daß er es spürt, wenn ich hier so neben ihm sitze?» Schwester: «Ich finde es gut, daß Sie hier sitzen. Ich würde es mir auch an der Stelle ih-

res Sohnes wünschen. Ich habe das Gefühl, daß er spürt, wenn
Sie da sind. Medizinisch können wir zwar kaum Reaktionen bei
ihm feststellen, aber ich denke, das ist nicht alles.»

*«Ich kann mein Verständnis für ihn auch ohne viele Worte aus-
drücken.»* Intuitiv spürt diese Frau, welche Bedürfnisse ihr
sterbender Mann hat. Sie kann sich so in ihn einfühlen, daß die
Kommunikation zwischen ihnen auf einer anderen Ebene als der
der Worte stattfindet: Es ist eine seelische Übereinstimmung.
Hansjürgen hat mit Hella eine ähnliche Erfahrung gemacht:
«Der Kontakt war gefühlsmäßig. Er ging nicht über viele Worte.
Anfangs, wenn ich sie besuchte, hatte ich das Gefühl, ich müßte
etwas sagen. Eigentlich wollte ich lieber nichts sagen. Später hatte ich das Gefühl: Wir sind uns einig, es ist okay, wenn wir sitzen
und nur miteinander schweigen. Es war so wie: Ich freue mich,
dich zu sehen – aber es war nicht notwendig, etwas zu reden.»
    Übereinstimmung im gemeinsamen Schweigen: Der Arzt kam
als Mensch, nicht als Mediziner oder Besucher. Er konnte sich
zunehmend so verhalten, wie er sich in der Situation wohl fühlte.
Es war eine Begegnung in der Stille. Und die Sterbende fühlte
sich verstanden und konnte sie selbst sein.
    Manche Helfer haben die Fähigkeit, sich so in Schwerkranke
und Sterbende einzufühlen, daß sie deren nicht ausgesprochene
Wünsche erahnen. Hella über Hansjürgen, mit dem sie zusammen an einer Gesprächsgruppe teilgenommen hatte: «Er kommt
jeden Tag. Heute hat er mir ein kleines Sträußchen mitgebracht.
Das hat seine Frau im Garten gepflückt. Gestern hat er sogar von
sich aus die ganzen Blumen neu gerichtet. Er hat sie angeschnit-
ten, die alten weggeworfen und die anderen in neue Vasen gesteckt und allen Wasser gegeben. So was wie Hansjürgen gibt es
nicht noch mal, das ist einmalig. Wieviel Schönes hab ich noch
erleben dürfen neben all dem Schlimmen!»
    Wie schwer es für manchen Besucher ist, sich in einen Sterben-
den einzufühlen, stellt Hella selbst fest: «Ein anderer sieht es aus
einer ganz anderen Sicht. Der andere denkt manchmal, er tut mir

damit etwas sehr Gutes, und meint es auch herzlich gut, aber es nützt mir nichts. Mich erfreuen ganz andere Dinge. Und so gibt es eben leicht Enttäuschungen, weil man davon ausgeht, daß der andere genauso empfindet und denkt wie man selbst.»

Es gehört viel Einfühlungsvermögen und Geduld dazu, sich in die innere Welt von Sterbenden einzufühlen und zu erahnen, wie sie ihre nächste Umwelt erleben und wahrnehmen. Als erschwerend kommt hinzu, daß manche viel vor sich hindämmern oder nicht bei vollem Bewußtsein sind.

Dies berücksichtigt auch der Arzt, der Jane zum zweitenmal besucht. Da er nicht sicher ist, ob sie ihn wiedererkennt, weil sie bei seinem ersten Besuch am Vortag in großen Schmerzen lag, setzt er sich zunächst eine Weile schweigend an ihr Bett, in dem sie im Halbschlaf liegt. «Er gab ihr Zeit, sich an seine Gegenwart zu gewöhnen, bevor er sprach.» [55] Der Arzt bedrängt die Sterbende nicht, sondern wartet ab, beläßt sie, wo sie ist, läßt ihr Zeit, bis sie fähig ist, zu reagieren.

«Wir werden alles tun, dir zu helfen, in Frieden zu sterben, aber auch zu leben, bis du stirbst», sagt der Arzt zu Jane, die zum Sterben ins Hospiz gekommen ist. [55] Aufrichtige, liebevolle und verständnisvolle Helfer werden sich in vielfältiger Weise um erleichternde Bedingungen für die von ihnen betreuten Sterbenden kümmern. Sie stellen sich die Frage: Welche meiner Aktivitäten verbessern die Lebensqualität des Schwerkranken und die Qualität seines Sterbens? Sterbende spüren oft intuitiv, ob unsere Aktivitäten zur Erleichterung für sie oder für uns gedacht sind. Sie ahnen oft unsere geheimen Gedanken, erkennen die wirklichen Absichten, die hinter unseren Handlungen stehen. Hella: «Ob jemand wohlwollend ist oder das Gegenteil, das teilt sich mir mit. Ich komme immer mehr dahinter, daß letztlich die inneren Einstellungen und Haltungen das Entscheidende sind, nicht die einzelnen Handlungen. Und wenn man das weiß, dann kann der andere auch ruhig einen Fehler machen.» Das heißt: Liegt unseren Aktivitäten für den Sterbenden aufrichtige Hilfs-

bereitschaft zugrunde, so kann die eine oder andere Geste von uns ruhig fehlerhaft sein. Der Kranke wird spüren, wie wohlwollend wir es wirklich mit ihm meinen. Er versteht uns, wir brauchen uns ihm nicht zu erklären. Dieser Gedanke entbindet uns als Helfer von der irrigen Auffassung, alles perfekt und richtig machen zu müssen. Wer kann das schon?

Derzeit sterben drei von vier Menschen in einem Krankenhaus. Deshalb ist es wichtig, daß wir uns überlegen, wie wir die Aufenthaltsbedingungen Todkranker in Kliniken verbessern, wie wir ihnen ein menschenwürdiges, humanes Sterben ermöglichen können. Ich möchte einige Beispiele aus dem englischen Hospiz, in das Jane zum Sterben ging, als Anregung weitergeben [55]: Der Sterbende wird gebeten, seine Tageskleidung mitzubringen. Ich denke, daß es beruhigend für ihn ist, seine vertrauten Kleidungsstücke bei sich zu haben, selbst wenn er sie kaum tragen wird. Er fühlt sich dadurch heimischer, weniger abgeschnitten von dem Leben außerhalb seines Bettes. Die Eltern von Jane hatten die Möglichkeit, im Gästezimmer des Hospizes oder in einem Extrabett in Janes Zimmer zu übernachten, das jederzeit hineingerollt werden konnte. Für Jane war dies sehr wichtig, denn sie hatte Angst davor, allein zu sterben. Die Eltern durften auch die Küche der Hospiz-Schwestern mitbenutzen. Die Mutter konnte Jane noch manche Lieblingsspeise zubereiten. So wurde das Krankenzimmer im Hospiz zum «Lebensraum» für diese Familie. Um Jane ein wenig am Leben teilnehmen zu lassen, ihr erlebnismäßige Abwechslung zu verschaffen, durften die Eltern vor Janes Fenster einen Vogelfutterplatz einrichten. Im Hospiz herrschte eine «offene, herzliche Atmosphäre»: Alle, auch die Ärzte, redeten sich mit ihren Vornamen an.

Das Leben in Krankenhäusern oder Hospizen wird von Menschen bestimmt. Sind diese Menschen im Patienten, in seiner Seele zentriert, so werden sie fortlaufend erleichternde Bedingungen für Kranke und Sterbende schaffen. Es bieten sich ihnen viele Möglichkeiten, für den Sterbenden hilfreich zu sein. Janes Arzt im Hospiz: «Wir müssen die Lebensstimmung der Patienten erhöhen, indem wir die Umstände verbessern, die Schmerzen reduzieren. Wir befeuchten den trockenen Mund, säubern den Patienten, geben eine Spritze gegen Übelkeit. Indem wir gewisse Dinge verbessern, machen wir die Schmerzen erträglicher. So kann derselbe Schmerz eine Qual sein oder auch nur ein kleiner Schmerz. Wenn wir dem Patienten erzählen, was passieren wird und warum, wird er es akzeptieren und kann damit umgehen. Und es verringert seine Angst, die mit einem großen Schmerz einhergeht.» [55]

Auch seelisch hat der berufliche Helfer viele Möglichkeiten, die letzte Lebenszeit von Sterbenden zu verschönern und zu erleichtern. Die folgenden Beispiele mögen für sich selbst sprechen. Krankenschwester: «Ich riet der Mutter zu, ihr Kind mit nach Hause zu nehmen. Ich sagte zu ihr: ‹Also, wenn ich die Mutter wäre, ich würde mein Kind mitnehmen, ich ließe es zu Hause sterben.›» – Hansjürgen: «Den einen Sonntag habe ich meine Kinder zu Hella mit ins Krankenhaus genommen. Ach, was war sie glücklich! Für Hella war dies ein Stück Leben. Es hat mich dann auch sehr glücklich gemacht, daß ich auf diese Idee gekommen war.» Eine junge sterbende Mutter klagte darüber, daß sie ihrem Kind nichts Persönliches für die Zeit seines Heranwachsens hinterlassen könne. Da riet eine Ärztin ihr, für das Kind ein Tonband zu besprechen, und stellte ihr einen Cassettenrecorder zur Verfügung. Voller Freude über diese Möglichkeit verbrachte die Mutter ihre letzten Tage damit, ihre Gedanken für das spätere Leben des Kindes auf das Tonband zu sprechen. [17]

Zu den vielen hilfreichen Aktivitäten, mit denen Freunde und Angehörige für einen Sterbenden sorgen können, gehören auch häufige Besuche. Hella erhielt viel Besuch von Gruppenmitgliedern. Der Arzt Hansjürgen: «Ich habe erlebt, daß sie irgendwie immer freier zu Hella gekommen sind und auch so wieder gegangen sind. Es war ein fröhliches, offenes Miteinanderumgehen. Das gerade unter Patienten zu schaffen, das ist doch wunderbar.»

Ram Dass berichtet, daß die Freunde einer Sterbenden jeden Abend in ihr Krankenhauszimmer kamen, um mit ihr zu meditieren. [35] Auch die gemeinsame Meditation, denke ich, kann einem Todkranken und seinen Angehörigen und Freunden ermöglichen, das Sterben angstfrei zu erleben.

Häufig stellen sich Angehörige eines Todkranken die Frage, ob es nicht humaner wäre, den natürlichen Verlauf des Sterbens nicht mehr künstlich aufzuhalten und dadurch nur die oft großen Qualen zu verlängern. Hella: «Das ist etwas, was meiner Schwester so zu schaffen macht, daß man gar nichts mehr machen kann bei mir. Das bedeutet für sie die äußerste Hoffnungslosigkeit. Das kann sie nicht begreifen: ‹Ja, macht man denn gar nichts mehr? Überhaupt keine Therapie mehr?› Aber ich empfinde das ganz anders: Das ist eben jetzt der Lauf der Dinge. Und ich finde es gut, daß ich so vernünftige Ärzte habe, die mich nicht noch mit unnötigen Therapien extra quälen. Irgendwann ist der Punkt da. Da kann man nicht mehr mit medizinischen Mitteln helfen. Ich kann das gut ertragen. So weiß ich: Es ist gut, jetzt geh ich diesen Weg noch zu Ende.»

Wichtig waren für Hella die einfühlsamen Ärzte, die ihren Entscheidungen nicht nur ihre medizinischen Kenntnisse, sondern auch ihr Wissen um die seelische Situation des Erkrankten zugrunde legen. Ehemann aus der Nachbarschaft: «Der Arzt war noch zwei Tage vor ihrem Tod da. Da hat er mir gesagt: ‹Wissen Sie, ich würde Ihnen raten, Ihre Frau nicht an ein Beatmungsgerät anzuschließen. Die Erleichterung ist relativ gering. Und sie sieht dann, daß wir große Apparate benutzen.› Dieser Arzt war darin sehr vernünftig. Ich bin ihm dankbar. Die Ärzte, die das Leben der Patienten ganz unnötig verlängern, meinen sicherlich das Beste. Aber ich könnte mir denken, daß es Situationen gibt, wo man Patienten mehr hilft, wenn man das Sterben nicht hinauszögert.»

Für manche Angehörige und Freunde stellt sich die Frage: «Wo soll der Sterbende seine letzte Lebenszeit verbringen?» Die folgenden Beispiele zeigen Alternativen zum Sterben im Krankenhaus. Ehemann aus der Nachbarschaft: «Als der Arzt mir im Krankenhaus sagte: ‹Wir wollen lieber nichts mehr tun, denn die Begleitumstände würden für Ihre Frau sehr schwer sein› und er mir für sie ein Bett im Krankenhaus anbot, sagte ich: ‹Das kommt nicht in Frage. Das werde ich schon schaffen. Ich habe tagsüber zu tun, aber ich werde schon eine Tageshilfe bekommen.› Ich wünsche keinem Menschen, daß er in einem Krankenhaus sterben muß. Diese sterile Umgebung ist für den Kranken absolut fremd. Ich könnte mir vorstellen, daß ihn das, was er auch sonst um sich hat, ruhiger werden läßt – allein für diese letzten Minuten oder Stunden. Es ist *seine* vertraute Umgebung, in der er dahindämmert oder plötzlich stirbt. Er ist bei sich.» – Tytte: «Jetzt weiß ich ganz genau, daß ich bevorzugt bin in dieser Welt: Ich wohne in einem Familien-Kollektiv mit vielen meiner Kinder und Enkelkinder. Alle verwöhnen mich außerordentlich. Ich möchte ungern eine Belastung sein. Das bin ich hier nicht. Sie helfen mir alle viel, aber es wird keine Belastung, weil so viele immer vorhanden sind.» Und humorvoll erzählt sie von ihren Enkelkindern: «Sie verwenden mich als etwas, was man den Kameraden vorzeigen kann, so: Da haben wir Großmutter, und sie soll sterben.» [49]

Im Kollektiv von Tytte wird ihr Sterben nicht verheimlicht, sondern als bedeutendes Ereignis erlebt, auf das man wartet wie auf die Geburt eines Kindes: Bald wird es soweit sein – und wie wird es sein?

Die Angehörigen können dem Sterbenden zu Hause vieles ermöglichen, was sich im Krankenhaus nur schwer oder gar nicht verwirklichen läßt. Sie können ihn am Leben um ihn herum Anteil nehmen lassen, die Qualität seines eingeschränkten Lebens intensivieren und sein Sterben erleichtern und würdiger gestalten. Dazu werden manchmal Veränderungen im Haus notwendig, zum Beispiel ein Bett, das man im Wohnzimmer aufstellt, oder ein bequemer Stuhl, damit er auf seine Weise am Familienleben teilnehmen kann. Tochter aus der Nachbarschaft: «Mein Vater hat meiner todkranken Mutter zum Beispiel einen Roll-

stuhl konstruiert und bauen lassen, den sie überhaupt nicht mehr
gebrauchen konnte. Es war im Grunde genommen sinnlos, aber
es hat ihr gewisse Hoffnungen vermittelt. Er war ständig am
Puzzeln und Tun und Machen für sie. Diese Aktivitäten haben
meine Mutter belebt und ihr Mut gegeben. Daß da wirklich jemand ist, der glaubt, daß sie noch eine Zukunft hat, das hat ihr
meiner Meinung nach sehr geholfen, auch seelisch.»

Zu Hause stehen den Angehörigen auch viel mehr Möglichkeiten zur Verfügung, die letzten Wünsche eines Todkranken zu
erfüllen. Eine Sterbende, zwei Tage vor ihrem Tod: «Es war so
schön, daß ich im Jahr meiner Krankheit noch so viel in meinem
Leben ändern konnte. So hatte ich mir immer gewünscht, auf
einer Wiese zu liegen, die ungemäht ist. Den Wunsch hat mir mein
Mann erfüllt: Wir sind raus ins Grüne gezogen, und den ganzen
Sommer über wurde unser Rasen nicht gemäht.»

In der Familie hat der Sterbende meist Menschen um sich, die
Tag und Nacht seine Wünsche erfüllen, ihn pflegen, ihm beiste-
hen können. Diese liebevolle Zuwendung gibt ihm ein Gefühl
der Geborgenheit und hält ihn geistig und seelisch lebendig.

Der «Nachtdienst» bedeutet für Angehörige, die tagsüber berufstätig sind, eine große körperliche Anstrengung. Aber Liebe
und Einfühlung für den Kranken erleichtern nicht nur den Um-
sorgten, sondern auch den Umsorgenden die Situation. «Das
einzige war, daß ich allmählich dabei runtergekommen bin», erzählt mir ein Angehöriger, «weil ich jede Nacht mindestens
vier-, fünfmal hoch mußte. Außerdem war mein Schlaf so leicht
geworden. Meine Frau dachte manchmal, sie müßte auf die Toilette. Das war mit Schwierigkeiten verbunden, mit vorsichtigem
Anheben, denn ich durfte ihr das Kreuz nicht beschädigen. Und
wenn ich zum fünften- oder sechstenmal nachts hochgeholt wurde – und es war ja auch häufig ohne wirkliche Notwendigkeit –,
dann wurde ich manchmal ein bißchen unwirsch und sagte: ‹Na,
war das denn nötig?› Dann hat sie gesagt: ‹Ja, es war nötig. Ich
hatte doch das Gefühl, ich müßte.› Subjektiv hatte sie natürlich
vollkommen recht. Die für mich scheinbar unsinnigen Forde-

rungen, die sie stellte, waren von ihrem Standpunkt aus gar nicht unsinnig. Aber ich habe gemerkt, daß ich diese pflegerischen Dinge wirklich kann. Ich denke, wenn einen die Umstände dazu zwingen, kann man sie eben. Man kann sicherlich auch die weniger ästhetischen Sachen fertigbringen, die bei einer solchen Krankenpflege zu erledigen sind. Wer sagt: I gitt, das mag ich nicht, der ist ein Mensch, der sich nicht genug auf den Kranken einstellen kann. Das ist überhaupt der entscheidendste Punkt.»

In der Familie können auch Kinder pflegerische Handgriffe übernehmen. So bediente der neunjährige Bruder der todkranken Jamy das Absaugegerät für seine kleine Schwester. Er sagte dann stolz: «Jetzt muß ich arbeiten!» [24]

Ein ungemähter Rasen, ein liebevoll konstruierter Rollstuhl, ein Bett im Wohnzimmer, Umsorgen bei Tag und Nacht – alles das sind zärtliche Zeichen, die Angehörige dem Sterbenden in der Familie geben. Sie zeigen, daß sie innerlich bereit sind, mit Liebe zu helfen, zu erleichtern, zu lindern.

«Ich finde, daß die letzten Monate meines Lebens doch auch schön sind. Diese Zeit ist für uns alle sinnvoll. Wir haben Gespräche geführt, die wir normalerweise nie gehabt hätten.» Eine der umfassendsten Aktivitäten von Angehörigen und Freunden ist, daß sie dem Sterbenden aufrichtige, liebevolle und einfühlsame Gesprächspartner sind. Sie helfen ihm, seine Gedanken und Empfindungen zu klären, etwa wenn ihn Schuldgefühle peinigen, wenn er sich mit sich selbst und anderen aussöhnen oder mit seinem Sterben und Tod auseinandersetzen möchte.

Die Sterbezeit ist für viele eine Zeit des Lernens und Reifens, der tiefen Einsichten und Erkenntnisse. Todkranke haben viel Zeit zum Nachdenken. Es ist nur für Außenstehende eine Zeit der Ruhe. Im Inneren der Sterbenden ist vieles in Bewegung geraten. Angehörige und Freunde, die um die seelischen Auseinandersetzungen von Sterbenden wissen oder sie erahnen, lenken gegebenenfalls sehr behutsam das Gespräch auf jene Themen, die den Todkranken innerlich beschäftigen. Häufig werden sie feststellen, daß der Sterbende ihnen sehr dankbar dafür ist. Vor ihrem Tod schrieb Irene mir in einem Brief: «Du weißt ja, ich habe schon in dem letzten Brief, den ich Dir schrieb, an meinem Brocken Schuldgefühle herumgekaut. Ich habe mein Leben vor mir wie einen Film, wie eine Landschaft – und die vielen, vielen Fehler: Ich habe zuviel geträumt und zuwenig gelebt, ich habe zu schnell resigniert. Ich bin schuldig, mich mein Leben lang zu sehr angepaßt zu haben und zuwenig darauf bestanden zu haben, das zu leben, was mir gegeben ist. – Es sind keine großen Verbrechen, die ich da fand, aber unendlich viel kleiner, mieser Dreck. Das Schuldgefühl wurde immer größer und schwerer. Das war ganz furchtbar. Und ich habe zum erstenmal mit meinem ganzen Wesen um Verzeihung gefleht. In meiner Phantasie habe ich mich auf den Boden gekniet und vor meinen Eltern und anderen um Verzeihung gefleht. Und vor allem habe ich das vor mir selbst und mich vor dem Einen völlig entblößt dargelegt und gewußt: Es gibt keine andere Hilfe, als dieses unheimliche Schuldgefühl ganz anzunehmen, meine Unvollkommenheit ganz anzunehmen, nicht bloß mit dem Kopf. Dann war eine Stimme in mir, die mir ganz deutlich sagte: ‹Du mußt deine Schuldgefühle liegenlassen wie deine Ausscheidungen, dich nicht mehr danach umsehen, sondern weitergehen und dich um das Gute bemühen, wo du gerade bist.› Am Abend war mir leichter.

Es ist in den letzten Tagen eine Freude in mir gewachsen. Nicht, daß es keine Traurigkeit oder Schmerzen mehr gibt: Aber sie sind beweglicher geworden, wie Wolken am Himmel, und die Sonne scheint durch, und selbst, wenn ich sie nicht sehe, so weiß ich, ich spüre sie mit meinem ganzen Sein durch alles durch. Bei der stillen Meditation fühlte ich mich manchmal in einer Wolke von Liebe, die sehr viel größer ist als ich. Und immer wieder kommt mir das Gefühl: Ich brauche nichts zu tun, als mir nicht im Wege zu sein, dann geschieht schon, was gut ist.»

Am Ende des Briefes schreibt sie: «Ich habe danach viele wunderbare Dinge erlebt – daß die häßliche Mauer, die mich früher in meinem Inneren von den Menschen getrennt hatte, täglich durchlässiger wird und nun Leben und Tod immer mehr wie ein Weg vor mir liegen: voller Möglichkeiten, Aufgaben und Geschenke, nach jeder Dunkelheit in immer strahlenderer Helligkeit und Wärme!»

Die Nähe des Todes stimmt manche Sterbende versöhnlicher, läßt «Mauern durchlässiger werden». Meine Tante diktierte wenige Wochen vor ihrem Tod viele Briefe, um sich mit Menschen auszusöhnen. Ich spürte ihre Erleichterung, als sie diese Briefe abgeschickt hatte. Aber zugleich stellt sich mir die Frage: Warum sind wir nicht schon vorher in der Lage, Menschen zu sagen, was sie uns bedeuten?

Die meisten Sterbenden beschäftigen sich intensiv mit ihrem Tod. Viele von ihnen haben den Wunsch, mit anderen darüber zu reden. Doch nur wenige Helfer sind dazu in der Lage. Das Schweigen über das Ereignis, auf das alle warten, macht den Sterbenden einsam, errichtet Mauern zwischen ihm und den anderen. Eine junge Krankenschwester schrieb mir: «Wir müssen lernen, offener und selbstverständlicher über den Tod mit den Patienten zu sprechen. Wie oft habe ich gespürt, daß ich mit einem Patienten über seinen bevorstehenden Tod hätte sprechen sollen, daß das Bedürfnis bei ihm da war! Eigentlich finde ich es unverantwortlich, mit dem Patienten nicht zu sprechen, denn man nimmt ihm damit ein Stück von seinem Leben weg.»

Jane hatte die Möglichkeit, mit ihrer Mutter und einer Krankenschwester über ihren Tod zu sprechen.

Jane: «Werde ich sterben, Mutter?»

Mutter: «Noch nicht jetzt, Liebling. Es wird nicht mehr sehr viel länger sein. Wir werden bei dir bleiben. Es wird bald sein.»

Jane: «Ich hoffe, das ist nicht mehr lange. Ich möchte nicht, daß es noch lange dauert.»

Mutter: «Wir wissen, daß wir dich verlieren werden. Das wichtigste ist, daß du es so leicht wie möglich hast, bis es soweit ist.»

Jane zu einer Krankenschwester: «Da ist noch etwas, was mich beunruhigt: Ich wünschte, ich wüßte, wie es ist, zu sterben. Ich bin ein bißchen ängstlich, aber ich denke, niemand weiß die Antwort.»

Krankenschwester: «Ich denke, ich kann's dir sagen. Du wirst einschlafen und hinübergleiten, ohne wieder aufzuwachen.»

Jane, nach einer Weile des Schweigens: «Das hört sich gut für mich an.» [55]

Auch in der Familie eines Todkranken ist es wichtig, offen miteinander über sein Sterben zu sprechen. Eine holländische Krebspatientin berichtet in einem Fernseh-Interview: «Es war schwer, es den Kindern zu sagen. Ich habe ihnen gesagt, daß ich nur noch kurze Zeit zu leben habe. Die Kinder haben geweint, und ich auch. Aber sie sagten, sie hätten es schon befürchtet und vermutet. Mein jüngster Sohn saß im Hintergrund des Zimmers und zeichnete immer nur Kreise auf ein Stück Papier. Aber das Eigenartige war doch, daß es wie eine Befreiung war, als alles ausgesprochen war. Das Unsagbare war endlich ausgesprochen. Dann sind wir nach unten gegangen und haben uns Tee gemacht. Die Kinder fragten, welche Platte sie auflegen sollen. Dann bekommt man das Gefühl von gemeinsam getragenem Leid. Das war für die Kinder auch so viel sinnvoller als die bloßen Vermutungen. Dann nimmt man wieder ein Stück Lebensfaden normal auf.» Ein wenig später fährt sie fort: «Niemand kann sterben ohne seine Mitmenschen. Derjenige, der stirbt, hat den Gesunden nötig, und der Gesunde hat den Sterbenden nötig, um später mal weniger Angst vor dem Tod zu haben. Ich denke, das ist nicht gut: Wir drücken den Tod weg. Das ist doch schade, denn wenn man ein Baby erwartet, lebt man doch auch neun Monate lang diesem Erlebnis entgegen – und kann darüber reden. Warum darf man dann eine andere Phase in unserem Leben nicht besprechen – vor allem, wenn der Betroffene es selbst als etwas Natürliches akzeptiert hat? Ich finde, daß die letzten Monate meines Lebens doch auch schön sind. Diese

Zeit ist für uns alle sinnvoll. Wir haben Gespräche geführt, die wir normalerweise nie gehabt hätten. Unsere ganze Familie erlebt dieses Sterben als großartig, mit all seinen Hochs und Tiefs. Das ist ein großer Trost für mich. Durch mein Sterben wird vielleicht in den Kindern etwas aufgeweckt, das sonst nicht zur Entwicklung gekommen wäre – ein Talent oder auch eine Einstellung ihren Mitmenschen gegenüber.» [14]

Eine weitere wichtige Aufgabe für die Angehörigen besteht darin, mit Sterbenden über ihre Wünsche hinsichtlich ihres Todes und ihrer Beerdigung zu sprechen, sofern sie dies wollen. Tytte: «Am liebsten soll mein Mann mich im Arm halten, wenn ich sterbe, und alle Kinder sollen umhersitzen, und sie sollen ein bestimmtes dänisches Lied singen, was ich sehr gern hab: Über die Sonne, die aufsteigt. Und dann, wenn ich gestorben bin, dann will ich nach Århus geschickt werden für die Mediziner, die Körper verwenden müssen, um zu schneiden. Und wenn sie genug geschnitten haben und nichts mehr verwenden können, dann will ich verbrannt werden. Ich habe eine Figur geschenkt bekommen, eine sehr schöne Figur, die mich darstellt in Asien mit Kindern, und die ist inwendig leer. Und da soll meine Asche hinein.» [49]

Hella hatte den Wunsch, «daß sie ohne Feierlichkeit beerdigt wird und auch an einem Ort, den niemand weiß».

Jane wünscht sich: «Wenn ich sterbe, möchte ich nicht begraben werden. Ich hatte immer Angst davor, lebend begraben zu werden. Es war einer meiner Alpträume. Wirst du dafür sorgen, daß ich verbrannt werde?»

Mutter: «Natürlich. Viele haben solche Ängste. Das ist ganz normal. Sollen wir deine Asche im Garten verstreuen?»

Jane: «Hmh. Auch über den Weiher und am Fluß.» [55]

«Wenn das raus ist – irgendeine Auseinandersetzung mit dem Sterben –, geht es den Kindern besser.» Viele Eltern fühlen sich hilflos, offen mit ihrem Kind über sein Sterben zu sprechen. Ich möchte Eltern ermutigen, Fragen ihrer Kinder nicht

auszuweichen, sondern ein ehrliches Gespräch mit ihnen zu führen.

«Weil sie selbst davor so große Angst haben», vermeiden berufliche Helfer, Angehörige und Freunde, mit Kindern und Jugendlichen über deren Furcht vor dem Sterben zu sprechen. Es kommt dann manchmal zu aggressiven Ausbrüchen der Kinder, zur Entladung ihrer angestauten Spannungen, von denen sie sich manchmal nur im Spiel befreien können. Ulla Haupt, Professorin und Kinder-Psychotherapeutin, berichtete mir: «Thomas, ein todkranker Junge bei uns, hat stundenlang Puppen ermordet, auf die verschiedenste bestialische Art. Es war ihm aber sehr wichtig. Ich habe ihn ermutigt, sich auszudrücken, wie immer er will. Er spielt sehr viele lebensbedrohliche Situationen: Erdbeben, Seebeben, Schiffe in Seenot. Er hat auch Begräbnis gespielt, sich in Decken selber begraben. Ein anderes Mal hat er Gräber in Sand gebaut und hat ein Kreuz mit seinem Namen beschriftet. Wenn das raus ist – irgendeine Auseinandersetzung mit dem Sterben –, geht es den Kindern besser. Danach konnte Thomas auch mal traurig sein, was er sich vorher überhaupt nicht gestatten konnte. Und was er auch gelernt hat war, sich zu freuen. Das konnte er vorher überhaupt nicht mehr.

Einmal hatte er so eine Idee: Da gibt es einen See, wo alle Toten sind. Dann hat er mich so wissend angeguckt und gesagt: ‹Jeder, der stirbt, weiß das. Aber eigentlich darf man darüber nicht sprechen.› Das war für mich so 'n Signal: Er gehört zu den Wissenden.» [13]

Für den fünfzehnjährigen Pierre ist sein Vater ein hilfreicher Gesprächspartner. Pierre, wenige Wochen vor seinem Tod: «Ich habe Angst. Ich höre schreckliche Geräusche in mir. Das ist der Tod, der wird mich in dieser Nacht holen. Es ist furchtbar, verstehst du, weil ich euch liebhabe. Gott liebe ich schon, aber das ist nicht dasselbe, ich möchte lieber mit euch sein.» Der Vater tröstet ihn; da nimmt der Junge seine Hand, legt sie auf seine Brust und sagt: «Jetzt werde ich schlafen, ich vertraue dieser großen, schützenden Hand.» [25]

«Ich versuchte eine Zeitlang, meine Mutter an meiner Realität zu orientieren. Da dies erfolglos war, entschloß ich mich, mich an ihrer Wirklichkeit zu erfreuen.» Viele Sterbende liegen zeitweise im Koma, sie scheinen bewußtlos zu sein, nicht in unserer Realität orientiert. Für Außenstehende hat es manchmal den Anschein, als ob sie «verwirrt» seien. Angehörige und Freunde sind über solche Zustände häufig tief erschrocken. Es beunruhigt sie, daß der andere für sie nicht mehr erreichbar ist, nicht mehr in der gleichen Realität lebt wie sie. Sie sind verunsichert: Wie sollen sie darauf reagieren?

Sabines Mutter: «Manchmal sah ich sie so sitzen, so verträumt, dann sagte ich: ‹Was ist denn?› Aber ich erreichte sie nicht. Sie war ganz nach innen gekehrt.»

Anne-Marie: «Ich denke, das kann bedeuten, daß sie ein reiches Innenleben hatte.»

Sabines Mutter: «Ja, das kann ich mir auch gut vorstellen. Aber ich habe es doch manchmal bedauert, daß ich nicht gewußt habe: Wie komme ich an mein Kind ran. Sie hat sicher Zeichen gegeben, aber ich habe sie nicht verstanden. – Da ist noch etwas, was mich bedrückt: Im Grunde habe ich meine Tochter nicht gekannt.»

Anne-Marie: «Sie wußten nicht, woran Sie waren: War sie ein Kind, das inneren Frieden hat, daß sehr in sich ruhte?»

Sabines Mutter: «Das Gefühl habe ich. Sie hat in ihrem jungen Leben sehr, sehr viel mitgemacht.»

Anne-Marie: «Ich denke, daß sich Sabine in ihrem kurzen Leben vielleicht innerlich sehr entwickelt hat.»

Sabines Mutter: «Also, das glaube ich auch. Für mich ist heute auch nicht mehr wichtig, wie lang ein Leben ist, sondern wie intensiv ein Mensch lebt.»

Der Tod ermöglicht den Sterbenden bewußtseinserweiternde Erfahrungen, die für ihn Realität sind, die ihn nicht verwirren oder erschrecken. Seine seelische Wirklichkeit ist zeitweise eine andere als die seiner Angehörigen und Freunde. Seine Gedanken sind nach innen gerichtet, er erschließt sich neue Erlebnisräume,

Bilder, die seinen Angehörigen und Freunden fremd sein können: «Ich muß im Halbschlaf gewesen sein, und da spürte ich:
Etwas geschieht jetzt mit mir. Ich habe um mich herum Töne
wahrgenommen. Ich kann nicht genau sagen, was, aber das habe
ich ganz bewußt erlebt: Da geschieht etwas mit mir.»

Während dieser Sterbende nur sehr unklar seine andere seelische Wirklichkeit spürt, in die er hinübergeglitten ist, kann Carolas Tochter sehr konkrete Aussagen über Visionen machen,
die ihre Mutter wenige Wochen vor ihrem Tod hatte. «Als ich
mit ihr sprach, sagte sie plötzlich: ‹Oh, jemand kommt mich
besuchen›, und sie guckte erwartungsvoll nach oben. ‹Ich sehe
sie kommen›, sagte sie. Ich beobachtete Mutter gespannt. Ich
wagte nicht, mich umzusehen. Ich wußte, ich würde nirgendwo etwas sehen. ‹Sag mir, was du siehst›, bat ich. ‹Sie schwebt
zu mir hernieder! Sie hat weißes Haar, und sie hat ein langes,
silbriges Kleid mit kleinen schwarzen Punkten an. Sie lächelt
mir von oben zu.› – ‹Nimm sie an, nimm all ihre Liebe an›, sagte ich. ‹Freu dich, daß sie da ist.› – ‹Ja›, sagte Mutter – und nach
einer Weile: ‹Nun verblaßt sie langsam.›» Carolas Tochter
schreibt in ihrem Tagebuch weiter: «Ich versuchte eine Zeitlang, meine Mutter an meiner Realität zu orientieren. Da dies
erfolglos war, entschloß ich mich, mich an *ihrer* Wirklichkeit
zu erfreuen. – Einige Tage später, als sie bei vollem Bewußtsein
war, konnte sie sich nicht an diese Vision erinnern. Aber als ich
davon erzählte, sagte sie: ‹Das muß meine Mutter gewesen
sein.›»

Die Familie und die Freunde von Carola beobachteten, daß sie
in Phasen der Bewußtlosigkeit häufig lächelte und gelegentlich
flüsterte: ‹Welch ein Wunder!› Sie schien innerlich viel zu erleben und in Frieden mit sich zu sein und ohne Furcht. Vier Wochen vor ihrem Tod erzählte Carola, daß sie «ein weißes Licht»
gesehen habe, das von freundlichen Gesichtern umgeben gewesen sei, die sie jedoch nicht habe erkennen können. Das Licht, so
berichtete sie, habe sie von ihrem Bett aufgehoben und hinauf zur
Zimmerdecke getragen. Sie verstand diese Vision, die sich noch

einige Male wiederholte, als ein Zeichen dafür, daß ihr «Tod nahte» und daß er «schmerzlos» sein würde. [27]

Die Entwicklung, die Carola in ihrer letzten Lebenszeit möglich war, hat mich sehr beeindruckt. Sie, die früher nur an Dinge glaubte, die man «anfassen» kann, wurde aufgeschlossen für visionäre Erfahrungen.

Angehörige mögen solchen Visionen eines Todkranken Glauben schenken oder nicht – wichtig ist, daß sie auf sie eingehen und daß sie sie als seelische Wirklichkeit des Sterbenden ernst nehmen. Carolas Tochter hat intuitiv hilfreich auf die Erfahrungen ihrer Mutter reagiert.

Loslassen und Abschied nehmen

«Manchmal ist es noch sehr schmerzlich, aber ich lerne, Abstriche zu machen, Abschied zu nehmen von kleinen Dingen, von Hoffnungen, Wünschen, Erwartungen. Es ist schwer – aber auch schön.» Den meisten Sterbenden fällt es schwer, «aufzugeben», «sich selbst loszulassen». Sie sind in ihrem Leben zuviel «Kämpfer» gewesen, um dem Tod gelassen entgegenleben zu können. Andere dagegen haben Vertrauen zum Leben und auch zu ihrem Tod. Sie sind nicht damit «beschäftigt» zu sterben, sondern warten ab, lassen die Ereignisse auf sich zukommen, lernen, entwickeln sich dabei weiter. «Es wird zunehmend leichter. Manchmal ist es noch sehr schmerzlich, aber ich lerne, Abstriche zu machen, Abschied zu nehmen von kleinen Dingen, von Hoffnungen, Wünschen, Erwartungen. Diese Einsichten sind ungeheuer hilfreich für mich. Es ist schwer – aber auch schön.» – «Ich habe zu kämpfen gelernt, aber ich habe auch gelernt, loszulassen und mich fallenzulassen. Und was geschieht, das will ich bewußt erleben.» Hella, zwei Wochen vor ihrem Tod: «Ich hatte mir vorher schon gewünscht, daß ich das Sterben nach Möglichkeit ganz bewußt erlebe, mit ganz klaren Sinnen. Ich habe aber inzwischen auch eingesehen, daß das vielleicht nicht geht. Und

dann wäre natürlich das zweitbeste, daß ich einfach so einschlafe und nicht wieder aufwache. Auch von diesen allerletzten Wünschen laß ich einen nach dem anderen fallen. Und ich denke, es wird sich schon fügen.»

Auch von seinem Körper lernt mancher Sterbende sich mehr und mehr zu lösen. Er klammert sich nicht an ihn, sondern läßt ihn gleichsam zurück – und damit auch den Schmerz: «Ich lasse den Schmerz zu, selbst wenn ich meine, es geht über die Grenze hinaus, daß ich mich sozusagen auflöse. Wenn ich den Schmerz zulasse und sage: So, nun immer tiefer hinein, dann ist es der Schmerz, der sich auflöst.»

Das Loslassen des Körpers, das «Aufgeben von Fragen und quälenden Gedanken», der Verzicht auf das Sorgen für andere und um andere – all diese Vorgänge wirken sich entspannend auf den Sterbenden aus. Er fühlt sich frei, seinen Weg zu gehen: «Und dann merkte ich plötzlich: Ich muß nicht mehr bleiben! Dies ist ein befreiendes Gefühl.»

Alles loszulassen kann auch heißen, viel zu bekommen. Das Sterben kann dem Menschen eine Erweiterung seiner Erlebnis- und Gefühlswelt ermöglichen. Er kann zu innerem Frieden und – so paradox es klingt – zu intensiverem Leben finden. Ärztin: «Zwei Tage bevor es zu Ende geht, findet in diesen Menschen etwas statt, das wir uns gar nicht vorstellen können – als ob die Seele vernimmt, daß der Körper sie verläßt. Ich empfinde: Es ist so eine gefaßte Ruhe in ihnen.»

«Es war so, als ob die Sonne aufgeht in der Traurigkeit, die wir beide miteinander erlebten, und in dem Abschied.» Wie nehmen zwei Menschen voneinander Abschied, wenn der eine von ihnen sterben wird? Wie möchten sie ihr möglicherweise letztes bewußtes Zusammensein gestalten? Was möchte der Sterbende dem Angehörigen oder Freund noch vermitteln?

Die beiden folgenden Beispiele geben sehr persönliche Antworten auf diese Fragen. Sie zeigen, daß das Sterben nicht als quälende, angsterregende Bedrohung, sondern durchaus als friedvolles, menschenwürdiges und sinngebendes Ereignis erlebt werden kann.

Johannes, der Mann der achtundsiebzigjährigen, im Sterben liegenden Carola, erinnert sich an seinen Abschied von seiner Frau: «Ich hatte einen schlechten Tag, ging hin und her im Haus, konnte nicht arbeiten und wußte nicht, was die Ursache war. Rückschauend fühlte ich, daß ich nicht alles für Carola getan hatte, was ich konnte. Wie es meine Gewohnheit seit einigen Tagen war, ging ich zu ihr ins Krankenhaus zur Abendbrotzeit, so daß ich ihr beim Essen helfen konnte. Ich hatte ein sehr gutes Gespräch mit ihr. Ich sagte ihr, wieviel sie mir bedeutet, wie viele gute Dinge sie in mir in Bewegung gesetzt hat, wie wichtig sie in meinem Leben gewesen ist, wie sehr ich sie liebe. Ich sagte: ‹Ich spüre, du entgleitest mir. Weder ich noch irgendeiner deiner Freunde will dich unseretwegen aufhalten. Du bist durch soviel Schmerz gegangen. Der größte Liebesdienst, den ich dir erweisen kann, ist, dir zu wünschen, daß du ruhig und ohne Schmerzen und bald davongehst. Ich wünschte, daß irgendeiner dir dabei helfen könnte.› Sie sagte: ‹Ich will gehen.› Alles schien darauf hinzuweisen, daß dieses Gespräch sie befreite und daß sie die Erlaubnis heraushörte, gehen zu dürfen.

Als Carola ihren Tod nahen fühlte, bat sie alle Schwestern der Station zu sich, dankte ihnen für alles, was sie für sie getan hatten, und sagte ihnen, daß sie sterben würde. Am Tag darauf starb sie.» [27]

In Johannes' Bericht kommt eine wichtige Erfahrung zum Ausdruck, die Todkranke und ihre Angehörigen in der Sterbezeit machen können: Carola hatte nach dem Gespräch das Gefühl, sterben zu *dürfen*. Beide ermöglichten sich gegenseitig Freiheit. Manche Ehepaare erleben in ähnlicher Weise, daß die bevorstehende Trennung die seit Jahren bestehende Entfremdung aufhebt, wenn einer der Partner sich auf das Sterben vorbereitet.

Mich hat sehr beeindruckt, wie Reinhard seiner sterbenden Mutter das Loslassen zu erleichtern suchte. Obwohl sie fast bewußtlos war, sagte er in der Nacht oft zu ihr: «Du bist nicht allein.

Hier ist Reinhard. Ich bin bei dir. – Gib den Widerstand auf. Laß
deinen Körper los. Laß ihn schlafen.» – «Deine Seele wandert
aus deinem Körper, du verläßt ihn.»

Die holländische Krebspatientin berichtet in einem Dokumentarfilm über ihren ungewöhnlichen Abschied: «Ich wollte richtig
Abschied nehmen und zwischen meinen Freunden sterben. Ich
habe gebeten, ob es in der Kapelle geschehen könne. Also sagte
ich: ‹Rufe alle an, die auch zu meinem Begräbnis eingeladen werden, und frage sie, ob sie meinen Abschied vom Leben mitfeiern
wollen.› Und wie eine Feier kam es mir vor. Ich hatte so an fünfzig
Menschen erwartet, es kamen aber hundertfünfzig. Ich war zutiefst gerührt, als man mich in die Kapelle brachte. Eine Stunde
vorher war ich noch so krank. Am Tag vorher dachte man, es
ginge zu Ende, so schlecht ging es mir.» [14]

Auch das folgende Beispiel zeigt, welche befreiende Wirkung
ein liebevolles Abschiedsgespräch – trotz seelischer Schmerzen
der Beteiligten – haben kann.

«Es war ein ganz starker Wunsch von meiner Freundin, daß
ich sie noch streichelte. Sie sagte: ‹Oh, das tut mir sehr gut› und
lächelte dabei. Sie legte ihre Hand auf meine Hand. Zwischendurch mußte sie sehr oft spucken. Das war ihr unangenehm. Sie
sagte: ‹Guck weg!› Ich habe ihr aber gesagt: ‹Warum soll ich
weggucken? Es ist doch etwas sehr Natürliches.› Ich hatte dann
Schwierigkeiten, Abschied zu nehmen. Als ich das erste Mal zu
ihr sagte: ‹Du, ich werde jetzt gehen müssen›, da sagte sie: ‹Ja,
ich will nicht, daß du das hier länger mit ansiehst.› Irgendwie
hörte ich aus ihren Worten heraus: Es wird dir wohl zuviel. Darauf bin ich dann noch geblieben, weil ich mich so zu unbehaglich
fühlte, obgleich es mir irgendwie wirklich zuviel wurde. Es war
so beides in mir. Dann bekam sie plötzlich ein Ferngespräch,
und währenddessen konnte ich mich sammeln. Mich überkam
plötzlich die Ahnung, daß es meiner Freundin sehr guttäte,
wenn ich sie so richtig lieb in den Arm nähme. Ich konnte das
erst nicht. Da war die Spuckschüssel da. Und irgend etwas trieb
mich auch weg von ihr. Ich habe dann plötzlich so eine Kraft in

mir empfunden, daß ich es konnte. Vorher hab ich so irreale Sachen gedacht, so an Anstecken und so etwas. Das war auch schön für mich, zu erleben, daß ich das plötzlich konnte. Sie sagte: ‹Ach, Gertrud, diese Schüssel!› Und ich antwortete ihr: ‹Das ist doch jetzt ganz egal, ob deine Schüssel zwischen uns steht oder nicht!› Ich habe ihr auch einen Kuß auf die Wange gegeben. Und sie sagte: ‹Ich will auf die andere Seite auch noch einen haben. Und auf die Stirn.› Sie hat mir auch einen Kuß gegeben.

Dann habe ich zu ihr gesagt: ‹Du, ich verabschiede mich jetzt von dir.› Sie wußte, daß ich für einen Monat zur Kur mußte. Ich war irgendwie sehr traurig.

Als ich noch immer blieb, sagte sie mir ihren Konfirmationsspruch. Und ich habe ihr noch etwas vorgelesen. Sie strahlte so. Dann habe ich ihr meinen Lieblingspsalm gesagt, und da stockte ich, weil ich plötzlich heulen mußte. Da hat sie den Psalm weitergesprochen, und dann haben wir ihn zusammen gesagt. Danach meinte sie zu mir: ‹Weine doch ruhig!› Sie selbst weinte nicht, aber sie war nahe dran. Ich habe einen tiefen Schmerz gespürt – so die Todesangst. Und dann ist da plötzlich wieder so eine Kraft in mir dagewesen, mitten in meinem Durcheinander von Schmerz, Angst, sie zu verlieren, Hilflosigkeit. Plötzlich war da nur Kraft und Liebe. Ich fühlte so eine Helligkeit in ihrem kleinen Krankenzimmer. Es war so, als ob die Sonne aufgeht in der Traurigkeit, die wir beide miteinander erlebten, und in dem Abschied. Ich spürte Frieden in mir. Das ist Glück gewesen, was ich da an ihrem Bett erlebt habe. Es war nur noch Liebe da, ungeteilte Liebe. Und dann habe ich mich losgerissen. Und sie nahm meine Hand und sagte: ‹Deine Kur wird sicher für dich gut werden.› Und das war mir wie eine Verheißung. Als ich ging, hatte ich ein Glücksgefühl und spürte, sie wird immer um mich sein, auch wenn sie nicht mehr da ist.»

«*Als mein Mann starb, hatte ich das Gefühl, als ob sich etwas von seinem Körper löst und hinaufzieht, weit weg in den Raum hinein. Den Augenblick seines Sterbens habe ich irgendwie körper-*

lich mitgefühlt: Es war ein Gefühl der Befreiung.» Manche Todkranke ahnen, wann sie sterben werden. Auch glauben einige, daß es außerhalb dieser konkreten Welt noch eine andere Wirklichkeit gibt, in die sie hinübergehen werden. Sie empfangen ihren Tod ruhig und entspannt: Es ist ein sanfter Tod. Sie lassen ihr Leben auf leichte Weise los. So ist es möglich, daß in manchem Sterbezimmer Lebendigkeit und sogar Heiterkeit herrschen.

Hansjürgen, der Hella beim Sterben begleitete, berichtet: «Wir haben häufig miteinander gelacht, über Kleinigkeiten. Teilweise war es bei ihr wegen ihrer Schmerzen etwas gequält, ich meine: nicht so dieses befreiende Lachen. Dazu kam, daß ich mir sagte: ‹Ja, du lachst nun hier, du darfst es ja eigentlich nicht im Sterbezimmer!› Am Tag, als sie starb, war noch eine Patientin aus der Gruppe bei ihr, und dann haben die beiden noch zusammen gesungen. Das war das letzte Mal, daß sie richtig frei und fröhlich war. Am Abend haben wir dann ein bißchen Musik miteinander gehört. Das war sehr schön: einfach sitzen und Musik mit ihr gemeinsam hören. Und von da an lag sie tief im Koma.»

Mir hat das «fröhliche Sterbezimmer» von Hella gefallen. Hella ist nicht einsam gestorben, obwohl keine Angehörigen bei ihr waren.

Manche Angehörige erleben deutlich den Augenblick des Sterbens. Carolas Tochter: «Ich hielt die Hand meiner Mutter. Plötzlich spürte ich, wie die Kraft aus ihrer Hand wich und auch aus ihrem Körper. Sie gab keinen Laut von sich, nur ihre Seele entwich. Ich schaute in ihr Gesicht. Ich wußte, sie war gegangen. Meine ganze Aufmerksamkeit war bei ihr. Ich küßte Mutter und weinte leise vor mich hin. Zugleich hatte ich innerlich ein warmes Gefühl. Es war so für mich in Ordnung. Sie hatte einen sehr friedvollen und schönen Tod gehabt.» [27]

Rita hat eine ähnliche Erfahrung gemacht: «Als mein Mann starb, hatte ich das Gefühl und das starke Mitempfinden, daß sich etwas von seinem Körper löst und ihn hinaufzieht, weit weg in den Raum hinein. Den Augenblick seines Sterbens hab ich irgendwie körperlich mitgefühlt.»

Von manchen Sterbenden wird der Tod dankbar und friedvoll entgegengenommen. Für viele bedeutet er eine Erlösung von ihrem durch körperliche Schmerzen erschwerten Leben.

Manche Angehörige und Freunde von Verstorbenen berichten über «Verbindungen», die sie zu diesen unmittelbar nach deren Tod hatten.

Mutter: «Ich hatte von meinem toten Kind schon Abschied genommen. Da machte Mirko plötzlich die Augen noch einmal auf und sagte: ‹Ich bin an einem wunderschönen Ort. Hier ist soviel Licht und ein Bach, in dem ich spielen kann. Ich möchte gern, daß du mir nachkommst. Ich will hier auf keinen Fall wieder weg.› Das waren Mirkos letzte Worte. Ich habe damals nichts damit anfangen können und auch niemandem davon erzählt. Erst hier in unserer Gruppe kann ich darüber reden, weil wir auch über solche Dinge gesprochen haben. Ich habe jetzt erst das Gefühl, Mirko ist in Frieden gestorben.»

«Vier Jahrzehnte inneren Wachsens und Reifens miteinander waren uns geschenkt. Tief dankbar bleiben wir mit ihr verbunden.»   In dem Gedicht *«Die Schönheit des Todes»* von Kahlil Gibran heißt es: «Laß mich schlafen, denn meine Seele ist trunken vor Liebe. – Bedecke nicht meine Brust mit Weinen und Seufzen, sondern schreibe mit deinen Fingern auf sie das Zeichen der Liebe und der Freude. – Laß dein Herz mit mir frohlocken im Gebet um Unsterblichkeit und ewiges Leben. – Trage keine schwarze Trauerkleidung, sondern erfreue dich mit mir in weißer Kleidung. – Sprich nicht voller Kummer von meinem Weggehen, sondern schließe deine Augen, und du wirst mich unter euch sehen, jetzt und immer.» [9]

In diesen Zeilen des libanesischen Dichters kommt eine Auffassung vom Sterben und vom Tod zum Ausdruck, die uns auf Grund unserer Tradition fremdartig erscheinen mag. Gibran zeigt uns eine Möglichkeit auf: Wenn wir in der Seele des Verstorbenen mit unseren Gefühlen und Gedanken zentriert sind und uns vorstellen, daß er nicht leidet, so könnte neben Trauer

auch eine innere Freude in uns sein. Wir würden nicht eine Beerdigungszeremonie mit wenig Trost und eher entleerten Ansprachen
veranstalten, sondern etwa in einer Feier von dem Verstorbenen Abschied nehmen, bei der seine Angehörigen und Freunde in stiller Meditation oder in Gesprächen beisammen sind.

Mir gefällt es, wenn Freunde und Verwandte des Verstorbenen sich zu einer solchen Feier in seiner Wohnung zusammenfinden. Janes Mutter: «Es hat mich einige Wochen gekostet, um
die Feier zu organisieren, die sich Jane gewünscht hatte. Sie hatte
gesagt, daß es ein glückliches Fest sein sollte. Sie hatte einige
Vorschläge gemacht, wer eingeladen werden sollte: ihre Freunde
und all die Menschen, die uns während ihrer Krankheit geholfen
hatten. Alle kamen. – Es war ein sehr schönes Fest. Es gab keine
Tränen. Die Leute fanden sich in kleinen Gruppen zusammen
und unterhielten sich – nicht nur über Jane, sondern auch über
das Sterben und wie es erträglich gemacht werden könnte, und
von ihrer eigenen Furcht und ihren Hoffnungen. Es gab keine
steifen Formalitäten und langweiligen Kondolenzen, wie sie
sonst bei einer Beerdigung üblich sind. Es war eine herzliche
Danksagung – nicht nur, weil Jane das so gewollt hatte, sondern
weil sie der Anlaß dazu war.» [55]

Wenn sich die Menschen diese Auffassung vom Sterben zu eigen
machen würden, dann könnten sie vielleicht auch zu der positiven
Einstellung gegenüber dem Tod finden, von der Jamys Mutter
berichtet: «Selbst als ich vom Friedhof fortfuhr, hatte ich nicht das
Gefühl, daß ich mein Kind dort gelassen hatte. Es war bei mir. Und
inmitten allen Schmerzes bleiben viele schöne Erinnerungen. Jamys Mut, ihre Fröhlichkeit und ihre Liebe werden immer bei mir
bleiben. Ja, sie war für mich ein kostbares Geschenk.» [24]

Auch in den Todesanzeigen können sich unsere persönlichen
Einstellungen und Haltungen gegenüber dem Leben und dem
Tod ausdrücken. Ich habe Anzeigen auf getöntem Papier mit
einem Bild des Verstorbenen bekommen. Sie haben mir besser
gefallen als weiße Karten mit schwarzem Trauerrand. Anzeigentexte haben mich sehr angesprochen, in denen es hieß: «Sie ist in

ihre geistige Heimat zurückgerufen worden.» – «Wir danken allen, die ihm das Leben erleichtert und verschönt haben und ihm nahe waren.» – «Vier Jahrzehnte inneren Wachsens und Reifens miteinander und aneinander waren uns geschenkt. Tief dankbar bleiben wir mit ihr verbunden.»

Es ist eine seelische Hilfe für den Angehörigen eines Verstorbenen, wenn wir ihn – zum Beispiel in einem Brief – spüren lassen, daß wir mitempfindend und in ihm und dem Verstorbenen zentriert denken und fühlen: «Der Abschied von Carola fällt mir sehr schwer. Du bist mit Carola über fünfzig Jahre lang verheiratet gewesen. Wie schwer mag das für dich sein, sie herzugeben. Ich bin voller Mitgefühl für Dich und Dir in Gedanken nahe. Ich möchte gern, daß Du spürst, daß Du nicht allein bist, daß Du Freunde hast. Ich schicke Dir die Kraft meiner Gedanken für diese schwere Zeit.»

Die Freude über die Anteilnahme anderer kommt in dem folgenden Brief eines Angehörigen zum Ausdruck: «Deine Zeilen, verständnisvoll und einfühlend, haben uns sehr wohlgetan. Glücklicherweise hat das Wissen um den nahen Tod das Familienleben noch intensiver gestaltet und freigehalten von dem Versteckspiel miteinander aus der falsch verstandenen Sorge heraus, dem anderen nicht weh tun zu wollen. Gerade diese Tatsache hat uns das Abschiednehmen erleichtert und wird nun die Gedanken im Alleinsein wohltuend beeinflussen.»

Weiterleben

«Das mußte ich erst verstehen, wieviel Zeit das braucht, Trennung und Schmerz zu verarbeiten.» Viele Angehörige und Freunde sind nach dem Tod des geliebten Menschen in einem sehr verzweifelten Zustand. Ehemann von Christel: «Und das ist es, was meinen Schmerz ausmacht: Es gibt Dinge, die unabwendbar sind. Viele Leute denken, ich bin lebenslustig und vital. Doch wenn ich allein bin, werde ich von diesem furchtbaren

Schmerz überrollt.» – Mutter eines Sechzehnjährigen: «Ich fühle kein Recht zu leben, wenn das eigene Kind gestorben ist, dem man irgendwie sein eigenes Leben gegeben haben sollte, um das seine zu erhalten.» [11]

Manche Zurückgebliebenen haben das Gefühl, «mitgestorben zu sein». Bettina: «Für mich war mein Verlobter alles. Ich hatte keine Zweifel an der Vollkommenheit unserer Beziehung gehabt. Ich hatte mich so ganz in die Hängematte der Liebe reinfallen lassen. Und in dem Moment riß sie an beiden Seiten. Als er starb, wußte ich eigentlich nicht, warum das Leben nicht auch bei mir aufhörte. Ich spürte irgendwie, daß dieses biologische Leben nicht mit dem seelischen einhergeht. Das ist ein ganz eigenartiges Gefühl – zu spüren, daß das, was einen eigentlich ausmacht, wenig mit dem Körper zu tun hat, sondern daß der Körper nur eine Verpackung ist. Als mein Verlobter starb, wurde ich richtig wütend, daß ich noch lebte. Das ist ein halbes Jahr her, aber es verblaßt nicht, weil ich spüre, welch eine schmerzhafte Leere da hinterlassen wurde. Ich weiß einfach nicht: Wie geht es weiter? Da ist so vieles von mir mitgegangen, und deswegen bin ich so unfähig, mich jetzt wieder voll der Welt zuzuwenden. Das Eigenartige ist, daß ich beobachte: Dieser Schmerz hat immer neue Gesichter. Anfangs habe ich einfach pausenlos innerlich gebebt und geweint. Und jetzt, wenn ich so ab und zu zur Ruhe komme, denke ich: Ach ja, das geht schon! So eine ganze Zeit lang geht's gut. Man lacht, man freut sich über irgendwas. Und dann plötzlich siehst du in eine Spalte rein: O Gott! Das ist alles nur hauttief, tiefer geht dieses neue Leben noch nicht. Ich wein eigentlich nicht um ihn, sondern um mich. Mein Verlobter war sozusagen der Mensch, der auf mich antwortete. Wir waren total deckungsgleich, was unsere seelische Anlage betraf. Und wenn Sie das Wort Erfüllung sozusagen bildlich nehmen, spüren Sie ja, wie die eine Form in die Form des anderen paßt. – Aber manchmal fühle ich jetzt doch schon, es ist nicht mehr so die Verzweiflung.»

Daß sich der Schmerz wandelt, viele «Gesichter» hat, erlebt auch Sabines Mutter: «Ich hatte immer so das Gefühl: Ich stand

neben mir. Ich war so versteinert. Das war so das erste Viertel-
jahr. Dann erst kam die Trauer. Dann, nach einem halben Jahr,
hatte ich so das Gefühl, daß es anfing zu verblassen. Und jetzt
kommt der Schmerz sehr viel seltener als im letzten Jahr.»

Schmerz ist auch Leben, ist Bewegung in uns. Lassen wir ihn
zu, verwandelt er sich – und wir mit ihm. «Das mußte ich erst
verstehen, wieviel Zeit das braucht, Trennung und Schmerz zu
verarbeiten. Ich habe das vorher gar nicht so geahnt. Jetzt kann
ich es annehmen, daß das viel Zeit braucht, den Schmerz zuzulassen. Ich bin viel sensibler geworden und mit mir selbst nicht
mehr so hart.»

Erleichternd für das Weiterleben der Zurückgebliebenen ist
das Gefühl, viel für den Sterbenden getan zu haben: «Wir haben
alles, was wir tun konnten, getan. Wir haben nichts versäumt.
Das klingt vielleicht ein bißchen selbstgerecht, aber wir empfinden das eben so.»

Eine Mutter sagt nach dem Tod ihres sechzehnjährigen Sohnes: «Ich wünschte, wir hätten ihn mehr geliebt.» [11] Ich möchte diese Mutter gern wissen lassen, was Ram Dass, der viele Sterbende begleitet hat, einmal sagte: «Wenn du jemanden verloren
hast und du hättest ihm noch etwas sagen mögen, oder du
denkst, daß du etwas hättest tun sollen für ihn, und es ist zwanzig Jahre her, so kannst du es trotzdem noch sagen oder tun, weil
nach dem Tod Zeit nicht dasselbe ist wie hier.» Was möchten
Angehörige Verstorbenen sagen oder für sie tun? – «Ich möchte
ihr danken und ihre Hand streicheln.» – «Er soll wissen, daß wir
eine gute Zeit miteinander hatten.»

*«Die Menschen sind so rührend: Jeder lädt meinen Vater ein,
jeder kommt, ruft an, tut das und jenes, so daß er nicht soviel
allein ist.»* Viele Alleingebliebene vermissen den Gesprächspartner, der ihre Gedanken teilt, der sie versteht. Tochter aus der
Nachbarschaft: «Ich finde, mein Vater sollte, wo er jetzt allein
ist, jemanden haben, den er ansprechen kann, wenn er vielleicht
auch mal Probleme hat. Mein Mann und ich besprechen jetzt

alles mit ihm. Wir reden sehr viel miteinander, auch über die Dinge, die uns innerlich bewegen. Die Menschen sind so rührend: Jeder lädt meinen Vater ein, jeder kommt, ruft an, tut das und jenes, so daß er nicht soviel allein ist. Das freut mich sehr. Obwohl er ein Mensch ist, der gut allein sein kann. Aber die Gefahr ist groß, daß er dann zum Einsiedler wird, gerade, weil er die Fähigkeit hat, allein sein zu können.»

Bettina erfährt, wie wichtig es ist, auch einen Gesprächspartner außerhalb der Familie zu haben: «Ich hatte auf einmal das Gefühl, man erwürgt sich selbst im eigenen Leid, wenn man nur unter der Familie ist, wo alle ihn gekannt und geliebt haben, man schaut sich an, man weint. Aber wenn man unter Fremden ist, die einem selber nicht wesensfremd sind, dann ist das irgendwie eine heilsame Form der Trauer. So ein Fremder versteht, aber er ist nicht so betroffen. Ich konnte mit dem Psychologen über meine Wünsche, selbst sterben zu wollen, sprechen. Er reagierte nicht, wie es so oft geschieht: Daran darfst du gar nicht denken. Ich glaube, es ist gar nicht so selten, daß Menschen, die sehr lieben, mitsterben wollen, wenn sie den Partner verloren haben. Das ist für mich natürlich. Daß ich diese Gedanken mit jemandem, der sie auch ertragen kann, bis zur letzten Konsequenz aussprechen durfte, hat mir sehr geholfen. Und in diesem wiederholten Durchsprechen dieses Wunsches tritt eine unglaubliche Entspannung ein. Auf einmal kommt der Punkt, wo du dann sagst: Gut, es ist jetzt vorbei. Das Stadium ist durchlaufen. Und sterben möchtest du eigentlich gar nicht mal. Sein verständnisvolles liebevolles Tolerieren meiner extremsten Gedanken hat mich dazu gebracht, daß ich mich voll von meinen Ängsten und Wünschen und ganzen Wahnvorstellungen entäußern konnte. Ich spürte in all meinen extremen Wünschen zu sterben, daß ich nicht sterben würde.»

«Ich habe aus diesem Schmerz viel gelernt und bin wohl auch ein Stück weitergekommen.» Menschen, die das Sterben eines Freundes oder Angehörigen miterlebt haben, verändern sich

häufig innerlich. Sie spüren den Wunsch, bewußter zu leben. Mutter von Jamy: «Ich vermisse Jamy schmerzlich, aber ich habe aus diesem Schmerz viel gelernt und bin wohl auch ein Stück weitergekommen.» [24] – Die Eltern von Jane: «Wir denken jetzt viel mehr als früher über das nach, was wirklich bedeutsam ist im Leben, über Gefühle, über die dauerhaften menschlichen Werte, über Menschen – Menschen als Individuen.» [55]

Sabines Mutter erlebt, daß sie nach dem Tod ihrer Tochter eine «bewußtere Mutter» gegenüber dem kleinen Sohn geworden ist: «Ich glaube, wenn man den Tod nicht verarbeiten kann, ist das ganz schlimm für die Familie. Das habe ich eigentlich von Anfang an versucht: daß meine Trauer nicht dem anderen Kind gegenüber überwiegt. Ich habe mir die Aufgabe gesetzt: Was du vielleicht meinst, verkehrt gemacht zu haben mit Sabine, das wirst du verbessern. Das wirst du bei deinem Kind, das dir noch geblieben ist, nicht mehr machen. Ich glaube, daß ich eine bewußtere Mutter geworden bin. Mir ist klar, daß ich Fehler bis an mein Lebensende machen werde – daß ich eben aber doch alles bewußter mache. Im Grunde genommen ist jedes Kind das Spiegelbild seiner Mutter. Daß mein Sohn früher so unzufrieden war, das hat nur meine Unzufriedenheit widergespiegelt. Ich war unzufrieden mit mir und der Welt. Ich habe manche Phase gehabt, wo ich dachte: Hätte ich nur nicht zwei Kinder. Obwohl ich an realen Dingen alles hatte, fehlte mir irgendwie was: Es fehlten die inneren Werte. Wenn man die hat, dann braucht man die äußeren nicht, so empfinde ich das. Obwohl wir unsere Tochter verloren haben, sind wir zufriedener geworden. Ich bin dankbar über jeden Tag, den ich erleben kann und den wir gemeinsam fröhlich sein können. Sonst wären wir auch nicht dazu gekommen, jetzt gleich wieder Nachwuchs haben zu wollen. Ich bekomme jetzt Zwillinge, und da denk ich manchmal: Hoffentlich darf ich sie ein bißchen länger behalten. Ich bin schon lange nicht mehr so anspruchsvoll, daß ich sicher bin, daß ich meine Kinder großziehen kann. Wenn ich sie dann behalten darf, dann ist das ein großes Geschenk.»

Ich sagte zu ihr: «Sie spüren: Sie sind bescheidener geworden und dankbarer für jeden Tag, der ist und an dem Sie mit Ihrer Familie zusammen sein können.» Und Sabines Mutter antwortete mir: «Ich versuche, so zu leben, nur so kann ich das ertragen: daß der Tod unserer Tochter einen Sinn hatte, daß sie da war, um uns die Augen zu öffnen – daß wir daran ständig arbeiten müssen –, daß ihr Tod nicht umsonst war. Ich habe festgestellt, daß wir dadurch ein viel intensiveres Familienleben führen können.»

Manche Zurückgebliebene gewinnen im Laufe der Zeit eine andere Einstellung zu Sterben und Tod. Zweiundzwanzigjähriger: «Mir selbst hat das Sterben meines Vaters den Tod und das Sterben nähergebracht und die Chance des Wachsens in dieser Situation gezeigt. Für mich ist das Sterben dadurch ein Teil des Lebens geworden, ein Abschnitt, der nicht Stillstand, sondern eine Entwicklung ist.» – Eine Krebspatientin aus unseren Gesprächsgruppen: «Dadurch, daß jetzt im Laufe der Zeit zwei von uns aus den Gruppen gestorben sind, ist der Tod auch für mich etwas vertrauter geworden. Ich weiß jetzt, drüben sind Leute, die du kennst. Früher war das ein ganz leerer dunkler Ort, vor dem ich Angst hatte.»

Viele begegnen Verstorbenen in ihren Träumen. Bettina: «Ich träumte: Mein Verlobter war auf einmal wieder da. Er sah gut aus und war so ganz anders gekleidet als sonst. Ich sagte zu ihm: ‹Du, jetzt, wo es dir wieder besser geht, möchte ich aber doch, daß wir besser vorbereitet sind, wenn uns so etwas noch mal passiert.› Ich merkte, er reagierte irgendwie seltsam, nach dem Motto: ‹Weißt du eigentlich nicht, wie du mit mir sprechen mußt?› Ich war unsicher. Ich mußte eine andere Sprache sprechen. Aber es war mir entfallen, welche. Auf einmal, während ich mit ihm sprach, dachte ich: Ach Gott, jetzt habe ich's wieder vergessen, er ist ja tot. Man holt sich in den Träumen wieder etwas zurück. Und irgendwie spürt man doch hinter den Träumen ein Bewußtwerden der eigentlichen und anderen Seinsform. Ich weiß, er ist in einer anderen Seinsform. In dieser anderen

Seinsform findet keine Kommunikation in unserem üblichen Sinne mit Augen und Ohren statt. Man nimmt sich wie in einem Ahnen wahr.»

«Sein Tod hat mich mit dem Leben in Kontakt gebracht: Ich habe noch nie so sehr leben wollen.» Welche Pläne und Wünsche haben Menschen, deren Partner gestorben ist, für sich und für ihr Leben? Welche Hoffnungen hegen sie?

Astrid, Mutter zweier Kinder, sagte wenige Wochen nach dem Tod ihres Mannes: «Ich bin davon überzeugt, daß für mich nicht alles zu Ende ist und daß ich das Leben auch wieder positiv betrachten kann. Ich bin gerade vierzig geworden, und das Leben wird sich bestimmt noch mal ändern.» – Der Ehemann aus der Nachbarschaft: «Ich bin nicht der Typ, der jetzt resigniert; rückwärts schauen hat wenig Sinn. Das bringt einen nicht weiter. Ich möchte so gern die Dinge, die ich in meinem Leben erfahren und verarbeitet habe, weitergeben. Ich muß ein bißchen aufpassen, daß ich das nicht übertreibe. Ich habe jedenfalls noch so viel Lebensmut, daß mir manchmal das Tempo jüngerer Menschen zu langsam ist.»

Ich selbst habe mich auch sehr intensiv mit der Möglichkeit auseinandergesetzt, Menschen zurückzulassen, die sich mit sich selbst wohl fühlen, ein erfülltes Leben weiterleben, mit guten, innigen und fröhlichen Kontakten zu anderen und Vertrauen und Zuversicht in sich selbst und in ihre Zukunft. Mir schrieb eine junge Frau: «Sein Tod hat mich mit dem Leben in Kontakt gebracht: Ich habe noch nie so sehr leben wollen wie jetzt.» Auch Bettina macht die Erfahrung: «Ich weiß, wenn ich sozusagen wieder ich selbst sein soll, muß ich wieder lieben dürfen. Unsere Beziehung war bestimmt das schönste und größte Erlebnis meines Lebens. Trotzdem weiß ich genau: Ich könnte nicht den Rest meines Lebens damit verbringen, in der Erinnerung zu leben.»

Nicht der Vergangenheit nachtrauern und sich nicht zuviel durch Zukunftssorgen beschweren, sondern den gegenwärtigen

Augenblick leben, das Hier und Jetzt – das erscheint mir wesentlich. Dann wird vieles, was kommt, eine Bereicherung, ein Geschenk sein. Vielleicht sogar eine Gabe des Verstorbenen, der mich durch seinen Tod gelehrt hat, das Leben wieder zu entdekken, seinen tiefen Sinn neu zu erfahren.

Nachwort

Wie fühle ich mich – jetzt, nachdem ich die letzte Zeile dieses Buches diktiert habe?

Fast ein Jahr lang habe ich auf diesen Augenblick zugelebt. Ich fühle mich gar nicht so erleichtert, wie ich angenommen hatte – vielleicht, weil es zugleich auch ein Abschiednehmen ist von dieser Arbeit. Ich habe mit meinem Herzen und meiner Seele schreiben können, oft begleitet von Meditationsmusik. Ich bin eingetaucht in die seelischen Welten vieler Menschen. Ich habe mich ihnen sehr nahe gefühlt. Ich werde mich ihnen immer nahe fühlen, denn sie haben Spuren in mir hinterlassen, mich seelisch angerührt, beschenkt und verändert.

Zugleich bin ich in diesem Buch auch mir und meiner Krankheit begegnet. Manchmal denke ich fast, daß ich diese Krankheit habe, um dieses Buch schreiben zu können, um mich durch sie mit mir selbst intensiver zu befassen, um mich damit auseinanderzusetzen, wie ich auf sie reagiere, und um diese Erfahrung für mich zu klären. So gesehen bin ich durch die Krankheit beschenkt worden. Ich bin überzeugt, daß mir die Erfahrungen der Menschen in diesem Buch dazu verholfen haben, meine Krankheit mehr anzunehmen, ihre positiven Seiten zu sehen. Ich möchte weiterhin aus meiner Krankheit ein Geschenk machen – aus der Verbesserung wie auch aus der Verschlechterung. Ich spüre, ich bin nach allen Seiten hin offen: auf den Tod vorbereitet, aber auch sehr lebensbezogen. Krankheit kann ein Tor zum Leben sein, und zwar dann, wenn der Erkrankte die Kraft aufbringt, durch das Tor hindurchzugehen, um seinen eigenen Weg

zu finden. Es ist mir klargeworden: Keiner von uns muß wegen
einer so schweren Krankheit wie Krebs seinen seelischen vor seinem körperlichen Tod eintreten lassen. Solange wir atmen, leben
wir, können uns innerlich weiterentwickeln. Seelisches Leben
findet bis zum letzten Atemzug statt und vielleicht darüber hinaus. Wir können innerlich heil sterben.

Vielleicht wird manchem Leser die Offenheit der Menschen in
diesem Buch peinlich sein. Aber es ist das, was Menschen, überwiegend Kranke und Sterbende, erleben und fühlen. Es ist die
seelische Wirklichkeit, in der viele von ihnen leben.

Es ist ein Buch, das Menschen für Menschen geschrieben haben. Und ich denke: Es gibt viele Fortsetzungen dieses Buches.
Jeder von uns, der wirklich lebt, schreibt eine dieser Fortsetzungen.

20. Dezember 1980

Anne-Marie Tausch

Literatur und Filme

[1] Bergmann, I.; Burges A.: Ingrid Bergmann – Mein Leben. Ullstein, Frankfurt am Main 1980.

[2] Bok, S.: Lügen. Rowohlt, Reinbek 1980.

[3] Cousins, N.: Der Arzt in uns selbst. Rowohlt, Reinbek 1981.

[4] Die Sprechstunde. Krebsnachsorge für die Frau. Bayerischer Rundfunk III, 23. 10. 1979.

[5] Die Sprechstunde. Selbsthilfe bei Krebs. Bayerischer Rundfunk III, 27. 2. 1981.

[6] Dircks, P.; Grimm, F.; Tausch, A.; Wittern, O.: Förderung der seelischen Lebensqualität von Krebspatienten durch personenzentrierte Gruppengespräche. Zeitschrift für klinische Psychologie, 1982, 9, 241–252. – S.a. Tausch, A.: Personenzentrierte Hilfe für Krebspatienten. Bericht über den Kongreß für Klinische Psychologie und Psychotherapie 1980 in Berlin. Gesellschaft für wissenschaftliche Gesprächspsychotherapie, Köln 1980, Band 3, S. 207–214.

[7] Eine Frau ließ ihren Krebstod filmen. Hamburger Abendblatt, 22. 1. 1980.

[8] Frick-Bruder, V.: Die psychische Situation der Frau bei Mastektomie. Vortrag auf dem 1. Eppendorfer Symposium über aktuelle Probleme des Mamma-Karzinoms in Hamburg, 18. und 19. 11. 1978.

[9] Gibran, K.: A Tear and a Smile. Alfred A. Knopf, New York 1977.

[10] Gronau, H.; Ostermann, R.; Schulz v. Thun, F.; Tausch,
      A.: Mitmenschlicher Umgang von Krankenpflegekräften
      mit psychiatrischen Patienten. Zeitschrift für Klinische
      Psychologie, 1978, 7, S. 155–161.

[11] Gunther, F.: Death Be not Proud. Harper and Raw, New
      York 1949.

[12] Halter, H. (Hg.): Vorsicht Arzt! Rowohlt, Reinbek 1981.

[13] Haupt, U.: Spezielle Arbeitsweisen mit verhaltensgestör-
      ten körperbehinderten Kindern auf der Basis des perso-
      nenzentrierten Konzepts. In: Haupt, U.; Jansen, G. W.
      (Hg.): Handbuch der Sonderpädagogik, Bd. 8, Körperbe-
      hindertenpädagogik. Marhold, Berlin 1981.

[14] Heel de Mens. Holländische Fernsehsendung vom 27. 3.
      1978.

[14] Jackson, B.: «Meine lieben Kinder, hier ist die Wahrheit».
      Welt am Sonntag, 1980, 34, S. 11.

[16] Jesudian, S.: Hatha-Yoga-Übungsbuch. Drei Eichen,
      München, 2. Auflage, 1976.

[17] Klein, N.: Sunshine oder Das letzte Glück. Rowohlt,
      Reinbek 1981.

[18] Knef, H.: Das Urteil. Goldmann, München 1978.

[19] Können Sie mit Ihren kranken Händen noch operieren?
      Hamburger Abendblatt, 1981, 80, S. 2.

[20] Kothari, M. L.; Metha, L. A.: Ist Krebs eine Krankheit
      Rowohlt, Reinbek 1979.

[21] Kraus-Weysser, F.: Nur jeder zweite deutsche Arzt sagt
      Krebskranken die Wahrheit. Welt am Sonntag, 1980, 28,
      S. 16.

[22] Krebs ist nicht gesellschaftsfähig? Wissenschaftliche For-
      schung heute. Süd-West-Fernsehen III, 23. November
      1979.

[23] Kübler-Ross, E.: Dem Kranken die Wahrheit sagen?
      Deutschlandfunk, Köln, Juni 1978.

[24] Kübler-Ross, E.: Leben bis wir Abschied nehmen. Kreuz,
      Stuttgart 1979.

[25] Leist, M.: Kinder begegnen dem Tod. Herder, Freiburg 1979.

[26] Lerner, G.: Ein eigener Tod. Böhme und Erb, Düsseldorf 1979.

[27] Living the Process of Dying. Anonymous Author. Personal Communication of an Unpublished Manuscript, 1979.

[28] Lysebeth v., A.: Yoga. Heyne, München 1977.

[29] Middendorf, I.: Der Atem und seine Bedeutung für den Menschen. Institut für Atemtherapie und Atemunterricht, Berlin, 2. Auflage, 1978.

[30] Mize, E.: Trauer und Reifen einer Mutter. In: Kübler-Ross, E. (Hg.): Reif werden zum Tode. Kreuz, Stuttgart 1976, S. 145–153.

[31] Moody, R. A.: Leben nach dem Tod. Rowohlt, Reinbek 1977.

[32] Nagel, G. A.: Neue Entwicklung der Zytostatischen Therapie. In: Krokowski, E. (Red.): Neue Aspekte der Krebsbekämpfung. Kritische Gedanken – Neue Wege. Kongreßbericht Kassel 1978, hg. von der Deutschen Akademie für medizinische Fortbildung, Kassel / Stuttgart 1977, S. 81–92.

[33] Neruda, P.: Ich bekenne, ich habe gelebt. Luchterhand, Darmstadt, 3. Auflage, 1978.

[34] Pitkin, D.: Der Tod einer Frau. In: Kübler-Ross, E. (Hg.): Reif werden zum Tode. Kreuz, Stuttgart 1976, S. 154–168.

[35] Ram Dass: Schrot für die Mühle. Knaur, München 1984.

[36] Roberts, J.: Gespräche mit Seth. 2. Auflage, Ariston, Genf 1979.

[37] Rogers, C. R.: Entwicklung der Persönlichkeit. Ernst Klett, Stuttgart 1973.

[38] Rogers, C. R.: Encounter-Gruppen. Kindler, München 1974.

[39] Rogers, C. R.: Eine neue Definition von Einfühlung. In:

Jankowski, P.; Tscheulin, D.; Fietkau, H.; Mann, F. (Hg.): Klientenzentrierte Psychotherapie heute. Hogrefe, Göttingen 1976, S. 33–51.

[40] Rogers, C. R.: Die Kraft des Guten. Kindler, München 1978.

[41] Schultz, J. H.: Übungsheft für das Autogene Training. 14. Auflage, Thieme, Stuttgart 1980.

[42] Sie ist die tapferste Frau, die ich kenne. Welt am Sonntag, 1979, 47, S. 4.

[43] Simonton, O. C.; Matthews-Simonton, S.; Creighton, J.: Wieder gesund werden. Rowohlt, Reinbek 1982.

[44] Simonton, O. C.; Simonton, S.: Belief Systems and Management of the Emotional Aspects of Malignancy. Journal of Transpersonal Psychology, 1975, 7, 1, S. 19–48.

[45] Sternberg, F.; Sternberg, B.: If I Die and When I Do. Prentice Hall, New Jersey 1980.

[46] Tausch, A.: Körpersignale nicht überhören. Hamburger Abendblatt, 1979, 127, S. 2.

[47] Tausch, R.; Tausch A.: Erziehungspsychologie. Begegnung von Person zu Person. Hogrefe, 9. Auflage, Göttingen 1979.

[48] Tausch, R.; Tausch, A.: Gesprächspsychotherapie. Einfühlsame hilfreiche Gruppen- und Einzelgespräche in Psychotherapie und alltäglichem Leben. Hogrefe, 8. Auflage, Göttingen 1981.

[49] Tytte Botfeldt: «Aufs Sterben freu ich mich». Dokumentarfilm von Hans-Dieter Grabe. ZDF, 20. 12. 1979.

[50] Vorher habe ich ein trauriges Leben geführt. Wissenschaftliche Forschung heute. ARD, 16. 9. 1980.

[51] Vor seinem Tod an Krebs appelliert Politiker an die Raucher. Süddeutsche Zeitung, 1981, 26, S. 8.

[52] Witkin, M. M.: Psychological Counceling of the Mastectomy Patient. Journal of Sex and Marital Therapy, 1978, 4, 1, S. 20–28.

[53] Wolf, K.: Integrale Atemschulung. Humata, Frankfurt am Main ohne Jahr.

[54] Zabel, W.: Die interne Krebstherapie und die Ernährung des Krebskranken. Bircher-Benner, 6. Auflage, Zürich 1977.

[55] Zorza, V.; Zorza, R.: Chronik eines Abschieds. Ullstein, Berlin 1983.

Einige Möglichkeiten der Information und Hilfe

Krebsinformationsdienst

Der Krebsinformationsdienst – Tel. 06221/410121, Mo. – Fr. 7.00–20.00 Uhr – ist ein überregionaler telefonischer Dienst. Er bietet Betroffenen und Angehörigen aktuelle Auskünfte zu allen krebsbezogenen Fragen, kostenlos und anonym. Häufig gestellte Fragen werden von geschulten Mitarbeitern sofort, neue oder seltene Fragen werden nach Zusammenarbeit mit Fachleuten in einem Rückruf beantwortet.

Der Krebsinformationsdienst wird vom Gesundheitsministerium gefördert. Er wird getragen vom Deutschen Krebsforschungszentrum und dem Tumorzentrum Heidelberg/Mannheim.

Selbsthilfegruppen

Auskünfte über Selbsthilfegruppen in der Bundesrepublik erteilen:

Deutsche Krebsgesellschaft e.V.
Geschäftsstelle:
Theodor-Stern-Kai 7
6000 Frankfurt 70
Tel.: 069/6301-5744

Frauenselbsthilfe nach Krebs e.V.
Geschäftsstelle Bundesverband, B 6, 10
6800 Mannheim 1
Tel.: 0621/24434

Allgemeines Informationsmaterial und Broschüren
sind erhältlich bei folgenden Stellen:

Bundeszentrale für gesundheitliche Aufklärung
Postfach 910152
5000 Köln 91

Deutsche Krebshilfe e.V.:
Thomas-Mann-Str. 40
5300 Bonn 1
Tel.: 0228/729900

Sprüche vom Geld

«Wer kein Geld hat...

…darf nicht zu Markte gehen», heißt ein Sinnspruch aus dem Westfälischen, in dem eine scheinbare Binsenweisheit festgehalten wird.

Aber Binsenweisheiten haben es ja oft in sich: Woher nehmen und nicht stehlen, fragt sich da vielleicht so manch einer, wenn dringende Anschaffungen nötig sind, das Geld aber nicht reicht.

Dabei stellen solche Dinge wie Spargroschen, Vermögensanlagen, Zinsen usw. kein Buch mit sieben Siegeln dar. Und wenn man sich einmal damit befaßt hat und über etwas Geld auf der hohen Kante verfügt, kann man die beruhigende Erfahrung machen: «Geld macht alle Laden auf.»

Sachregister

Reinhard Tausch
Anne-Marie Tausch

Wege zu uns

Menschen suchen sich selbst zu verstehen
und anderen offener zu begegnen
320 Seiten. Kartoniert

4. Aufl. 1985

Wie kann ich mich seelisch weiterentwickeln? Wie finde ich zu
einem befriedigenderen, offeneren Umgang mit mir selbst und
anderen? Reinhard und Anne-Marie Tausch, Professoren an der
Universität Hamburg, haben mit Hunderten von Menschen gesprochen, die sich selbst, ihre Lebensweise und ihre Werte verändert haben. In «Wege zu uns» kommen diese Menschen mit
ihren Erfahrungen zu Wort.

«Hier liegt die große Menschlichkeit und Überzeugungskraft dieses Buches: Es
ist nicht papierene Theorie, sondern es sind Erfahrungsberichte von Menschen,
die versuchen, ihr Leben wahrhaft zu leben. Mit vielen Erfahrungen kann man
sich als Leser selber identifizieren, man merkt, daß das Gesagte auch für einen
selbst zutrifft und wird dadurch in Bewegung gesetzt.»
Dr. Franz Köb, Österreichischer Rundfunk

«In zahlreichen praktischen Beispielen berichten Menschen mit großer Offenheit von ihren persönlichen Erfahrungen. Vielen wird es eine Hilfe sein, zu
hören, wie andere mit ihren Krisen und Problemen fertig wurden. Das Buch gibt
viele Denkanstöße für Menschen, die in Schwierigkeiten sind.»
Süddeutscher Rundfunk

«Der Leser wird viele der in diesem Buch geschilderten Erfahrungen als seine
eigenen wiedererkennen.»
Wuppertaler Nachrichten

Rowohlt

Reinhard Tausch / Anne-Marie Tausch

Sanftes Sterben

Was der Tod für das Leben bedeutet
368 Seiten. Kartoniert

3. Aufl. 1986

Wie können wir lernen, angstfreier mit Sterben und Tod umzugehen?
Seit ihrer Krankheit setzte sich Anne-Marie Tausch gemeinsam mit ihrem Mann sehr intensiv mit der Erfahrung und der Bedeutung des Sterbens auseinander. Nach ihrem Tod hat Reinhard Tausch die Arbeit an
diesem gemeinsam begonnenen Buch fortgesetzt.
Der erste Teil schildert die persönlichen Erfahrungen der Familie
Tausch mit schwerer Krankheit und Sterben. Der zweite Teil berichtet
von Erlebnissen, die Angehörige und medizinische Helfer bei der Begleitung Sterbender machten. Fast 200 Menschen kommen hier aus-
führlich zu Wort. Im dritten Teil des Buches werden die Erfahrungen
von etwa 400 Menschen dokumentiert, die sich in einer geleiteten Meditation ihr eigenes Sterben vorstellten.
Die Autoren zeigen, daß wir mit einer offenen Einstellung gegenüber
dem Sterben lernen können, die Begrenztheit unseres Lebens angstfreier anzunehmen.
Sanftes Sterben ist eine gemeinschaftliche Arbeit des Hamburger Pro-
fessoren-Ehepaares. Dr. Anne-Marie Tausch starb 1983 an ihrer Krebserkrankung. Dr. Reinhard Tausch ist Professor am Psychologischen Institut III der Universität Hamburg.

«‹Sanftes Sterben› ist ein Buch, das den Leser anrührt – nicht auf sentimentale,
sondern auf sehr menschliche Weise.» *Frankfurter Rundschau, 1985*

«Das Buch informiert einfühlsam über alles, was beim Sterben, dem eigenen oder
dem von Freunden und Verwandten, passiert.» *Süddeutsche Zeitung, 1985*

«Das Buch vermittelt mutmachende und beglückende Erfahrungen und wird
beim Leser zu einer bewußteren und intensiveren Lebensführung beitragen. Die
Lektüre ist jedem zu wünschen.» *DPA, 1986*

«Es ist äußerst hilfreich, in einfühlsamer, ausführlicher Weise die erleichternden
Einstellungen im Umgang mit Schwerkranken und Sterbenden zu erfahren.»
Aachener Volkszeitung, 1986

«Ein in mehrfacher Hinsicht besonderes Buch.» *Hamburger Abendblatt, 1985*

Rowohlt